E.C.
BENTLEY

L'Affaire Manderson

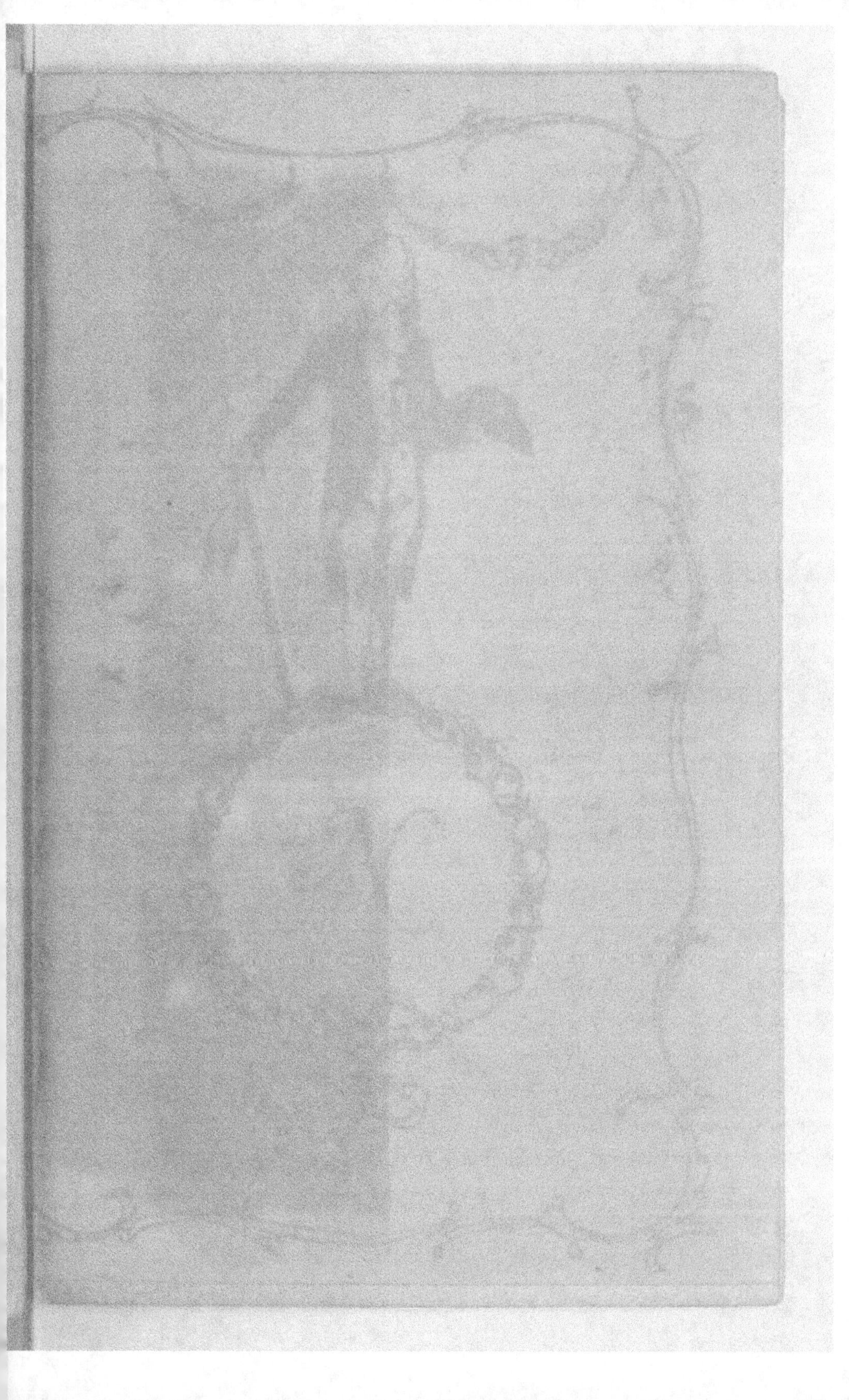

*L'Affaire
Manderson*

L'Affaire Manderson

Ou la dernière enquête de
Philippe Trent, policier amateur

Par

E. C. Bentley

Traduction de Marc Logé

Paris

Nelson, Éditeurs

189, rue Saint-Jacques

Londres, Édimbourg et New-York

TABLE

L'AFFAIRE MANDERSON

CHAPITRE PREMIER

LA CHUTE DU « COLOSSE »

ENTRE ce qui est important et ce qui semble l'être, comment le monde, tel que nous le connaissons, peut-il discerner judicieusement ?

Lorsqu'une main inconnue fit sauter d'une balle de revolver le cerveau indomptable et rusé de Sigsbee Manderson, le monde ne perdit rien qui valût une seule larme. Au contraire, il y gagna quelque chose de mémorable. Il se vit soudainement rappeler la vanité de la fortune que le mort avait accumulée sans s'être fait un seul ami pour le pleurer, et sans avoir accompli une seule action qui pût honorer sa mémoire. Mais lorsque l'on apprit la nouvelle de sa mort, ceux qui vivaient dans le tourbillon des affaires eurent l'impression que la terre avait frémi comme sous un choc.

Dans toute la lugubre histoire commerciale des États-Unis, on ne connaissait pas une seule autre personnalité qui eût imposé aussi fortement que celle de Manderson à l'esprit du monde du négoce.

Il avait sa niche à part dans les temples du *Business*. Des géants financiers qui avaient eu l'énergie de diriger et d'augmenter la puissance du capital, en s'appropriant des millions pour leur peine, avaient existé avant lui. Mais le cas de Manderson présentait cette singularité : un pâle halo romanesque de pirate, chose particulièrement chère aux cœurs de ses concitoyens, avait auréolé sa tête, pendant les années où il avait été, de l'avis de tous, le gardien indisputable de la stabilité financière, le dompteur des crises, et l'ennemi des grands forbans qui empestent les régions de Wall Street. La fortune laissée par son grand-père, qui avait été un des forbans de son époque, lui avait été transmise augmentée par son père, qui, toute sa vie, avait continué très tranquillement à prêter de l'argent, sans jamais endosser une valeur. Manderson n'avait jamais su ce que c'était de ne pas avoir de grosses sommes d'argent à sa disposition. Il semblait donc qu'il aurait dû appartenir absolument à cette nouvelle plutocratie américaine, que constituent la tradition et l'habitude de la grande richesse. Mais il n'en fut pas ainsi. Tandis que sa culture et son éducation lui avaient inculqué les idées européennes sur les manières qui conviennent à l'homme riche, tandis qu'elles avaient enraciné en lui l'instinct de la magnificence tranquille de ce luxe supérieur qui dédaigne toute ostentation, il avait hérité aussi des caractéristiques corsaires de son aïeul. Pendant la première partie de sa carrière d'homme d'affaires, qu'on a appelée sa première manière, Manderson ne s'était montré qu'un joueur de génie, tenant bon contre tous les autres joueurs, — un enfant prodige qui apportait à la passionnante bataille de la spéculation un cerveau mieux organisé que tous les cerveaux de ses adversaires. Napoléon, à Sainte-Hélène, a dit que la guerre est une belle occupation. C'est ce que le jeune Manderson pensait du combat incessant et varié qui se livre au Stock-Exchange de New-York.

Puis survint le changement. A la mort de son père, Manderson avait alors trente ans. Il sembla prendre conscience d'une révélation nouvelle de la force et de la gloire du dieu qu'il servait. Grâce à la faculté d'adaptation si rapide et élastique de sa race, il se livra au travail continu et régulier de la banque de son père, se bouchant les oreilles pour ne plus entendre le bruit des luttes de Wall Street. Pendant quelques années, il dirigea méticuleusement la puissante maison qui, par son inébranlable solidité, sa sûreté indubitable et son poids financier, se dressait comme une haute falaise au-dessus de la mer houleuse des marchés. La méfiance provoquée par les aventures de sa jeunesse s'était dissipée. Manderson était évidemment devenu un autre homme. Personne n'aurait pu dire exactement comment ce changement s'était produit. Mais il courait sous le manteau une anecdote. En mourant, son père lui aurait dit les mots qui avaient déterminé en lui cette révolution, et ce père avait été le seul être au monde que Manderson eût jamais respecté, — et peut-être même aimé.

Bientôt Manderson domina de très haut la situation financière. Son nom fut connu sur toutes les bourses du monde. Lorsqu'on prononçait le nom de Manderson, il semblait que l'on évoquait le spectacle de ce qu'il y avait de plus solidement construit, de plus fermement assis, dans la richesse des États-Unis. C'était lui qui concevait les grandes combinaisons de capitaux ; c'était lui qui groupait et « trustait » les industries continentales ; c'était encore lui qui avançait les fonds des grandes entreprises d'État ou privées, et cela sans jamais se tromper. Souvent, lorsqu'il se mêlait d'arrêter une grève ou d'acquérir un vaste terrain d'exploitation, il ruinait d'un coup d'innombrables petits foyers. Et, si les mineurs, les ouvriers des aciéries ou les éleveurs de bétail se laissaient aller à l'indiscipline, il se montrait encore plus impitoyable et plus déchaîné qu'eux. Mais il n'agissait ainsi que pour atteindre le but légitime de ses affaires. Des milliers de pauvres gens maudissaient son nom : mais le financier et le spéculateur ne l'exécraient plus. D'un geste de la main il défendait et maniait les affaires dans tous les coins du pays. Vigoureux, froid et infaillible, par chacun de ses actes il flattait et assurait l'amour des grandeurs de son pays. Et le pays reconnaissant le surnomma le Colosse.

Pourtant, un côté du caractère de Manderson durant cette deuxième période ne fut pas soupçonné. Seuls ses secrétaires, ses auxiliaires et certains des associés de son passé tapageur le devinaient. Ce petit milieu savait que Manderson, le pilier des affaires solides, la base des grands marchés, éprouvait parfois une nostalgie intense pour les jours mouvementés où Wall Street tremblait lorsqu'on prononçait son nom. C'était, disait-on, comme si Démon-Noir[1] se fût établi honorable marchand à Bristol, vendant le butin amassé par lui dans la mer des Antilles. De temps à autre le pirate reparaissait soudain, le poignard aux dents, et les allumettes sulfureuses dans le ruban de son chapeau. Pendant ces crises de retour à

[1] Célèbre pirate de la mer des Antilles.

son type primitif, Manderson, du fond de son bureau dans l'immeuble de Colefaxe et Cie, projetait de nombreux raids sur le marché. Mais ces projets ne se réalisaient jamais. Démon-Noir réprimait la révolte de l'ancien moi qui grondait en lui, et se rendait sagement à sa banque, en chantonnant une strophe de « Les Espagnoles ». Et, dès que le moment d'agir était passé, Manderson se donnait l'innocente satisfaction de démontrer, à quelque personnalité des marchés, comment on eût pu faire un *coup* qui eût valu un million de dollars.

— Il me semble, disait-il, comme avec regret, que Wall Street est devenu joliment terne depuis que je n'y suis plus !

Et, peu à peu, cette aimable faiblesse du Colosse fut connue du monde des affaires, qui en exulta.

A la nouvelle de sa mort, la panique se déchaîna comme un ouragan dans les marchés. Car cette mort survenait à un fort mauvais moment. Les cours fléchirent et s'effondrèrent comme des « gratte-ciel » dans un tremblement de terre. Pendant deux jours, Wall Street ressembla à un enfer grondant de désespoir. Dans tous les États-Unis, partout où la spéculation avait des fidèles, il se produisit comme une épidémie de ruines et de suicides. Et même en Europe plusieurs hommes se tuèrent, tant leur vie était étroitement liée à la destinée du grand financier, qu'ils n'avaient, pour la plupart, jamais vu. A Paris, un banquier bien connu descendit tranquillement les marches de la Bourse, et tomba mort sur les larges degrés, parmi une foule de Juifs vociférants. Dans sa main on retrouva une fiole brisée. A Francfort, un boursier se précipita du haut de la cathédrale, et à l'endroit de la tour rouge où il vint s'écraser, il laissa une marque plus sanglante encore. Des hommes se poignardèrent, s'étranglèrent et burent la mort, parce que dans une région solitaire de l'Angleterre, la vie avait cessé d'animer un cœur froid, voué au service de l'ambition.

Le coup n'aurait pas pu se produire à un moment plus désastreux. Wall Street était encore sous le coup d'une panique récente. Depuis plus d'une semaine tous les grands intérêts qui tenaient toutes leurs chances de leur accord avec ceux du Colosse, ou qui étaient directement sous son contrôle, luttaient désespérément contre les effets de la brusque arrestation de Lucas Hahn, — et de la révélation des détournements commis par lui dans les banques Hahn. Cette première bombe avait éclaté à un moment où le marché était en baisse, bien au delà des limites de sa résistance véritable. Et suivant l'expression courante, une baisse était inévitable. Les rapports des pays à blé n'étaient pas bons, et deux ou trois rapports des chemins de fer étaient beaucoup moins satisfaisants qu'on ne s'y attendait. Mais quel que fût le point de l'immense armée de la spéculation où se fût portée la menace du krach ou de la ruine, « la bande Manderson » avait su s'y porter et soutenir le marché. Pendant toute la semaine, l'esprit du spéculateur, qui est aussi superficiel que vif, et aussi sentimental qu'avare, avait senti la main du géant qui s'étendait de loin, en signe de protection. Manderson, affirmaient en chœur les journaux, était en communication constante avec ses agents de Wall Street. Un journal donna même en chiffres ronds la somme qui avait été dépensée dans les dernières vingt-quatre heures en câblogrammes entre New-York et la petite ville de Marlstone, en Angleterre, où le millionnaire était en villégiature. Et l'on racontait même que le service des Postes de Londres avait envoyé toute une équipe de télégraphistes experts à Marlstone, pour transmettre avec plus de rapidité ses innombrables dépêches. Une autre feuille disait qu'en apprenant la faillite Hahn, Manderson avait décidé d'interrompre ses vacances et de rentrer en Amérique par la *Lusitania*. Mais il s'était si vite rendu maître de la situation, qu'il avait par la suite jugé inutile de quitter l'Angleterre.

Tous ces échos étaient des mensonges imaginés, plus ou moins sciemment, par les journaux financiers, sur les instances des hommes d'affaires fort habiles qui formaient le groupe Manderson. Ceux-ci se rendaient compte que rien ne servirait mieux leurs projets que cette adoration illusoire de héros. Ils savaient aussi que Manderson n'avait pas répondu à leurs dépêches, et que le véritable organisateur de la victoire était Howard B. Jeffrey, connu pour ses usines d'acier et de fer. Pendant quatre jours, ils luttèrent ainsi contre la peur universelle, et, peu à peu, les esprits se calmèrent. Et le samedi, quoique le sol frémît encore parfois sous les pas de M. Jeffrey avec des grondements sourds de volcan encore mal éteint, il put croire sa tâche à peu près terminée. Le marché était ferme, et progressait lentement. Et Wall Street s'endormit pour son sommeil dominical, las, mais tranquille.

Or, le lundi, dès la première heure des affaires, une rumeur sinistre se répandit dans tout le monde de la finance. Cela éclata comme un coup de tonnerre, cela se propagea comme la lumière d'un éclair qui soudainement enflamme tout le ciel. Mais on suppose que la nouvelle avait été d'abord chuchotée au téléphone, pour justifier un ordre urgent de vente, par quelque employé du service des câbles. Un spasme violent convulsa la cote à peine remise des émotions de la semaine précédente. En cinq minutes, le sourd grondement des agioteurs de Broad Street se transformait en un cri frénétique. Dans la ruche de l'Exchange la terreur faisait circuler une rumeur moins aiguë, mais sinistre. Des hommes sans chapeau entraient et sortaient en courant. Est-ce vrai ? demandait-on. Et chacun répondait, les lèvres tremblantes, que c'était un mensonge hardi imaginé pour défendre de petits intérêts. Mais un quart d'heure plus tard on apprenait la baisse, soudaine et irrémédiable, des « Yankees » à Londres, à la fin de la journée de la Bourse. Cela suffit. New-York avait encore devant elle quatre heures de travail. La tactique de ceux qui nommaient jusque-là Manderson le sauveur et le gardien des marchés se retourna contre ses auteurs avec une force écrasante. Jeffrey, l'oreille collée à son téléphone privé, écouta le récit du désastre, les dents serrées. Le nouveau Napoléon avait perdu son Marengo. Il vit tout le monde financier devant lui être précipité dans le chaos. En une demi-heure, le bruit de la découverte du cadavre de Manderson, accompagné de la rumeur inévitable du suicide, fut imprimé dans une douzaine d'éditions spéciales. Mais avant qu'un seul exemplaire eût été vendu dans Wall Street, la tourmente de la panique avait atteint le maximum de son intensité, et elle balaya Howard B. Jeffrey et ses collaborateurs comme des feuilles !

Et tout cela était né de rien !

Rien dans l'organisation de la vie générale n'avait changé. Le blé n'avait pas cessé de mûrir au soleil. Les rivières continuaient à porter leurs péniches, et à verser la force motrice à des milliers de moteurs. Les troupeaux innombrables engraissaient dans les pâturages. Partout les hommes peinaient dans les diverses servitudes pour lesquelles ils étaient nés, et ne s'irritaient pas plus que de coutume du poids de leurs chaînes. Bellone murmurait comme toujours, et continuait cependant à dormir de son sommeil inquiet. Pour toute l'humanité, sauf pour un demi-million de joueurs à moitié fous et aveugles, la mort de Manderson ne signifiait rien. La vie et le travail du monde continuaient comme auparavant. Bien des semaines avant sa mort, des mains vigoureuses s'étaient emparées de l'immense réseau du commerce et de l'industrie qui était sous son autorité. Avant qu'il ne fût même enterré, ses compatriotes avaient fait une étrange découverte ; ils comprirent que l'existence du puissant moteur de monopolisation qui s'appelait Sigsbee Manderson n'avait pas été une condition de prospérité même matérielle. La panique se calma en deux jours ; on en ramassa les épaves ; les faillis disparurent, et le marché « reprit son ton normal ».

Pendant que ce court délire se calmait, un scandale domestique éclata en Angleterre, et fixa l'attention des deux hémisphères. Le lendemain, le Chicago Limited fit naufrage, et le même jour un homme politique fort connu fut tué d'une balle de revolver par le frère de sa femme, dans les rues de la Nouvelle-Orléans. Une semaine à peine après le jour où elle avait éclaté, « l'histoire Manderson » ne « rendait » plus, au dire des journalistes. La marée des visiteurs américains qui affluait vers l'Europe continua à tourbillonner autour des tombeaux de bien des hommes morts dans la misère, mais personne ne songea au célèbre plutocrate. Comme le poète si jeune et si pauvre, qui mourut à Rome, il fut enterré loin de son pays natal. Mais combien d'hommes et de femmes, compatriotes de Manderson, qui se recueillent autour de la sépulture de Keats, au cimetière de Monte Testaccio, ne songeront jamais à s'incliner avec respect devant le tombeau de cet homme riche, à l'ombre de la petite église de Marlstone.

CHAPITRE II

LE téléphone, posé sur le bureau de Sir James Molloy, dans la seule pièce agréablement meublée des bureaux du *Record*, sonna tout à coup. Sir James esquissa un geste de son porte-plume, et M. Silver, son secrétaire, quitta son travail, et prit le récepteur.

— Allô ! dit-il. Qui est là ?... Allô ! Je n'entends pas. Oh ! c'est M. Bunner. Oui, mais... Oui, je sais, mais c'est qu'il est très occupé cet après-midi. Ne pouvez-vous pas... Oh !... vraiment. Eh bien, attendez un instant, s'il vous plaît !

Il posa le récepteur devant Sir James, en disant rapidement :

— C'est Calvin Bunner, le bras droit de Sigsbee Manderson. Il insiste pour vous parler personnellement. Il dit qu'il s'agit de nouvelles fort sérieuses. Il vous parle de Bishopsbridge, il faut donc élever la voix.

Sir James jeta un regard peu affectueux vers le téléphone, puis il prit le récepteur.

— Eh bien, dit-il de sa voix sonore.

Puis il écouta.

— Oui ! dit-il ensuite.

Et l'instant suivant, M. Silver, qui le regardait

avec curiosité, vit une expression d'étonnement et d'horreur se dessiner sur son visage.

— Grands dieux ! murmura Sir James.

L'oreille toujours collée à l'instrument, il se leva lentement de son siège, en écoutant avec attention son interlocuteur invisible. De temps en temps, il répétait « oui ». Puis, tout en écoutant, il jeta un coup d'œil vers la pendule, et dit vivement à M. Silver, par-dessus le téléphone :

— Allez me chercher Figgis et le jeune Williams. Dépêchez-vous.

M. Silver sortit précipitamment de la chambre.

Sir James Molloy, le fameux journaliste, était un Irlandais d'environ cinquante ans, bronzé, aux moustaches noires. Il montrait dans les affaires une énergie inlassable. Il était universellement connu par le monde qu'il comprenait à fond, et dont il se jouait avec l'habileté cynique si caractéristique de sa race. Cependant il n'y avait en lui rien du charlatan ; il ne s'entourait pas de mystères, il ne se donnait pas pour plus savant qu'il ne l'était, mais il savait reconnaître immédiatement ce genre de bluff chez autrui. Et, pourtant, malgré son air distingué et son élégance, il y avait en lui quelque chose d'un peu sinistre, surtout lorsque la colère ou une préoccupation un peu vive mettaient leur empreinte dans son regard, ou sur son front. Mais c'était, par contre, le plus cordial des hommes, lorsque sa nature généreuse n'était soumise à aucune contrainte. Il était directeur de la société de Publicité et propriétaire du plus puissant des journaux du matin, le *Record*, et de ce journal du soir, si indispensable, le *Sun*, dont les bureaux se trouvaient du côté opposé de la rue. Il était de plus rédacteur en chef du *Record*, autour duquel il avait su grouper, en quelques années, des collaborateurs renommés dans toute l'Angleterre pour leurs talents divers. Sa devise était que là où on ne trouve pas de brillants dons naturels, il faut savoir trouver et utiliser les moindres mérites. Et il savait en effet se servir à la fois des dons et des mérites de ceux qui l'entouraient. Son personnel le respectait comme peu de gens sont respectés dans une profession qui, certes, ne favorise guère ce genre de sentiment.

Après avoir écouté très attentivement au téléphone encore quelques minutes, Sir James Molloy dit :

— Vous êtes certain de m'avoir tout raconté ? Depuis quand sait-on ça ? Oui, naturellement, la police est au courant de l'affaire ? Mais les domestiques ? Tous les habitants de la région doivent connaître maintenant ce qui s'est passé. Enfin, nous essayerons. Dites donc, Bunner, je vous suis infiniment reconnaissant de m'avoir prévenu. Je vous rendrai la pareille. Et vous savez, je tiens mes promesses. Passez donc me voir la prochaine fois que vous viendrez en ville. C'est entendu ?... Bien, au revoir. Je vais immédiatement tirer parti de votre communication.

Sir James raccrocha le récepteur et prit vivement un horaire de chemin de fer. Il consulta rapidement cet oracle, puis le rejeta avec un juron, au moment où M. Silver entrait, suivi d'un homme aux traits durs barrés d'une paire de lunettes, et d'un jeune homme au regard vif.

Sir James se calma aussitôt, en apparence, de son agitation, et s'adressant aux nouveaux venus :

— Prenez rapidement quelques notes, Figgis. Lorsque vous les aurez, vous rédigerez rapidement un article pour une édition spéciale du *Sun*.

L'homme aux traits durs acquiesça d'un signe de tête et regarda l'heure ; il était trois heures et quelques minutes. Puis il tira un bloc-notes de sa poche, et s'installa devant le grand bureau.

— Silver, reprit Sir James, dites à Jones de télégraphier à notre correspondant local de lâcher tout ce qu'il a en train, et de se rendre immédiatement à Marlstone. Il ne lui dira pas pourquoi dans la dépêche. Il ne faut pas qu'on dise un mot de plus qu'il n'est nécessaire à propos de cette affaire, avant que le *Sun* soit crié dans les rues. Vous me comprenez tous ? Williams, courez en face et dites à M. Anthony de se tenir prêt à faire une manchette et un article qui vont bouleverser la ville. Dites-lui de prendre toutes les mesures et toutes les précautions pour arriver bon premier. Dites-lui que Figgis lui communiquera les faits dans cinq minutes, et qu'il le laisse écrire l'article dans son bureau particulier. En sortant, demandez à Miss Morgan de venir me trouver tout de suite, et dites au téléphoniste de me donner la communication avec M. Trent. Après avoir vu M. Anthony, vous reviendrez me trouver. J'aurai peut-être encore besoin de vous.

Le jeune homme au regard vif disparut, comme un fantôme. Sir James se retourna alors vers Figgis, qui attendait, le crayon à la main.

— Sigsbee Manderson a été assassiné, dit-il, de sa voix nette et vive, en arpentant la pièce de long en large, les mains dans les poches.

M. Figgis nota cette affirmation avec autant de calme que si on lui eût dit qu'il faisait beau temps.

Sir James reprit :

— Manderson, sa femme et deux de ses secrétaires étaient installés, depuis près d'une quinzaine de jours, dans leur propriété de White

Gables (Pignons Blancs), dans le village de Marlstone, près de Bishopsbridge. Il avait acquis ce domaine il y a quatre ans, et depuis lors, il y passait régulièrement une partie de l'été en compagnie de sa femme. Hier soir, il s'est couché à onze heures et demie, comme d'habitude. Personne ne sait quand il s'est levé, ni quand il est sorti de la maison. On ne s'est aperçu de son absence que ce matin. Vers dix heures, un jardinier découvrit son cadavre, étendu près d'un hangar situé dans le parc. Il avait une balle dans la tête, et la balle avait pénétré par l'œil gauche. La mort avait dû être instantanée. Le vol n'était évidemment pas le mobile du crime, mais on releva sur les poignets du cadavre des traces d'ecchymoses, qui prouvaient que sans doute il y avait eu lutte. On envoya immédiatement chercher à Marlstone le docteur Stock, qui va procéder à l'autopsie. La police de Bishopsbridge arriva bientôt sur les lieux du crime, mais on croit qu'elle n'a encore découvert aucun indice de l'identité de l'assassin. C'est tout, Figgis. M. Anthony vous attend. Je vais lui téléphoner pour me mettre bien d'accord avec lui.

M. Figgis leva la tête, et suggéra :

— L'un des meilleurs détectives de Scotland Yard a été chargé de l'enquête. C'est une chose qu'on peut affirmer à coup sûr.

— Bien, dites cela si vous voulez, répondit Sir James.

— Et Mme Manderson, était-elle là ?

— Oui. Pourquoi ?

— Elle est abattue par la douleur, suggéra le reporter, et ne voit personne.

— Je ne dirais pas cela, Monsieur Figgis, dit une voix tranquille.

C'était Miss Morgan qui venait d'entrer silencieusement, pâle et gracieuse, pendant la dictée.

— Je connais Mme Manderson, reprit-elle en se tournant vers Sir James. Elle est très saine ; elle est très intelligente. Son mari vient d'être assassiné, dites-vous ? Eh bien, elle n'est pas le genre de femme qui se laisserait abattre par un pareil événement. Je la crois beaucoup plus capable d'aider de toutes ses forces la police à retrouver le criminel.

— Ah ! Alors elle vous ressemble donc, Miss Morgan ! dit Sir James, avec un sourire, car l'activité imperturbable de la jeune femme était connue de tout le personnel. Eh bien, enlevez ça, Figgis, et filez. Et vous, Miss Morgan, vous savez sans doute pourquoi je vous ai appelée ?

— Notre biographie de Manderson est heureusement à jour, dit Miss Morgan, en baissant ses yeux frangés de longs cils sombres, sans doute afin de mieux réfléchir. Je l'ai revue il y a quelques mois à peine. Elle est pour ainsi dire prête à être publiée dans le journal de demain. Il me semble qu'il vaudra mieux republier dans le *Sun* l'esquisse de sa vie qu'ils ont insérée, il y a deux ans, quand Manderson est allé à Berlin pour arranger l'affaire de la potasse. Elle était très bien faite, cette esquisse-là. Pour notre journal, nous avons un tas de coupures sur la vie du millionnaire. Mais elles ne valent rien, en général. Je les remettrai aux rédacteurs. Et puis nous avons deux très bons portraits qui sont notre propriété. Le meilleur est celui que M. Trent dessina, en faisant une traversée sur le même navire que Manderson. Ce dessin est bien meilleur que toutes les photographies. Mais je vais vous faire apporter immédiatement tout ce que nous avons afin que vous choisissiez. Il me semble, à mon avis, que le *Record* a bien de l'avance sur tous les autres journaux, dans cette affaire. Mais il est regrettable que vous ne puissiez envoyer un correspondant spécial à Marlstone, en temps utile, pour le journal de demain.

Sir James poussa un profond soupir.

— A quoi sommes-nous bons ? dit-il d'une voix découragée à M. Silver, qui s'était remis au travail. Miss Morgan sait même les horaires par cœur.

Miss Morgan rajusta ses manchettes de linon d'un air de patience.

— Ne puis-je rien faire d'autre pour vous ? demanda-t-elle.

A ce moment le téléphone sonna.

— Oui, dit Sir James, en prenant le récepteur. Je vous serais reconnaissant de commettre un jour une erreur énorme, une gaffe inoubliable, simplement pour contenter notre orgueil masculin.

Miss Morgan sortit, et, en s'en allant, elle se permit le quart de ce qui aurait pu être un charmant sourire.

— C'est vous, Anthony ? demanda Sir James, et il se plongea dans une conversation fort sérieuse avec le rédacteur du journal de l'autre côté de la rue. Il allait rarement en personne dans les bureaux du *Sun*. Il disait que l'ambiance d'un journal du soir n'est une chose supportable que pour les gens qui en ont le goût passionné. M. Anthony, le Murat de Fleet Street, qui adorait chevaucher dans la tourmente, et mener une tumultueuse bataille contre son époque, disait la même chose des journaux du matin.

Cinq minutes plus tard, un petit saute-ruisseau galonné vint prévenir Sir James que M. Trent était au bout du fil. Sir James interrompit brusquement son entretien avec M. Anthony.

— Qu'on me le donne tout de suite, dit-il au petit messager.

— Allô ! cria-t-il quelques instants après.

Une voix dans l'instrument lui répondit peu gracieusement.

— Eh bien, que voulez-vous ?

— C'est Molloy qui vous parle !

— Je le sais bien. C'est Trent qui vous répond. Il est en train de peindre un tableau, et on l'a interrompu à un moment critique. J'espère au moins qu'il s'agit de quelque chose d'important.

— Trent, dit Sir James d'une voix grave, c'est très important. Je viens vous demander de travailler pour nous.

— C'est-à-dire, vous voulez que je m'amuse à vos frais, répondit la voix. Eh bien, je n'ai pas besoin de vacances. Je traverse une crise aiguë de travail, et je peins des choses qui ne sont vraiment pas trop mal. Laissez-moi tranquille et ne m'embêtez pas.

— Trent, écoutez-moi, il s'est produit un événement très sérieux.

— Lequel ?

— Sigsbee Manderson vient d'être assassiné, — d'une balle dans la tête, — et on ne sait pas qui a commis ce crime. On a découvert le cadavre ce matin. Il est mort dans sa propriété près de Bishopsbridge.

Et Sir James répéta rapidement les faits qu'il venait de raconter à Figgis.

— Qu'en dites-vous ? demanda-t-il en terminant.

Pour toute réponse, il perçut dans le téléphone

un grognement prolongé qui indiquait sans doute
que Trent réfléchissait.

— Voyons ! insista Sir James.

— Tentateur !

— Allons, vous irez à Marlstone ?

Il y eut un court silence.

— Allô ! Vous êtes toujours là ? demanda Sir
James.

— Dites donc, Molloy, s'écria tout à coup la
voix agacée de Trent, il se peut que cela soit
un cas pour moi. Mais le contraire est également possible. Nous n'en savons rien, ni l'un
ni l'autre. C'est peut-être un mystère, et peut-
être s'agit-il d'une affaire de rien du tout, tout
bonnement un morceau de pain et de fromage ! Il
est intéressant que le corps n'ait pas été dévalisé.
Mais Manderson a peut-être été dégringolé par
un misérable vagabond qu'il aura découvert
dormant dans le parc, et qu'il a dû essayer de
mettre à la porte. C'est que précisément un
assassin de cet acabit-là a dû avoir assez de bon
sens pour abandonner les bijoux et l'argent. Or,
franchement, je ne veux pas me mêler de faire
pendre un pauvre diable qui n'aurait rien fait
d'autre que de supprimer un homme comme Sig.
Manderson, en guise de protestation sociale.

Sir James sourit, au téléphone, d'un sourire de
triomphe.

— Allons, mon ami, vous faiblissez. Avouez
que vous mourez d'envie d'aller donner un coup
d'œil dans ce mystère. Allons, avouez donc ?
Et si, après l'avoir examiné, vous préférez ne pas
continuer à vous en occuper, vous serez libre de
tout lâcher. A propos ! Où êtes-vous ? Pouvez-vous
me retrouver ici dans une heure environ ?

— Peut-être ! répondit la voix, comme à contrecœur. De combien de temps puis-je disposer ?

— Ah ! Voilà qui est bien parlé. Eh bien, le malheur, c'est que vous avez tout le temps nécessaire. Pour ce soir, il faut que je me fie à notre correspondant local. Le seul bon train est parti il y a à peine une demi-heure. Le prochain est un train omnibus ; il quitte Paddington à minuit. Si vous voulez, je vous prêterai bien mon auto, mais vous arriveriez en tout cas trop tard pour rien faire aujourd'hui.

— Et je raterais ma nuit de sommeil ! Mille mercis ! J'aime mieux le train ; vous savez que j'ai une invincible préférence pour le voyage en chemin de fer. Dites donc, demandez à un de vos secrétaires de rechercher quel est l'hôtel de Marlstone le plus rapproché du « lieu du crime » et de m'y retenir une chambre.

— Entendu ! fit Sir James. Et venez ici, aussi vite que possible.

Il raccrocha le récepteur. Et, comme il se retournait pour reprendre son travail, une clameur aiguë retentit dehors. Il se porta vers la fenêtre ouverte. Une bande de camelots dégringolait à toute allure les marches de l'hôtel du *Sun*, et remontait en courant la rue étroite, se dirigeant vers Fleet Street. Chacun d'eux portait un énorme paquet de journaux et un grand placard sur lequel flamboyaient en grandes lettres rouges ces mots :

ASSASSINAT DE

SIGSBEE MANDERSON

Sir James sourit et fit tinter joyeusement la menue monnaie de son gousset.

— Ça fait une manchette épatante ! dit-il à M. Silver, qui se tenait auprès de lui. Et ce fut l'épitaphe de Manderson.

CHAPITRE III

UN DÉJEUNER OÙ L'ON CAUSE

LE lendemain vers huit heures, M. Nathaniel
Burton Cupples se promenait sous la véranda de
l'hôtel de Marlstone. Il songeait à son déjeuner.
Et prenez cette locution familière au pied de la
lettre : M. Nathaniel Burton Cupples réfléchissait
vraiment à son déjeuner, comme du reste il réfléchissait à chacune des actions volontaires de sa
vie, lorsque les circonstances lui laissaient le
temps de délibérer. Il réfléchissait donc que la
veille son appétit avait été troublé par l'énerve-
ment et l'agitation qui avaient gagné tout le
monde après la découverte du corps de Manderson,
et il avait absorbé beaucoup moins d'aliments que
d'habitude. Donc ce matin-là, il se sentait merveilleusement en appétit, et pour commencer il
décida de manger un troisième toast et un œuf
de plus que d'habitude. Le reste du déficit, il
le comblerait à midi !

Ayant pris ces graves résolutions avant de
commander son déjeuner, M. Nathaniel Burton
Cupples se donna l'agrément d'admirer un moment
le paysage. Il promena un regard d'amateur et
de connaisseur sur les belles falaises escarpées,
dont une grande roche se détachait pour retomber
en une arcade noire dans la mer miroitante, et

admira la beauté harmonieuse des grandes ondulations de pâturages, de labours et de bois, qui descendaient doucement des falaises jusqu'aux lointains bleus des bruyères. M. Cupples avait l'amour des paysages.

C'était un homme mince, de taille moyenne, qui devait être, à peu près, âgé de soixante ans ; il semblait d'une constitution assez délicate, mais il se montrait encore fort actif pour son âge. Sa barbe clairsemée ornait sans la cacher une bouche fine, mais bienveillante ; son regard était agréable, mais perçant ; son nez aigu et sa mâchoire étroite lui donnaient un air clérical que soulignaient encore ses habits sombres et son chapeau noir en feutre mou. Somme toute, il avait un peu l'air de quelqu'un appartenant au clergé : c'était un homme à l'esprit ordonné, consciencieux et industrieux, mais un peu dépourvu d'imagination. Autrefois, son père, lorsqu'il mettait dans les journaux des annonces pour trouver des domestiques, prévenait toujours les candidats que sa maison était une maison très sérieuse. Et cela était vrai. Mais M. Cupples s'était évadé de la sombre forteresse du foyer familial, en emportant encore deux vertus intactes. Il était d'une bonté de cœur inlassable, et d'une gaîté innocente qui ne devait rien à l'humour. En d'autres temps, il eût peut-être passé par le séminaire et gagné le chapeau rouge. Mais de nos jours, en fait, il se trouvait être un des membres les plus considérés de la société positiviste de Londres, banquier retiré des affaires, et veuf sans enfants. Sa vie austère, mais non malheureuse, se passait en grande partie au milieu des livres et dans les musées. Ses connaissances profondes, accumulées avec patience, de nombreux sujets n'ayant guère de rapport les uns avec les autres, qui l'avaient intéressé à différents moments de son existence, lui avaient acquis une certaine renommée dans le monde tranquille et en demi-teinte des professeurs et des hommes de science. Son auteur préféré était Montaigne.

M. Cupples venait d'achever son repas, servi sous la véranda, lorsqu'une puissante auto débou-cha dans l'avenue menant à l'hôtel.

— Qui vient là ? demanda-t-il au garçon.

— C'est le propriétaire de l'hôtel, dit celui-ci non-chalamment. Il est allé chercher un client à la gare.

L'auto stoppa et le portier se précipita pour ouvrir la portière. M. Cupples poussa une excla-mation de plaisir en voyant descendre de la voiture un homme assez jeune, grand et dégingandé, qui gravit les marches de la véranda, et jeta son cha-peau sur une chaise. Son visage aux pommettes saillantes, à l'expression bon enfant, s'ornait d'un sourire agréable. Mais ses habits de rude tweed, ses cheveux et même sa petite moustache étaient terriblement en désordre. Et le nouveau venu s'écria :

— Cupples ! Par tous les miracles du monde ! C'est Cupples !

Et il se précipita sur M. Cupples avant que celui-ci ait pu se lever, et saisit d'une robuste poigne la main que le savant lui tendait.

— J'ai une veine inouïe aujourd'hui, continua l'étranger, d'une voix saccadée. C'est la deuxième fois qu'elle me favorise depuis une heure. Comment allez-vous, ô mon meilleur ami ? Et que faites-vous ici ? Et que faites-vous devant les restes de ce déjeuner ? Je parie que vous êtes en train de réfléchir à ce qu'il fut — et de vous demander comment il a disparu ? Eh bien, mon vieux, je suis *ravi* de vous voir !

— Je vous attendais presque, Trent, dit M. Cupples, le visage épanoui en un bon sourire. Vous avez une mine épatante ! Tenez, je vais tout vous raconter. Mais j'y songe, avez-vous déjeuné ? Voulez-vous partager ma table ?

— Je vous crois ! fit Trent. Et que ce soit un fameux déjeuner ! Ayez donc la complaisance de demander à ce jeune Siegfried qui sert de garçon de me servir pendant que je vais me laver les mains. Je serai là dans trois minutes.

Et il disparut dans l'hôtel. Alors, M. Cupples parut réfléchir un instant, puis il se dirigea vers la cabine téléphonique.

Quand il revint, il trouva son ami attablé, se versant du thé, et témoignant aux plats posés devant lui tout l'intérêt qu'ils méritaient. Tout en mangeant, Trent dit à M. Cupples, avec cette curieuse prononciation saccadée qui semblait lui être habituelle :

— Je m'attends à une rude journée de travail. Sans doute je ne mangerai plus rien avant ce soir. Vous devinez pourquoi je suis ici ?

— Bien entendu, dit M. Cupples. Vous êtes venu pour faire de la « copie » sur l'assassinat.

— Quelle façon banale vous avez, mon cher, de présenter les choses ! s'écria Trent, en disséquant une sole. J'aimerais mieux dire que je suis venu en qualité de vengeur, pour châtier le coupable et défendre l'honneur de la société. C'est ma carrière. Je sers les familles à domicile. Dites donc, Cupples, si vous saviez comme j'ai bien commencé ! Attendez une minute, et je vais tout vous dire.

Il y eut un silence pendant lequel le nouveau venu continua à manger vite, mais distraitement, tandis que M. Cupples le considérait avec béatitude.

Enfin Trent dit :

— Le propriétaire de cet hôtel est un homme d'une jugeotte remarquable. C'est un de mes admirateurs. Il connaît mes meilleurs « cas » mieux que je ne les connais moi-même. Le *Record* l'a prévenu hier soir de mon arrivée, et quand j'ai débarqué ce matin à sept heures, je l'ai trouvé sur le quai de la gare, avec une auto grande comme une roulotte. Il ne se tient plus de joie à l'idée que je suis son hôte. Voilà ce que c'est que la renommée.

Il but une tasse de thé et reprit :

— Il m'a tout de suite demandé si je ne désirais pas voir le cadavre de Manderson, et il m'a offert d'arranger la chose pour moi. Il est joliment fin, ce type-là ! Vous savez que le corps est dans le laboratoire du docteur Stock, dans le village. On l'y a transporté tel qu'on l'a découvert. On va procéder ce matin même à l'autopsie ; donc, je suis arrivé juste à temps. Cet excellent propriétaire m'a conduit jusque chez le médecin en me racontant, en route, tous les détails de l'affaire. Quand nous sommes arrivés, j'étais bien au fait. Sans doute, le propriétaire d'un hôtel comme celui-ci doit-il avoir une certaine autorité sur le médecin de l'endroit. En tout cas, celui-ci n'a fait aucune difficulté pour me laisser voir le cadavre, pas plus que l'agent de garde, bien qu'il ait insisté pour que je ne parle pas de lui dans le rapport que j'enverrai au journal.

— Moi, observa M. Cupples, j'ai vu le cadavre avant qu'on l'ait transporté. Je n'ai rien relevé de particulier, sauf que la balle, en pénétrant dans l'œil, avait à peine défiguré le visage, et n'avait, en apparence du moins, causé presque pas d'effusion de sang. Il m'a semblé que les poignets étaient égratignés et meurtris. Mais vous qui avez l'habitude de ce genre de choses, vous avez sans doute remarqué d'autres détails, plus ou moins suggestifs.

— Oui, d'autres détails m'ont frappé, en effet. Mais je ne sais s'ils apportent beaucoup de lumière ! Ils sont simplement curieux. Tenez, prenez les poignets, par exemple. Comment avez-vous pu voir qu'ils portaient des traces d'ecchymoses ? Vous avez parfois vu Manderson avant le crime, n'est-ce pas ?

— Mais certainement.

— Eh bien, avez-vous jamais vu ses poignets ?

M. Cupples réfléchit.

— Non. Maintenant que vous en parlez, je me souviens que lorsque j'ai eu une entrevue avec Manderson, ici même, il portait des manchettes très amidonnées qui tombaient très bas sur ses mains.

— C'était son habitude, dit Trent. Mon ami le propriétaire l'a également remarquée. Je lui ai signalé un fait qui ne vous a pas frappé. Le cadavre ne portait pas de manchettes visibles. C'est-à-dire les manchettes étaient remontées dans les manches, comme il vous arriverait aussi si vous passiez votre veston très précipitamment, sans prendre le temps de tirer vos manchettes. Voilà pourquoi vous avez vu ses poignets.

— Eh bien, voilà un détail qui me paraît suggestif ! dit M. Cupples doucement. On pourrait en déduire que, lorsque Manderson s'est levé, il s'est habillé très hâtivement.

— Oui. Mais est-ce vrai ? Le propriétaire de l'hôtel m'a fait la même remarque. « Il était toujours assez soigné dans sa mise », me dit-il. Et de là il déduit que lorsque Manderson s'est levé mystérieusement, avant que personne d'autre ne fût éveillé dans la maison, et s'est rendu dans le parc, il était fort pressé. Et il a ajouté : « Regardez ses chaussures. M. Manderson était toujours très méticuleux en ce qui concernait ses chaussures. Mais ces lacets-là ont été noués à la va-vite. » Et comme j'étais de son avis, il a continué : « Il a laissé son râtelier dans sa chambre. Est-ce que ce n'est pas une preuve qu'il était troublé et pressé ? » Je répondis à cela : « Voyons, s'il était si pressé, pourquoi a-t-il pris la peine de faire sa raie avec autant de soin ? Cette raie est un vrai chef-d'œuvre. Pourquoi s'est-il vêtu si complètement ? Il a mis tous ses vêtements de dessous, plus des boutons de chemise, des jarretelles, et dans ses poches on a trouvé sa montre, ses clefs et de l'argent. » Voilà ce que j'ai dit au propriétaire de l'hôtel. Il n'a pas pu trouver de réponse. Et vous ?

M. Cupples réfléchit de nouveau.

— Tout cela indique peut-être simplement qu'il s'est pressé à la fin de sa toilette. On met toujours en dernier lieu son veston et ses chaussures.

— Oui ; mais le râtelier ? Demandez à quelqu'un qui en porte. D'ailleurs, on m'a appris qu'il ne s'était pas débarbouillé en se levant, ce qui, de la part d'un homme aussi méticuleux qu'on nous le représente, semble bien démontrer qu'il était très pressé, dès le commencement. Et puis, autre chose. Une des poches de son gilet était doublée de chamois, pour contenir sa montre en or. Or, Manderson avait glissé sa montre dans l'autre poche. Toute personne qui a de ces petites habitudes qui sont presque des manies comprendra à quel point ce petit fait est significatif. En somme, il y a des preuves d'une grande hâte et d'une vive agitation, — et il y a aussi des preuves du contraire. Pour le moment, je ne fais pas d'hypothèses.

Je vais d'abord reconnaître le terrain, si je puis prendre les gens de White Gables du bon côté.

M. Cupples sourit à Trent avec bienveillance.

— Voilà précisément où je puis vous être assez utile, dit-il. Je vous ai déjà dit que je m'attendais presque à vous voir arriver. Je vais vous expliquer la situation. Mme Manderson, qui est ma nièce...

— Comment ! Que dites-vous ! s'écria Trent. Cupples, vous vous moquez de moi.

— Je vous assure que je parle très sérieusement, Trent, répondit M. Cupples avec gravité. Son père, John Peter Domecq, était le frère de ma femme. Je ne vous ai sans doute jamais parlé jusqu'ici de ma nièce, ni de son mariage. A vous dire vrai, c'était là pour moi un sujet assez pénible, et j'ai évité autant que possible d'en parler avec qui que ce soit. Mais pour en revenir à ce que je disais, hier soir, quand j'ai été à la maison de Manderson, — tenez, vous la voyez d'ici ; vous êtes passé devant en arrivant...

Et M. Cupples s'interrompit pour désigner un toit rouge que l'on apercevait entre de grands peupliers, à trois cents mètres environ de l'hôtel. C'était la seule construction distincte du petit village pelotonné au creux de la vallée.

— En effet, répondit Trent. Le propriétaire me l'a montrée, et me l'a décrite, en venant de Bishopsbridge.

— Eh bien, il y a à Marlstone d'autres personnes que le propriétaire qui sont au courant de vos exploits, dit M. Cupples. Ainsi que je le disais, quand j'étais là-bas, hier soir, M. Bunner, qui est un des deux secrétaires de Manderson, a exprimé le désir que le *Record* vous chargeât de cette affaire, précisément parce que la police semble être tout à fait déroutée. Il a rappelé un ou deux de vos succès d'autrefois, et Mabel, ma nièce, a été très intéressée lorsque je lui en ai parlé plus tard. Trent, c'est merveilleux comme elle supporte cette catastrophe. Elle a vraiment une force de caractère remarquable. Elle m'a dit qu'elle se souvenait avoir lu vos articles sur l'affaire Abinger. Elle a horreur de la publicité qu'aura forcément ce triste événement, et elle m'a supplié d'éloigner autant que possible tous les journalistes. Je suis certain que vous comprenez son sentiment, Trent. Cela ne porte aucune atteinte à votre profession. Mais elle a dit que vous sembliez posséder des qualités de détective remarquables, et qu'elle désirait ne rien faire qui pût vous gêner et retarder votre enquête. Alors je lui ai dit que vous étiez un de mes amis personnels, et je vous ai donné un bon certificat de tact et de discrétion vis-à-vis de la sensibilité d'autrui. Mabel a fini par consentir que si vous étiez chargé de cette affaire, elle désirerait que vous fussiez aussi bien secondé que possible.

Trent se pencha au-dessus de la table, et serra la main de M. Cupples en silence. Celui-ci, très content de la tournure que prenaient les affaires, continua :

— Je viens de téléphoner à ma nièce à l'instant. Elle est très contente que vous soyez ici. Elle m'a chargé de vous dire que vous pouviez interroger qui vous voulez, et elle met la maison et le parc à votre disposition. Je crois qu'elle préfère ne pas vous voir elle-même ; elle s'est retirée dans son boudoir. Elle a déjà subi l'interrogatoire d'un policier, qui est ici, et la pauvre enfant ne se sent pas la force de supporter une autre entrevue. D'ailleurs, rien de ce qu'elle vous dirait ne vous serait d'une grande utilité. Et elle est d'avis que les deux secrétaires et Martin, le maître d'hôtel, vous fourniront tous les renseignements nécessaires.

Trent acheva son déjeuner d'un air soucieux. Il remplit lentement sa pipe, et s'assit sur la balustrade de la véranda. Puis il dit, très tranquillement :

— Dites donc, Cupples, y a-t-il un côté de cette affaire que vous sachiez et dont vous préfériez ne pas me parler ?

M. Cupples tressaillit et tourna un regard étonné vers son interlocuteur.

— Que voulez-vous dire ? demanda-t-il.

— Je veux parler des Manderson. Tenez, je vous avouerai qu'une chose m'a paru étrange, dès le début. Voici un homme qui meurt tout à coup, assassiné, et personne ne semble en être attristé. Le propriétaire de l'hôtel m'en a parlé aussi froidement que s'il ne l'avait jamais vu, bien qu'ils aient été, si je ne me trompe, voisins chaque été depuis quatre ans. Et puis, vous-même, vous me parlez de l'affaire avec le plus grand sang-froid. Et quant à Mme Manderson, vous ne m'en voudrez pas si je vous affirme que j'ai connu des femmes qui ont été plus émues qu'elle ne paraît l'être lorsque leurs maris ont été assassinés ! Est-ce qu'il y a quelque chose, sous tout cela, ou est-ce que ce ne sont que des imaginations de ma part ? Y avait-il un aspect du caractère de Manderson que j'ignore ? J'ai fait une traversée sur le même navire que lui, il y a longtemps, mais je ne lui ai jamais parlé. Je ne connais que son caractère public, qui était assez répugnant. Je ne vous demande tout ceci que parce que cela peut jeter quelque lumière sur l'affaire.

M. Cupples prit le temps de réfléchir. Il lissa sa

barbe maigre, et regarda au loin la ligne d'horizon de la mer bleue. Enfin il se tourna vers Trent.

— Je ne vois aucune raison, cher ami, pourquoi je ne vous dirais pas toute la vérité, entre nous, dit-il lentement. Je n'ai pas à vous recommander de ne jamais faire allusion à ce que je vais vous dire. Mais enfin, voici : personne n'aimait Manderson. Et ceux qui lui étaient le plus proches étaient ceux qui l'aimaient le moins.

— Pourquoi cela ? demanda Trent.

— Les gens s'expliquaient difficilement pourquoi. Moi-même, j'éprouve une certaine difficulté lorsque j'essaie de me rendre compte de mes propres sentiments. Mais je crois que le peu de sympathie que l'on éprouvait pour Manderson venait précisément de ce que l'on sentait chez lui une absence absolue de toute sympathie. D'apparence, il n'était pas répugnant. Il n'était ni mal élevé, ni vicieux, ni ennuyeux. Et même, parfois, il savait être très intéressant. Mais j'ai toujours eu l'impression qu'il n'existait pas de créature humaine qu'il hésiterait à sacrifier au succès de ses entreprises, à la tâche qu'il avait assumée d'imposer au monde sa personnalité et sa volonté. C'était peut-être pure imagination de ma part, mais je ne le crois pas. Cependant voici ce qui importe. Mabel était très malheureuse. J'ai presque deux fois votre âge, cher ami, bien que vous essayiez toujours très aimablement de me faire croire que nous sommes de la même génération ! Et alors, comme je suis presque un vieux monsieur, beaucoup de personnes ont eu la gentillesse de me confier leurs déboires conjugaux. Eh bien, je n'ai jamais connu de cas semblable à celui de ma nièce et de son mari. J'ai connu Mabel tout enfant. Je *sais* — vous sentez que je n'em-

ploie pas ce mot à la légère — je *sais* que c'est
une femme honnête et aimable. On en trouverait
difficilement une meilleure. Et pourtant, depuis
quelque temps, Manderson la rendait malheureuse.

— Que faisait-il ? interrogea Trent en voyant
que M. Cupples s'interrompait.

— J'ai posé précisément cette même question
à Mabel. Elle m'a répondu qu'il semblait nourrir
contre elle un grief perpétuel. Il avait établi une
certaine distance entre eux, mais il refusait toujours d'expliquer pourquoi. J'ignore ce qui s'était
passé. Mabel s'est simplement contentée d'affirmer
que Manderson n'avait aucune raison de se conduire ainsi vis-à-vis d'elle. Je crois qu'elle savait
très bien ce qui pesait sur l'esprit de son mari.
Mais elle a beaucoup d'orgueil. Il paraît que cet
état de choses a duré pendant près de quatre
mois. Il y a une semaine, elle m'écrivit. Je suis
son seul parent, car sa mère est morte quand elle
était enfant. Et après la mort de son père, j'ai essayé
de le remplacer de mon mieux, jusqu'à son mariage,
qui eut lieu il y a environ cinq ans. Donc, quand
elle me demanda de venir à son aide, je pris le
premier train pour Marlstone. Et voilà pourquoi
je me trouve ici.

M. Cupples s'interrompit et but une gorgée de
thé. Trent fumait, en regardant fixement le chaud
paysage de juin.

— J'ai refusé de descendre au White Gables,
reprit M. Cupples. Je crois que vous connaissez
mes opinions sur l'organisation économique de la
société, et les rapports qui conviennent entre le
capitaliste et l'employé. Vous n'ignorez pas sans
doute l'usage que cet homme — Manderson — a fait
en plusieurs occasions fameuses de sa vaste puissance industrielle. Je fais surtout allusion aux

troubles qui se sont produits il y a trois ans, dans les charbonnages de Pensylvanie. Je le considérais, en dehors de toute antipathie personnelle, comme un criminel, et comme une honte pour la société. Je suis donc descendu dans cet hôtel, où j'ai eu une entrevue avec ma nièce. Elle m'a dit ce que je viens de vous raconter. Elle m'a confié que le tourment et l'humiliation qui étaient la conséquence de cette situation l'épuisaient, et elle me demanda mon avis. Je lui conseillai de demander franchement à son mari pourquoi il la traitait ainsi. Mais elle refusa. Elle avait toujours fait semblant de ne pas s'apercevoir de son changement à son égard, et je savais que rien ne la déciderait à avouer à Manderson qu'elle en souffrait. Son orgueil le lui interdisait. Voyez-vous, Trent, soupira M. Cupples, la vie est remplie de ces silences obstinés et de ces malentendus permanents.

— Mme Manderson aimait-elle son mari ? demanda Trent brusquement.

M. Cupples ne répondit pas tout de suite.

— L'aimait-elle encore ? rectifia Trent.

M. Cupples se mit à jouer avec sa cuillère.

— Très sincèrement, je ne crois pas, dit-il lentement. Mais ne vous faites pas de fausses idées sur ma nièce, Trent. Rien au monde ne lui aurait fait admettre vis-à-vis de qui que ce soit, peut-être même vis-à-vis d'elle-même, qu'elle n'aimait plus son mari, tant elle se considérait comme liée à lui. D'ailleurs, j'ai compris qu'il s'est toujours montré généreux et attentionné vis-à-vis d'elle, jusqu'à ce que soit survenue cette bouderie inexplicable.

— Vous disiez qu'elle refusait d'aborder franchement la question ?

— Oui. Et je savais par expérience qu'on n'arriverait pas à faire changer d'avis une Domecq lorsque sa dignité était en jeu. Je réfléchis donc longuement à la meilleure solution. Le jour suivant je guettai l'occasion, et j'abordai Manderson au moment où il passait devant l'hôtel. Je lui demandai de m'accorder quelques instants d'entretien, et il entra dans le parc. Nous ne nous étions pas vus depuis le mariage de ma nièce, mais il se souvenait de moi. Je lui exposai nettement la situation. Je le mis au courant de ce que Mabel m'avait raconté. Je lui dis que je n'approuvais ni ne condamnais l'idée qu'elle avait eue en me mêlant à cette affaire. Mais elle souffrait, et j'estimais que j'avais le droit de lui demander de se justifier.

— Et que dit-il ? interrogea Trent, en souriant à part lui, tout en regardant le paysage.

La pensée de M. Cupples, le plus doux des hommes, sommant le formidable Manderson à s'expliquer lui paraissait fort plaisante.

— Il le prit assez mal, avoua M. Cupples tristement ; et même très mal. Il me répondit en fort peu de mots. « Dites donc, Cupples, ne vous mêlez pas de tout ça. Ma femme sait se débrouiller toute seule. Je me suis aperçu de ça et de bien d'autres choses encore ! » Il était très tranquille ; vous savez qu'il était connu pour ne jamais perdre son sang-froid. Mais il y avait dans ses yeux un éclat dont se fût sans doute effrayé un homme qui n'aurait eu pour lui le bon droit. Mais sa remarque et le ton dont il la prononça m'avaient violemment irrité. Voyez-vous, Trent, j'aime ma nièce. C'est la seule enfant qui ait jamais égayé notre maison — ma maison. De plus, ma femme l'avait élevée comme sa fille, et sur le moment il me sembla que quiconque soupçonnait Mabel, soupçonnait par là même indirectement... quelqu'un qui n'est plus.

— Alors, vous avez exigé qu'il s'expliquât ? dit Trent à voix basse.

— Précisément. Il me regarda fixement, pendant un moment, et j'eus la désagréable impression de voir la veine de son front se gonfler. Puis il me dit avec beaucoup de calme : « En voilà assez » , et il fit demi-tour pour s'en aller.

— Parlait-il de votre entrevue ? dit Trent, d'une voix pensive.

— On le dirait, ces mots semblaient bien s'y appliquer. Mais la façon dont il les prononça me communiqua malgré moi une étrange appréhension. J'eus très nettement l'impression que cet homme venait de prendre une résolution sinistre. Mais j'avoue qu'il ne m'était plus possible de réfléchir calmement. J'entrai dans une rage folle, et je lui dis pas mal de choses regrettables. Je lui rappelai que la loi accordait une certaine liberté aux femmes maltraitées. Je fis quelques allusions, sans rapport à ce qui m'intéressait, à sa vie publique et je lui dis même qu'à mon avis des hommes de son genre étaient indignes de vivre. Je lui dis tout cela, et d'autres choses encore, tout aussi aimables, devant une demi-douzaine de personnes assises sous cette véranda, et qui durent entendre mes paroles. Et je remarquai, malgré mon agitation, qu'on me dévisageait avec curiosité, lorsque je rentrai à l'hôtel, après m'être soulagé ainsi.

Et M. Cupples se renversa dans son fauteuil avec un soupir.

— Et Manderson ? Il ne vous a rien répondu ?

— Pas un mot. Il m'a écouté, les yeux fixés sur mon visage, avec le même calme qu'auparavant.

Lorsque je m'arrêtai de parler il eut un très léger sourire, et s'en fut vers White Gables.

— Et ceci a eu lieu ?...

— Dimanche matin.

— Alors, je présume que vous ne l'avez pas revu vivant ?

— Non, répondit M. Cupples. Ou plutôt, si, une seule fois. Le même jour, dans l'après-midi, au golf. Mais je ne lui ai pas parlé. Et le lendemain matin, on l'a trouvé mort.

Les deux hommes se considérèrent en silence pendant quelques instants. Quelques baigneurs qui venaient de prendre leur bain matinal vinrent s'installer en bavardant à une table voisine de la leur. Le garçon s'approcha ; alors M. Cupples se leva, et, prenant le bras de Trent, il se dirigea vers un tennis installé à l'abri d'une des ailes de l'hôtel.

— J'ai une raison pour vous raconter tout cela, dit M. Cupples comme ils marchaient lentement de long en large.

— Naturellement ! dit Trent, en bourrant sa pipe avec soin.

Il l'alluma, en tira quelques bouffées, et puis reprit :

— Tenez, voulez-vous que j'essaye de la deviner, votre raison ?

L'expression solennelle de M. Cupples se détendit un peu, mais il ne dit rien.

— Vous avez cru, commença Trent, je dirai même que vous étiez à peu près certain que je découvrirais tout seul l'existence entre Manderson et sa femme de quelque chose de plus grave qu'une simple brouille conjugale. Vous vous êtes dit que mon imagination malsaine se mettrait tout de suite à marivauder avec l'idée que Mme Manderson était en quelque façon mêlée au crime. Et afin que je ne me perde pas dans d'inutiles hypothèses, vous avez décidé de me dire exactement ce qui en était, et, en passant, de bien me faire comprendre l'opinion que vous aviez de votre nièce. Ai-je raison ?

— Tout à fait raison. Écoutez-moi, mon cher ami, dit M. Cupples en posant sa main sur le bras du jeune homme. Je vais être absolument franc avec vous. Je suis très heureux que Manderson soit mort. Je crois que, comme financier, il n'a fait que du mal sur cette terre. Je sais qu'il désolait la vie de celle qui était comme mon enfant. Mais je crains que Mabel ne soit entraînée dans cette affaire, qu'on la soupçonne d'avoir participé au crime. Il m'est intolérable de penser que cette femme si raffinée, si bonne, puisse être mise en contact, même momentanément, avec les brutalités de la loi. Elle n'y est pas préparée. Cela l'éprouverait beaucoup. Je présume que, de nos jours, il y a beaucoup de jeunes personnes de vingt-six ans qui sauraient affronter pareille épreuve. J'ai remarqué, parmi les résultats de l'éducation supérieure des femmes de nos jours, une sorte de dureté, qui, je crois, les aiderait presque à surmonter tous les ennuis. Et je ne dis pas que ce soit à regretter, étant données les conditions de la vie féminine d'aujourd'hui. Cependant, Mabel ne ressemble pas à ces femmes-là. Elle leur est aussi différente qu'elle l'est des petites misses minaudières de l'époque romantique. Elle a de l'esprit, elle a beaucoup de caractère. Elle est raffinée dans ses goûts et dans son intelligence. Mais tout cela est mêlé, — et M. Cupples esquissa ici un geste vague, — à de la subtilité, de la réserve et du mystère féminins. Je crains qu'elle ne soit pas un enfant du siècle ! Vous n'avez jamais connu ma femme, Trent ? Eh bien, Mabel, c'est la fille de ma femme.

Le jeune homme baissa la tête. Et les deux promeneurs arpentèrent toute la pelouse avant que Trent ne murmurât très doucement :

— Pourquoi a-t-elle épousé Manderson ?

— Je ne sais pas ! répondit M. Cupples brièvement.

— Elle l'admirait sans doute ? insinua Trent.

M. Cupples haussa les épaules.

— On m'a souvent dit, répondit-il, qu'une femme se laisse attirer plus ou moins par l'homme de son milieu qui a le mieux réussi. Bien entendu, il nous est difficile de comprendre à quel point une personnalité volontaire et puissante comme celle de Manderson peut influencer une jeune fille isolée. Et cela surtout, s'il s'était mis en tête de la conquérir. C'est peut-être une chose irrésistible que de se voir faire la cour par un homme dont le nom est célèbre dans le monde entier. Elle avait naturellement entendu parler de lui, de sa puissance financière si considérable. Elle n'avait aucune idée de la dureté que pouvait comporter une telle puissance ; car elle avait toujours fréquenté un milieu artistique et littéraire. Et même, je me demande si aujourd'hui elle se rend compte de ça ? Quand j'entendis parler pour la première fois de ce flirt, il était trop tard pour intervenir, car le mariage était décidé, et puis je savais toute l'inutilité de donner en pareil cas un avis qu'on ne me demandait du reste pas. Mabel était majeure, et, du point de vue des conventions sociales, il n'y avait rien à dire contre Manderson. Et puis sans doute son immense fortune exerçait un prestige auquel la plupart des femmes n'auraient pas résisté. Mabel avait un gentil petit avoir, — juste assez, peut-être, pour lui permettre d'apprécier ce que valent vraiment des millions. Mais tout ceci n'est qu'une hypothèse. Elle n'avait certainement jamais désiré épouser aucun des jeunes gens qui, à ma connaissance, lui avaient fait la cour. Mais je ne crois pas, et je n'ai jamais cru, qu'elle ait eu de l'amour pour cet homme de quarante-cinq ans. Et cependant elle a sûrement voulu l'épouser. Mais ne me demandez pas pourquoi. Je ne saurais le dire.

Trent acquiesça d'un signe de tête. Puis, après avoir fait quelques pas, il tira sa montre.

— Vous m'avez intéressé au point de me faire oublier la raison essentielle de ma présence ici, s'écria-t-il. Il ne faut pas que je gaspille ma matinée. Je cours aux White Gables, et je vais y fureter un peu jusqu'à midi. Si vous êtes libre, à cette heure-là, Cupples, je serai heureux de vous retrouver, afin de vous communiquer mes découvertes, — si j'en ai fait ; à moins que je ne sois inopinément retenu.

— Je vais me promener, dit M. Cupples. Je pensais déjeuner dans une petite auberge, tout près du golf, appelée Les Trois Tonneaux. Rejoignez-moi là. C'est à un quart de mille environ des White Gables. On y fait une cuisine simple, mais excellente.

— Pourvu qu'il y ait de la bière fraîche, ça suffira, s'écria Trent. Nous mangerons du pain et du fromage, et que le ciel nous préserve dans notre simple existence de la vile contagion du luxe ! A tout à l'heure.

Et il s'enfuit vers la véranda prendre son chapeau ; puis, l'agitant gaiement pour saluer M. Cupples, il disparut.

Le vieux homme s'assit dans un fauteuil sur la

pelouse. Il croisa les mains derrière la tête, et contempla le ciel bleu, sans nuages.

— C'est un bien bon garçon, murmura-t-il. Le meilleur des garçons Et il est terriblement perspicace et plein de finesse. Mon Dieu ! comme tout cela est curieux !

CHAPITRE IV

AMATEUR CONTRE PROFESSIONNEL

PHILIPPE TRENT était peintre et fils de peintre.
Encore tout jeune, il avait acquis une certaine
réputation dans le milieu artistique anglais. De
plus, ses tableaux se vendaient. Cela s'expliquait
par son talent original et vigoureux, et aussi par
sa méthode de travail lente, mais continue, coupée
par des crises de violent enthousiasme créateur.
Et puis, le nom de son père avait contribué à son
succès, comme aussi le patrimoine qu'il avait hérité
et qui le mettait à l'abri du reproche de flatter
les goûts du public. Mais ce qui l'aida surtout à
réussir, ce fut le don naturel qu'il avait de se faire
aimer. La bonne humeur et la fantaisie gaie et
spirituelle sont toujours très recherchées. Trent
joignait à ces qualités l'art de savoir s'intéresser
véritablement à autrui, et cela lui valut plus que
la simple popularité. Il jugeait les hommes sans
illusion, mais il ne le laissait point paraître. Personne
ne se sentait gêné ni méfiant vis-à-vis d'un homme
qui avait toujours l'air de s'amuser. Et qu'il fût
en veine de se laisser aller aux pires fantaisies, ou
qu'il s'appliquât attentivement à une tâche, son
visage ne perdait jamais une expression de vivacité contenue. Il connaissait à fond son art et
l'histoire de cet art, et avait en plus une culture

générale. Il éprouvait un amour très profond de la poésie et n'y résistait pas. A trente-deux ans, il n'avait pas encore passé l'âge du rire et de l'aventure.

Mais ce fut grâce à une des impulsions spontanées qui l'emportaient parfois qu'il acquit une célébrité cent fois plus grande que celle que lui avait valu sa profession véritable. Un jour, en parcourant son journal, il lut le compte rendu très détaillé d'un crime d'un genre assez fréquent en Angleterre : l'assassinat en chemin de fer. Les circonstances dans lesquelles ce crime avait eu lieu étaient fort embarrassantes. Deux personnes soupçonnées du forfait étaient en état d'arrestation. Ce fut une nouvelle sensation pour Trent que de s'intéresser à pareille affaire. Il entendit des amis discutant ce crime émettre diverses hypothèses, et il commença, sans but déterminé, à lire les reportages des journaux à ce sujet. Peu à peu, contrairement à son habitude, il se laissa intriguer par cette mystérieuse affaire ; son imagination se mit à travailler sur les données connues. Il se sentit en proie à une excitation au moins aussi vive que celle que lui avaient jadis donnée ses accès d'inspiration artistique, ou la poursuite d'une aventure personnelle. Enfin, à la fin de la journée, il écrivit une longue lettre au rédacteur en chef du *Record*. Il n'avait du reste choisi ce journal, que parce qu'il y avait lu la version la plus intelligente et la plus complète du crime.

Dans cette lettre, il suivit à peu près l'exemple donné par Poe, lors de l'assassinat de Mary Rogers.

N'ayant pour se guider que les journaux, il attira l'attention sur certains faits apparemment négligeables ; puis il disposa les preuves de façon à faire porter les soupçons sur un individu qui s'était présenté comme témoin. Sir James Molloy publia cette lettre aux dernières nouvelles, et le soir même il put annoncer aux lecteurs du *Sun* l'arrestation et les aveux complets du vrai coupable.

Sir James, qui connaissait tous les milieux de Londres, ne perdit pas de temps. Il fit tout de suite la connaissance de Trent. Ils s'entendirent fort bien, car le tact naturel de Trent effaçait presque les différences d'âge existant entre lui et ses amis plus âgés. Les grandes presses rotatives des sous-sols du *Record* avaient fait naître en lui un enthousiasme nouveau. Il en avait fait un tableau que Sir James avait immédiatement acheté. Quelques mois plus tard éclata l'affaire connue sous le nom du « Mystère d'Ilkley ». Sir James avait convié Trent à un dîner excellent, composé pour mettre celui-ci de belle humeur. Vers la fin du repas, Trent eut la surprise de s'entendre offrir une somme, qui lui parut fantastique, s'il consentait à devenir momentanément le correspondant spécial du *Record* à Ilkley.

— Vous réussirez, dit le rédacteur. Vous faites de la bonne copie, vous savez parler aux gens, et en une demi-heure je vous aurai mis au courant des petits côtés techniques du métier de reporter. Et puis vous avez un cerveau fait pour débrouiller tous les mystères, sans compter que vous ne manquez pas d'imagination, ni d'un jugement très positif. Songez à ce que vous éprouveriez si vous réussissiez ce coup-là !

Trent avoua que ce serait une sensation agréable. Il fuma longuement, il fronça les sourcils, et il arriva enfin à se convaincre que ce n'était uniquement que l'appréhension d'entreprendre une tâche si nouvelle pour lui, qui l'empêchait d'accepter l'offre de Sir James Molloy. Et comme il avait pour habitude morale inflexible de réagir contre la peur, il se chargea de l'affaire.

Il réussit. Pour la deuxième fois il s'était montré plus fort que les autorités compétentes. Tout le monde parlait de lui. Alors il se retira dans son atelier, et se mit à peindre. Il n'avait aucun penchant pour le journalisme, et Sir James, qui comprenait un peu ce qu'était l'Art, s'abstint fort délicatement, contrairement à ce que firent en vain plusieurs autres rédacteurs, de le tenter par l'offre de beaux appointements. Mais au cours des années qui suivirent, il s'adressa encore une vingtaine de fois à Trent lorsqu'il s'agissait de résoudre des problèmes compliqués, en Angleterre ou à l'étranger. Parfois, Trent, très pris par son art, avait refusé ; parfois, d'autres l'avaient devancé dans la découverte de la vérité. Mais son nom était l'un des plus connus de toute l'Angleterre, grâce à sa collaboration irrégulière au *Record*. Du reste, il était bien conforme au caractère de Trent que le public ne connût que son nom et ignorât tout de sa véritable personnalité. Car il avait imposé au *Record* et au *Sun* le silence absolu sur lui-même ; et les autres journaux se gardaient bien de faire de la réclame à un des reporters de Sir James.

En remontant rapidement la route qui menait aux White Gables, Trent se dit que l'affaire Manderson allait sans doute lui apparaître d'une simplicité enfantine. Cupples était un homme fort sage, mais il lui était probablement difficile d'avoir une opinion impartiale sur sa nièce. Pourtant le propriétaire de l'hôtel avait parlé de la beauté de Mme Manderson en des termes qui avaient attiré l'attention de Trent, et il avait insisté tout particulièrement sur sa bonté. Sans faire de la littérature, le propriétaire avait réussi à évoquer une image très nette à l'esprit de Trent. Il avait dit : « Il n'y a pas un enfant du voisinage qui ne se montre tout à coup plus gai en entendant la voix de Mme Manderson, et même on pourrait dire que tout le monde s'anime et s'égaye en la voyant. On attendait chaque été sa venue avec plaisir. Notez bien, je ne veux pas dire qu'elle soit une de ces femmes qui n'ont que du bon cœur et rien de plus. Chez elle il y a autre chose, du courage, de l'allant, de la volonté. Tout le monde à Marlstone a de la sympathie pour la jeune femme, en ce moment surtout. Tout de même, nous sommes plusieurs à croire qu'au fond, elle a eu de la veine. »

Trent désirait vivement rencontrer Mme Manderson.

Maintenant, il apercevait, au delà d'une grande pelouse, la façade de la maison à deux étages, en briques d'un rouge terne, flanquée des deux grands pignons d'où elle tirait son nom. Il n'avait fait qu'entrevoir la maison le matin même en auto. C'était une bâtisse moderne, datant à peine de dix ans. La propriété était entretenue avec grand soin, et avait cet air de paix opulente qui caractérise même les moins importantes des résidences des gens aisés dans la campagne anglaise. Devant la maison de l'autre côté de la route, de riches pâturages s'étendaient jusqu'aux falaises, tandis qu'à l'arrière le paysage boisé rejoignait les bruyères dans le lointain. Il semblait fantastique qu'un crime eût été commis dans un endroit aussi paisible. Tout y était si tranquille, si bien ordonné ; tout y parlait si éloquemment d'une vie douce et d'une domesticité bien disciplinée ! Et cependant là-bas, au delà de la demeure, près de la haie séparant le parc du blanc poudroiement de la route, s'élevait la hutte où le jardinier serrait ses outils, et à côté de laquelle on avait trouvé le cadavre de Sigsbee Manderson, écroulé près du mur en bois.

Trent dépassa la grille de l'avenue. Il suivit la route jusqu'à ce qu'il fût parvenu à cette hutte. Une quarantaine de mètres plus loin, la route déviait brusquement pour serpenter à travers d'épaisses plantations. Un peu avant ce tournant, une petite haie limitait le jardin des White Gables et, à l'angle de cette haie, il y avait une claire-voie peinte en blanc. Trent s'approcha de cette barrière, qui servait évidemment d'entrée de service. Elle s'ouvrit facilement, et il remonta lentement un sentier tracé entre une haute rangée de rhododendrons et la haie extérieure, et qui conduisait aux communs. Par une brèche dans ce mur fleuri, il prit une route qui le mena jusqu'à la petite maisonnette de bois, entourée d'arbres, et qui faisait vis-à-vis à un coin de la façade. Le corps de Manderson avait été trouvé du côté de la hutte le plus éloigné du bâtiment principal. Et Trent constata qu'un domestique qui, au matin de la journée précédente, se fût mis à l'une des fenêtres les plus proches des White Gables aurait très bien pu regarder dans la direction de la hutte, sans distinguer le corps de son maître.

Trent se mit à examiner minutieusement les alentours de la hutte, puis il fouilla à l'intérieur. Mais il ne remarqua rien d'autre que l'herbe froissée là où on avait trouvé le corps. Alors il s'accroupit, et se mit à examiner le sol sur une assez grande étendue. Mais sa recherche fut vaine.

Il fut interrompu par le bruit, — le seul qu'il ait entendu jusque-là — de la porte d'entrée de la maison qui se refermait. Trent se dressa d'un bond, et s'avança jusqu'au bord de l'avenue. Il vit un homme qui s'éloignait rapidement dans la direction de la grille d'entrée. En entendant le gravier crier sous les pas de Trent, l'homme se retourna brusquement d'un geste nerveux, et regarda Trent fixement. Son visage, aperçu ainsi brusquement, était presque effrayant, tant il était blême et hagard. Cependant c'était le visage d'un tout jeune homme. Pas une ride ne soulignait les yeux bleus, qui exprimaient seulement une grande fatigue et une tension effroyable. Comme les deux hommes s'approchaient l'un de l'autre, Trent nota avec admiration la belle carrure de l'inconnu, et sa silhouette vigoureuse et souple. Et l'influence d'un entraînement spécial se manifestait dans son maintien, dans ses traits réguliers, dans ses cheveux blonds taillés très courts, et dans sa voix, lorsqu'il s'adressa à Trent.

— Tu viens d'Oxford, mon jeune ami, se dit Trent à lui-même.

— Êtes-vous M. Trent ? demanda le jeune homme d'une voix agréable. Si c'est vous, on vous attend. M. Cupples nous a prévenus par téléphone. Je m'appelle Marlowe.

— Vous étiez le secrétaire de M. Manderson, si je ne me trompe, dit Trent.

Il se sentait attiré vers ce jeune M. Marlowe. Car, bien qu'il parût à la veille de tomber dans une absolue dépression nerveuse, le jeune homme n'avait pas moins cet air de santé morale et d'honnêteté qui est la gloire particulière de son type social à son âge. Il y avait dans ses yeux fatigués une expression qui défia le regard scrutateur de Trent, comme une expression habituelle de méditer et de peser des choses qu'ils ne voyaient pas. C'était un regard trop intelligent, trop délibéré et trop résolu pour qu'on pût le qualifier de rêveur. Trent crut se rappeler avoir déjà vu ce regard-là. Mais où ?... Il reprit :

— C'est une bien dure épreuve pour vous tous. Je crains que cela ne vous ait complètement démoli, Monsieur Marlowe.

— Oh! je suis simplement un peu fatigué, répondit le jeune homme d'une voix lasse. J'ai conduit l'auto pendant toute la nuit de dimanche et pendant presque toute la journée d'hier. Et après avoir appris les nouvelles, je n'ai naturellement pas fermé l'œil. Mais j'ai un rendez-vous, Monsieur Trent, chez le médecin, afin de prendre certaines dispositions pour l'enquête. Elle aura sans doute lieu demain. Voulez-vous entrer et demander à voir M. Bunner. Il vous attend. Il vous mettra au courant de tout et vous servira de guide. M. Bunner, c'est l'autre secrétaire; il est Américain. C'est un charmant garçon. A propos, il y a là un détective, l'inspecteur Murch, de Scotland Yard. Il est arrivé hier.

— Murch! s'écria Trent. Mais nous sommes de vieux copains. Comment, diable! a-t-il fait pour être déjà au travail?

— Je ne sais pas. Je l'ai trouvé ici hier soir, à mon retour de Southampton, en train d'interroger tout le monde. Et ce matin, il est arrivé dès huit heures. Il est dans la bibliothèque en ce moment, — là où vous voyez cette fenêtre ouverte, à l'extrémité de la maison. Peut-être voudrez-vous le rejoindre et lui parler ?

— C'est ce que je vais faire, dit Trent.

Marlowe lui fit un signe de la tête et s'éloigna. L'herbe épaisse de la pelouse, que contournait l'avenue, étouffa le bruit des pas de Trent. Quelques instants plus tard, il regardait par la fenêtre entr'ouverte, à l'angle sud de la maison, et il sourit en apercevant le large dos et la tête aux courts et durs cheveux grisonnants de l'inspecteur Murch.

Celui-ci était penché sur des papiers dépliés sur une table.

— C'est toujours comme ça ! dit Trent d'une voix mélancolique.

A ces paroles l'homme se retourna instantanément.

— Dès mon enfance, j'ai vu se dissiper mes plus chers espoirs, reprit Trent. Cette fois, je croyais bien avoir devancé Scotland Yard, et voilà que je trouve le plus fin limier de la police londonienne occupant déjà la place.

Le détective sourit et vint à la fenêtre.

— Je vous attendais, Monsieur Trent, dit-il. C'est le genre d'affaires qui vous intéresse.

— Puisque l'on tient compte de mes goûts, répondit Trent en enjambant la barre d'appui et en entrant dans la chambre, j'aurais préféré que l'on suivît mon idée, et que l'on éloignât mon rival détesté. Ah ! vous avez beaucoup d'avance sur moi !

Il se mit à parcourir du regard la bibliothèque.

— Comment avez-vous fait pour être si vite sur place ? demanda-t-il. Je sais bien que vous êtes prompt comme l'éclair, mais tout de même je ne m'explique pas comment vous avez réussi à être ici à temps pour commencer vos recherches dès hier soir ? Scotland Yard a-t-il à sa disposition une brigade d'aéroplanes ? Ou bien est-il allié aux puissances infernales ? En tous les cas, on devrait exiger à ce sujet une explication du Home Secretary (Ministre de l'Intérieur).

— C'est bien plus simple que tout cela, répondit M. Murch avec un sérieux tout professionnel. J'étais en congé avec ma bourgeoise à Halvey, qui n'est qu'à douze milles d'ici, le long de la côte. Dès que la police fut au courant de l'assassinat, on me prévint. Alors j'ai télégraphié au chef, qui m'a confié immédiatement l'affaire. Je suis arrivé ici hier soir à bicyclette, et depuis lors je suis au travail.

— Permettez-moi, dit Trent, de vous demander comment va Mme Murch.

— Très bien, merci, dit l'inspecteur. Elle n'a jamais été mieux. Elle parle souvent de vous et des parties que vous faisiez avec les gosses. Mais vous m'excuserez, Monsieur Trent, de vous dire qu'il n'est pas nécessaire de vous donner la peine de me parler de vétilles pendant que vous vous servez si utilement de vos yeux. Je commence à vous connaître, à présent. Et je me rends très bien compte que vous êtes débrouillard, une fois de plus, et que vous avez la permission de Mme Manderson d'inspecter toute la maison et d'interroger qui vous voulez.

— C'est exact, dit Trent. Je vais vous dégoter une fois de plus, mon cher inspecteur. Il faut que je prenne ma revanche, car vous m'avez battu dans l'affaire Abinger, vieux renard que vous êtes Mais si c'est vrai que vous n'êtes pas d'humeur à échanger en ce moment des mondanités, eh bien, parlons affaires.

Il alla à la table, jeta un coup d'œil sur les papiers qu'il mit en ordre. Et puis il se tourna vers le bureau ouvert et examina rapidement les tiroirs.

— Je vois que ceci a été vidé, dit il. Alors, mon cher inspecteur, nous allons jouer, notre partie comme d'habitude.

Trent s'était rencontré à plusieurs reprises dans ses enquêtes avec l'inspecteur Murch, qui était fort estimé par le « Département des Recherches Criminelles » (Service des Recherches). C'était un policier très tranquille, très avisé, possédant beaucoup de tact, beaucoup de courage, et qui s'était maintes fois distingué dans la poursuite des criminels de la catégorie la plus dangereuse. Il était aussi humain que gros, et, même pour un policeman, il était très gros ! Par une sympathie obscure, Trent et lui s'étaient appréciés immédiatement, et ils s'étaient liés d'une de ces curieuses amitiés dont le jeune peintre aimait à embellir sa vie. L'inspecteur lui parlait plus librement qu'à personne autre. Ils discutaient les détails et les possibilités de chaque affaire, ce qui souvent leur permettait à l'un et à l'autre d'y voir plus clair. Bien entendu, il y avait à leurs confidences et à leur intimité des limites de courtoisie nécessaires. Il était convenu entre eux que Trent ne se servirait jamais dans les reportages qu'il envoyait à son journal des faits qu'il n'avait pu connaître que de source officielle. De plus, ils se réservaient chacun le droit, pour le prestige et l'honneur des carrières qu'ils représentaient, de ne pas se communiquer les découvertes ou les hypothèses qu'ils considéraient comme indispensables à la solution de problème posé. Trent avait tenu à formuler nettement les principes de ce qu'il appelait le sport policier. M. Murch, qui adorait la lutte et qui ne pouvait que gagner en s'associant à la vive intelligence du jeune journaliste, jouait de son côté ce « jeu » avec beaucoup d'ardeur. L'un cherchait à prouver la supériorité de la presse sur la police, et l'autre, le contraire ; la victoire couronnait tantôt la vieille expérience et la sûre méthode du policier, et tantôt l'esprit plus vif et l'imagination plus intense de Trent, et le flair instinctif qui lui permettait, malgré tous les déguisements, de deviner à l'instant la signification et l'importance des moindres choses.

L'inspecteur accueillit donc fort cordialement

la proposition de Trent. Et, appuyés sur la barre de la fenêtre, ils discutèrent l'affaire Manderson, tout en goûtant la paix profonde et la splendeur baignée de brumes du paysage d'été qui s'étendait devant eux.

Trent sortit de sa poche un mince calepin et, tout en parlant, il esquissa de quelques traits légers et rapides le plan de la bibliothèque. C'était devenu une habitude pour lui de prendre toujours ces petites esquisses, qui parfois lui étaient fort utiles.

La bibliothèque était une pièce spacieuse formant un angle de la maison, et éclairée par de grandes fenêtres. Une large table occupait le milieu de la pièce. En y entrant par la fenêtre, le bureau se trouvait immédiatement à gauche, contre le mur. La porte intérieure s'ouvrait aussi dans le mur de gauche à l'autre extrémité de la chambre. En face de la porte, il y avait une très large fenêtre à petits carreaux. Au delà de la porte, une armoire de coin, très ancienne, et merveilleusement sculptée, se dressait contre le mur. Une autre armoire occupait l'espace près de la cheminée. Quelques gravures en couleurs, de Harunobu, que Trent se promit d'examiner plus attentivement à la première occasion, ornaient les murs, là où il n'y avait pas de livres. Du reste, les livres occupant les rayons de la bibliothèque semblaient avoir été achetés au mètre. Leurs reliures étaient luxueuses mais sobres, et tous les grands romanciers, essayistes, historiens et poètes de l'Angleterre y étaient rangés comme une armée bien alignée. Il y avait quelques chaises qui étaient, comme l'armoire et la table, en vieux chêne sculpté. Devant le bureau, il y avait un fauteuil moderne et un fauteuil à vis. Bien qu'ayant un air de richesse, la pièce paraissait pourtant très nue. Les seuls objets portatifs qu'on y voyait étaient un grand bol de porcelaine d'un bleu merveilleux, posé sur la table, la pendule, et quelques boîtes de cigares ornant la cheminée, et sur le bureau un appareil téléphonique.

— Avez-vous vu le cadavre ? demanda l'inspecteur à Trent.

Trent acquiesça.

— Et j'ai vu aussi l'endroit où on l'a découvert, ajouta-t-il.

— Les premières impressions que me donne cette affaire m'intriguent un peu, dit l'inspecteur. D'après ce que j'avais entendu dire à Halvey, je croyais d'abord qu'il s'agissait peut-être d'un simple cambriolage et d'un assassinat accomplis par un vagabond quelconque, bien que pareilles choses soient assez rares dans ces parages. Mais, aussitôt que j'ai eu commencé mon enquête, je suis tombé en arrêt devant quelques détails curieux que, sans doute, vous avez déjà notés vous-même. D'abord l'homme est tué, d'un coup de revolver, dans sa propriété, pas bien loin de sa maison. Et pourtant on ne trouve pas la moindre trace d'une tentative de cambriolage. Et puis, ce qu'il avait sur lui n'a pas été volé. En somme si nous ignorions certains faits, il nous semblerait que nous sommes tout simplement en présence d'un suicide. Et puis, voici un autre point à noter : on m'a dit que, depuis un mois environ, Manderson était dans un état d'esprit bizarre. Vous savez, sans doute, qu'il existait une sorte de brouille entre lui et sa femme. Depuis longtemps, les domestiques avaient remarqué une différence dans sa manière d'être envers elle, et depuis une semaine il ne lui avait guère adressé la parole. Ils disent que Manderson avait changé tout à fait de caractère ; il était devenu taciturne, silencieux ; peut-être à cause de ce dissentiment, ou bien pour une autre raison que nous ignorons. La femme de chambre dit qu'il avait l'air de se rendre compte que quelque chose allait arriver. Mais c'est si facile de se rappeler que les gens avaient cet air-là, après que quelque chose leur est arrivé. Enfin, voilà ce qu'on dit ! Et voilà de nouveau la conclusion logique : le suicide. Dites donc, Monsieur Trent, pourquoi ne s'agit-il pas de suicide ?

— Les faits, tels que je les connais, s'opposent tout à fait à cette hypothèse, dit Trent, assis sur l'allège de la fenêtre, et se tenant les genoux des deux mains. Premièrement, on ne trouve pas d'arme. J'ai cherché, vous avez cherché, et il n'y a aucune trace d'une arme à feu dans le voisinage du cadavre. Deuxièmement, nous sommes bien obligés de présumer que les marques relevées sur les poignets de Manderson, qui sont des égratignures et des meurtrissures récentes, ont été faites au cours d'une lutte qu'il a eue avec quelqu'un. Troisièmement, a-t-on jamais vu personne se suicider en se tirant une balle dans l'œil ? Et puis, j'ai appris du propriétaire de l'hôtel un autre fait, qui me semble peut-être le détail le plus curieux de cette affaire. Manderson s'était habillé complètement avant de descendre dans le jardin, mais il avait oublié son râtelier. Or, comment se fait-il qu'un suicidé qui s'est habillé, afin de faire bonne figure comme cadavre, ait oublié son râtelier ?

— Ce dernier argument ne m'avait pas frappé, avoua M. Murch. Pourtant il y a du vrai dans ce que vous dites. Mais sur la foi des autres points qui m'avaient surtout frappé, je n'envisage pas la possibilité d'un suicide. Ce matin j'ai cherché des suggestions dans la maison même. Et vous songiez aussi à en faire autant ?

— C'est vrai. Il me semble que nous pouvons trouver des hypothèses, en fouillant la maisonnée. Allons, Murch. Faisons un effort, et forçons nos cerveaux à prendre une attitude de suspicion générale. D'abord, soupçonnons tous les habitants de la maison. Écoutez-moi. Je vais vous dire qui je soupçonne. Bien entendu, je soupçonne Mme Manderson. Et puis, je soupçonne aussi les secrétaires ; on m'a dit qu'ils étaient deux et je ne sais lequel me paraît le plus digne d'être soupçonné. Ensuite, je soupçonne le maître d'hôtel et la femme de chambre, et enfin tous les autres domestiques, et surtout, surtout, le groom qui cire les chaussures. A propos, combien de domestiques y a-t-il ? J'ai encore des soupçons à revendre, quelle que soit l'importance de la domesticité. Mais j'aimerais être fixé sur ce sujet, par pure curiosité.

— C'est très bien de rire, répondit l'inspecteur. Mais à la première phase d'une affaire, la suspicion générale est le meilleur des principes ! Vous le savez aussi bien que moi, M. Trent. En tout cas, j'ai eu depuis hier soir suffisamment à faire avec les habitants de cette maison, pour ne plus me préoccuper de certains d'entre eux, du moins pour le moment. Vous tirerez vos propres conclusions. Quant à la domesticité, elle se compose du maître d'hôtel, de la femme de chambre, de la cuisinière, de trois autres bonnes, dont l'une est une jeune fille. Et puis, il y a un chauffeur, qui est absent pour le moment ; il soigne son poignet, qui a été cassé. Il n'y a pas de groom.

— Et le jardinier ? Vous ne dites rien de la silhouette confuse et sinistre du jardinier ? Ah !

Murch, vous tenez le jardinier à l'écart. Allons, jouez franc jeu ! Dites-moi ce que vous en savez, en bon copain, voyons !

— Le jardin est entretenu par un homme qui vit dans le village et qui vient ici deux fois par semaine. Je l'ai interrogé. Il est venu ici pour la dernière fois vendredi dernier.

— Alors, je le soupçonne d'autant plus, dit Trent. Et maintenant, parlons de la maison même. Voilà ! Pour commencer, j'ai l'intention de fouiller d'abord un peu dans cette pièce où l'on m'a dit que Manderson passait beaucoup de son temps. Et puis, j'irai dans sa chambre à coucher ; mais, puisque nous sommes ici, commençons par cette pièce. Vous semblez en être au même point de votre enquête que moi. Mais peut-être avez-vous déjà examiné les chambres à coucher ?

L'inspecteur fit un signe d'assentiment.

— J'ai vu la chambre de Manderson et celle de sa femme. On n'y trouvera rien, je crois. Sa chambre à lui est très simple, presque nue. Il n'y avait aucun indice, — du moins, *moi*, je n'en ai pas trouvé ! Manderson paraît avoir été un disciple fervent de la vie simple. Il n'employait jamais de valet de chambre. Et sa chambre ressemble presque à une chambre de moine, si ce n'était les habits et les chaussures qu'on y trouve. Vous la trouverez telle que je l'ai vue ; on m'assure que rien n'y a été changé depuis que Manderson l'a quittée, hier matin, à une heure encore inconnue. Cette chambre communique avec celle de Mme Manderson, qui n'a rien d'une cellule pour le coup ! Je jugerais volontiers que cette jeune femme aime autant les jolies choses que les autres personnes de son sexe. Mais elle a déménagé le matin même de la découverte du crime, en disant à sa femme de chambre qu'elle ne pourrait jamais dormir dans une chambre donnant dans celle de son mari assassiné ! C'est là un sentiment bien naturel de la part d'une femme, Monsieur Trent. Alors, elle s'est installée, ou plutôt on pourrait dire qu'elle campe, dans une des chambres d'amis.

— Voyons, mon ami, se dit Trent, tout en prenant quelques notes dans son petit livre, as-tu l'œil sur Mme Manderson, ou ne l'as-tu pas ? Je connais bien ce ton incolore de ta voix, ô mon excellent inspecteur ! Je regrette de n'avoir pas encore vu la jeune femme ! Ou tu as relevé contre elle quelque chose que tu ne désires pas que je sache, ou bien tu es persuadé qu'elle est innocente, mais tu aimerais bien que je perde mon temps en suivant une fausse piste. Fort bien. Tout cela fait partie du jeu, qui me semble devenir de plus en plus intéressant.

Mais à M. Murch, il dit à haute voix :

— Je ferai l'esquisse de la chambre à coucher plus tard. Mais parlons un peu de cette pièce.

— On appelle ceci la bibliothèque, dit l'inspecteur. Manderson y faisait sa correspondance, et lorsqu'il était chez lui, il y passait la plus grande partie de son temps. Depuis que lui et sa femme ne s'entendaient plus, il passait ses soirées tout seul, et quand il était aux White Gables, il affectionnait tout particulièrement cette pièce. C'est ici que les domestiques l'ont vu pour la dernière fois de son vivant.

Trent se leva, et regarda négligemment les papiers étalés sur la table.

— Il n'y a que des prospectus et des papiers d'affaires, dit Murch. Vous trouverez quelques lettres privées, qui ne contiennent aucun indice. Le secrétaire américain de Manderson (il s'appelle

Bunner et c'est le type le plus rigolo qu'on puisse s'imaginer) a vidé ce bureau avec moi, ce matin. Il s'était mis dans la tête que Manderson avait reçu des lettres de menaces, qui nous mettraient sur la piste de l'assassin. Mais bien que nous ayons examiné chaque papier, nous n'avons rien trouvé de ce genre ! Nous n'avons fait que deux découvertes un peu surprenantes : une liasse de billets de banque, représentant une somme importante, et deux petits sacs remplis de diamants non montés. J'ai demandé à M. Bunner de mettre ces valeurs en lieu sûr. Il paraît que Manderson s'était mis à acheter des diamants depuis quelque temps, en spéculation, pour s'amuser.

— A propos des secrétaires, dit Trent, je viens d'en rencontrer un à l'instant dans le jardin. Il s'appelle Mårlowe et c'est un gentil garçon, aux yeux curieux, mais très anglais d'apparence. L'autre, me dites-vous, est Américain. Pourquoi Manderson avait-il besoin d'un secrétaire anglais ?

— Ah ! dit Murch, M. Marlowe m'a fourni une explication à ce sujet. L'Américain était le bras droit de Manderson pour tout ce qui touchait ses affaires. Il appartenait au bureau de New-York, et ne le quittait jamais. M. Marlowe n'avait pas à s'occuper des affaires financières de Manderson, qu'il ignorait absolument. Il devait s'occuper des chevaux, des autos et du yacht de Manderson, et prendre toutes les dispositions sportives, etc. En somme, il était « à tout faire », comme on dit. Je crois qu'il maniait de grosses sommes d'argent. L'autre secrétaire se bornait à s'occuper des affaires véritables, et il avait sans doute bien assez de travail comme cela. Et puis, il n'y a rien d'étonnant à ce que M. Marlowe soit Anglais. C'était une manie de Manderson d'avoir un secrétaire anglais.

Il en avait déjà employé plusieurs avant M. Marlowe.

— Il montrait en cela son bon goût ! dit Trent. Ne pensez-vous pas qu'il serait très intéressant d'être l'intendant des plaisirs d'un plutocrate moderne ? Seulement on affirme que les plaisirs de Manderson étaient absolument innocents. Marlowe, il me semble, aurait très certainement joué faiblement le rôle de Pétrone. Mais revenons à nos moutons. Vous me disiez que les domestiques avaient vu Manderson pour la dernière fois de son vivant dans cette pièce. Cela veut dire... ?

— Qu'il avait eu une conversation avec sa femme avant de se coucher. Mais le domestique Martin l'a vu pour la dernière fois dans cette chambre. Je lui ai fait raconter sa petite histoire hier soir, et il était ravi de le faire.

Trent réfléchit quelques instants, en regardant par la fenêtre l'ondulation des prairies toutes baignées de soleil.

— Cela vous ennuierait-il d'entendre son boniment une seconde fois ? demanda-t-il enfin.

En réponse, M. Murch appuya sur le bouton de la sonnette. Presque aussitôt apparut un homme d'âge moyen, imberbe, et qui avait le maintien distingué d'un domestique de bonne maison.

— Voici M. Trent, qui a reçu de Mme Manderson l'autorisation de visiter toute la maison et d'interroger qui il voudra, expliqua l'inspecteur. Il aimerait entendre ce que vous avez à dire.

Martin salua froidement. Au premier coup d'œil, il lui avait semblé que Trent était un gentleman. Mais il lui faudrait du temps pour se rendre compte si Trent était ce que Martin appelait un gentleman dans toute l'acception du terme.

— Je vous ai vu arriver à la maison, monsieur,

dit Martin avec une courtoisie impassible. J'ai reçu des ordres pour vous assister de tous les moyens dont je dispose. Monsieur désire-t-il que je lui raconte les détails de la soirée de dimanche ?

— S'il vous plaît, dit Trent avec gravité.

Il avait très envie de rire du style de Martin, mais il réussit pourtant à effacer toute expression d'hilarité de son visage.

— Je vis M. Manderson pour la dernière fois... commença Martin.

— Non, pas ça, pas encore, dit-il. Racontez-moi tout ce que vous vous rappelez de M. Manderson quand vous l'avez vu après dîner dimanche soir. Tâchez de vous souvenir des moindres détails.

— Après dîner, monsieur ? Très bien. Je me rappelle qu'après le dîner M. Manderson s'est promené, le long du sentier qui traverse le verger, avec M. Marlowe. Et ils parlaient. Et, puisque vous me demandez des détails, je vous avouerai que je devinais qu'ils parlaient de choses importantes, parce que j'ai entendu M. Manderson qui disait, comme ils rentraient par la petite porte : « Si Harris est là, chaque minute a de l'importance. Il faut que vous partiez tout de suite. Et n'en parlez à âme qui vive. » Et M. Marlowe a répondu : « Très bien. Je vais seulement changer d'habits et je suis prêt. » Je les entendais très distinctement comme ils passaient devant la fenêtre de l'office. Puis M. Marlowe est monté dans sa chambre, et M. Manderson entra dans la bibliothèque où il me sonna. Il me confia quelques lettres à remettre au facteur le lendemain matin, et me commanda d'attendre, parce qu'il allait faire une promenade en auto, au clair de lune, avec M. Marlowe.

— Ça, c'est curieux, observa Trent.

— Ce fut aussi mon avis, monsieur, dit Martin. Mais je me souvins des paroles que j'avais entendues : « N'en parlez à âme qui vive », et je me dis que cette allusion à une randonnée en auto était destinée à me tromper.

— Quelle heure était-il alors ?

— Environ dix heures, monsieur. Après m'avoir parlé, M. Manderson attendit que M. Marlowe fût descendu et alors il fit avancer l'auto devant le perron. Puis il alla au salon, où se tenait Mme Manderson.

— Cela ne vous a pas paru étrange ?

Martin considéra le bout de son nez.

— Puisque vous me le demandez, répondit-il d'un ton réservé, je vous dirai, monsieur, que c'est la première fois que je l'ai vu entrer dans le salon depuis notre arrivée ici. Il préférait passer ses soirées dans la bibliothèque. Mais, dimanche, il ne resta avec Mme Manderson que quelques instants. Puis il partit avec M. Marlowe.

— Vous les avez vus partir ?

— Oui, monsieur. Ils prirent la direction de Bishopsbridge.

— Vous avez revu M. Manderson plus tard ?

— Oui, monsieur. Environ une heure plus tard, dans la bibliothèque. Il devait être alors environ onze heures et quart, car j'avais entendu l'horloge de l'église sonner les onze coups. Je vous avouerai, monsieur, que j'ai une oreille très fine.

— Je présume que M. Manderson vous a sonné. Oui ? Alors qu'est-il arrivé quand vous avez répondu à la sonnette ?

— M. Manderson avait sorti une carafe de whisky, un siphon et un verre de l'armoire où il les gardait...

Trent l'interrompit d'un geste.

— A ce sujet, Martin, je vous demande franchement si M. Manderson buvait beaucoup ? Comprenez bien que ce n'est pas une curiosité impertinente qui m'invite à vous poser cette question. Mais répondez-moi, simplement, car cela contribuera peut-être à éclaircir le mystère.

— Je vous comprends parfaitement, dit Martin sérieusement. Je n'hésite pas à vous répéter ce que j'ai déjà dit à l'inspecteur Murch. Étant donné sa situation, M. Manderson était remarquablement sobre. Depuis quatre ans que je suis à son service, je ne l'ai jamais vu boire le moindre alcool, sauf peut-être un verre ou deux de vin à dîner, très rarement à déjeuner. De temps en temps, il prenait un whisky et soda avant d'aller se coucher. Mais cela n'a jamais été une habitude chez lui. Souvent, le matin, je trouvais dans son verre un peu de soda, auquel parfois il ajoutait un peu de whisky, mais toujours en très petite quantité. Il n'était jamais difficile à propos de ses boissons. Il préférait le soda ordinaire, bien que je lui aie recommandé plusieurs eaux minérales auxquelles j'avais pris goût, là où je servais autrefois. Il les gardait dans cette armoire, car il aimait à se faire servir aussi peu que possible. Il était entendu que je ne devais me présenter devant lui que lorsqu'il me sonnait. Et quand il demandait quelque chose, il voulait qu'on le lui apportât aussi vite que possible, et qu'on le laissât de nouveau seul. Il avait horreur qu'on lui demande s'il ne désirait rien d'autre. Ah ! monsieur, M. Manderson avait des goûts étonnamment simples.

— Très bien. Alors il vous a sonné, dimanche soir, vers onze heures et quart ? Vous rappelez-vous exactement ses paroles ?

— Je crois que je puis vous les rapporter à peu

près exactement, monsieur. D'abord il me demanda si M. Bunner s'était couché. Je lui répondis que l'Américain s'était retiré depuis un bon moment. Puis il me dit qu'il fallait que quelqu'un attendît jusqu'à minuit et demi, dans le cas où on recevrait un message téléphonique important. Comme M. Marlowe était allé à Southampton dans l'auto, il désirait que j'attendisse. Et si ce coup de téléphone venait, il fallait en prendre le texte par écrit. M. Manderson ne voulait pas être dérangé. Il me demanda un nouveau siphon de soda. C'est tout, monsieur.

— Vous n'avez rien remarqué d'extraordinaire dans son maintien, ni dans sa manière d'être ?

— Non, monsieur. Quand je répondis à son coup de sonnette, il était assis devant son bureau, écoutant au téléphone, comme s'il attendait la communication. Il me donna ses ordres, tout en continuant à écouter. Lorsque je revins avec le soda, il était en train de téléphoner.

— Vous rappelez-vous ce qu'il disait ?

— Pas très bien, monsieur. Il parlait de quelqu'un qui se trouvait dans un hôtel quelconque. Cela n'avait guère d'intérêt pour moi ! Je ne restai dans la chambre que tout juste le temps de déposer le soda sur la table et me retirer. Comme je refermais la porte, je l'entendis qui disait : « Vous êtes certain qu'il n'est pas à l'hôtel ? » ou quelque chose dans ce genre-là.

— Et ce fut la dernière fois que vous l'avez vu de son vivant et que vous avez entendu le son de sa voix ?

— Non, monsieur. Un peu plus tard, vers onze heures et demie, je m'étais installé dans l'office avec un livre, pour passer le temps. La porte était entr'ouverte. J'entendis M. Manderson monter

se coucher. Alors je suis allé immédiatement fermer
la fenêtre de la bibliothèque, et mettre le verrou
à la porte de service. Je n'ai rien entendu d'autre.

Trent réfléchit un instant.

— Vous n'avez pas fait un petit somme, demanda-t-il, pendant que vous attendiez le coup de
téléphone en question ?

— Oh! non, monsieur. Je suis toujours très
éveillé vers cette heure-là. Je dors très mal, surtout dans le voisinage de la mer, et, en général, je
lis dans mon lit jusqu'à minuit.

— Avez-vous reçu ce coup de téléphone ?

— Non, monsieur.

— Ah! Et je présume que vous dormez la
fenêtre ouverte, par ce beau temps.

— Je ne ferme jamais ma fenêtre la nuit.

Trent prit une dernière note. Puis il relut attentivement toutes celles qu'il avait déjà prises. Il se
leva et arpenta la pièce de long en large pendant
quelques instants, les yeux baissés. Il s'arrêta
enfin en face de Martin.

— Tout cela semble très naturel et très simple,
dit-il. Tenez, je voudrais simplement éclaircir
quelques détails. Avant de vous coucher, vous
êtes allé fermer la fenêtre de la bibliothèque.
Laquelle ?

— Celle qui est à côté du bureau, monsieur.
Elle avait été ouverte toute la journée. Les autres
étaient rarement ouvertes.

— Et les rideaux ? Je me demande si quelqu'un
qui se serait trouvé dans le jardin aurait pu voir
ce qui se passait dans la maison ?

— Oh! très facilement, monsieur, s'il se trouvait
de ce côté de la propriété. Les rideaux n'étaient
jamais tirés quand il faisait chaud. Souvent, M. Manderson s'asseyait sur le seuil de la porte, le soir, et

fumait en regardant dans le noir. Mais personne ne pouvait le voir.

— Je comprends. Et dites-moi, vous avez une fine oreille, m'assurez-vous. Vous avez entendu M. Manderson entrer dans la maison, après le dîner, revenant du jardin. Mais l'avez-vous entendu rentrer de sa randonnée d'auto ?

Martin songea.

— Maintenant que vous en parlez, dit-il, je me rappelle que je ne l'ai pas entendu rentrer à ce moment-là. Je fus prévenu pour la première fois de son retour, par la sonnette. S'il était rentré par la grande porte, je l'aurais entendu la refermer. Il est sans doute rentré par le jardin.

Le domestique réfléchit un instant et puis il ajouta :

— Généralement, M. Manderson rentrait par la grande porte. Il accrochait son chapeau et son paletot dans l'antichambre, qu'il descendait pour arriver à la bibliothèque. Mais il était peut-être très pressé d'aller téléphoner, et qu'il a traversé rapidement la pelouse, se dirigeant vers la fenêtre entr'ouverte. C'est qu'il était comme cela, monsieur, quand il y avait quelque chose d'important à faire. Je me rappelle qu'il avait son chapeau sur la tête, et qu'il avait jeté son paletot sur la table. Et puis il m'a donné ses ordres très sèchement, comme il le faisait toujours quand il était préoccupé. C'était un homme fort précipité que M. Manderson. Un vrai « hustler ».

— Ah ! Il semblait préoccupé. Mais ne venez-vous pas de me dire à l'instant que vous n'aviez rien remarqué d'extraordinaire dans son maintien ?

Un mélancolique sourire voila momentanément le visage de Martin.

— Votre dernière remarque prouve bien que

vous ne connaissiez pas M. Manderson, monsieur, si vous me permettez de vous faire cette observation. Il était très naturel qu'il fût pressé. J'ai eu assez de mal à m'habituer à sa manière d'être. Il était toujours soit assis, absolument immobile, en fumant un cigare, à lire ou à réfléchir, ou bien il écrivait, dictait et télégraphiait, et tout cela en même temps, souvent plus d'une heure durant. On avait parfois la tête qui tournait, rien qu'à le regarder. Et il était toujours très pressé, quand il s'agissait de téléphoner ou d'attendre un coup de téléphone.

Trent se tourna vers l'inspecteur qui répondit à son regard par un coup d'œil d'intelligence. Pour la première fois, depuis que Trent s'était mis à interroger le domestique, M. Murch posa une question.

— Alors vous dites que lorsque vous l'avez quitté, il téléphonait. La pièce était éclairée, et vous avez posé les rafraîchissements sur la table ?

— C'est bien cela, M. Murch.

La subtilité du changement qui se fit dans la manière d'être de Martin en répondant au détective amusa momentanément Trent. Mais toute son attention se porta de nouveau sur le problème à résoudre par la question suivante de l'inspecteur Murch.

— Eh bien, à propos de ces rafraîchissements ! Vous dites que très souvent M. Manderson ne prenait pas de whisky avant de se coucher. En a-t-il bu dimanche soir ?

— Je ne saurais vous dire. La pièce fut faite le lendemain matin par une des bonnes, et sans doute le verre a été lavé comme d'habitude. Je sais que dimanche soir le carafon de whisky était presque plein. Je l'avais rempli quelques jours auparavant, et j'y ai jeté un coup d'œil par habitude, quand j'ai apporté le siphon frais, pour être certain qu'il y avait encore assez de whisky.

L'inspecteur Murch alla vers la grande armoire de coin, qu'il ouvrit. Il en sortit un carafon en cristal taillé qu'il posa devant Martin.

— Le carafon était-il plus rempli que cela ? interrogea-t-il très tranquillement. Je l'ai trouvé tel quel ce matin.

Pour la première fois, Martin parut perdre un peu de son sang-froid. Il saisit vivement le carafon, le pencha devant ses yeux, et puis regarda Murch et Trent d'un air parfaitement ahuri.

Enfin, il dit seulement :

— Il y a bien près d'une demi-bouteille de whisky qui a disparu de ce flacon depuis que je l'ai vu, dimanche soir, pour la dernière fois.

— Personne dans la maison n'y a touché ? insinua Trent discrètement.

— Personne ! répliqua Martin nettement.

Puis il ajouta :

— Pardonnez-moi, monsieur, mais cela me semble tout à fait extraordinaire. Depuis que je connais M. Manderson, pareille chose n'est jamais arrivée ! Quant aux bonnes, elles ne boivent que de l'eau, j'en réponds. Et quant à moi, si j'ai envie d'un verre, je puis me servir sans vider les carafons.

Il prit de nouveau le carafon et l'examina pendant que l'inspecteur Murch le considérait avec une sereine satisfaction, comme un artisan contemplant son œuvre.

Trent tourna une page neuve de son calepin, et la tapota du bout de son crayon. Il réfléchissait. Enfin, il releva la tête et dit :

— Je présume que M. Manderson s'était changé pour dîner, dimanche soir ?

— Certainement, monsieur. Il portait son smoking, dont il se revêtait généralement lorsqu'il dinait chez lui.

— Et quand vous l'avez vu pour la dernière fois, il portait toujours son smoking ?

— Oui, monsieur, sauf la jaquette. Lorsqu'il passait la soirée dans la bibliothèque, ce qui lui arrivait souvent, il mettait après dîner un vieux veston de chasse d'un drap clair, un peu trop voyant peut-être pour le goût anglais. Lorsque je l'ai vu pour la dernière fois, il avait passé ce veston. Il le pendait dans cette armoire (et en parlant Martin l'ouvrit), où il gardait aussi ses lignes et tout son attirail de pêche. Ainsi il pouvait se mettre à l'aise sans monter dans sa chambre.

— Et il pendait son smoking dans l'armoire, à la place du veston de chasse ?

— Oui, monsieur. La bonne le montait le matin.

— Le matin, répéta Trent lentement. Eh bien, puisque nous parlons du matin, dites-moi tout ce que vous savez à ce sujet. Si je ne me trompe pas, on ne s'est aperçu de la disparition de Manderson qu'une fois que son corps a été trouvé, vers dix heures.

— C'est juste, monsieur. M. Manderson avait défendu qu'on le réveillât, ou qu'on lui apportât quoi que ce soit, le matin. Lui et madame faisaient chambre à part. Souvent, monsieur se levait vers huit heures, allait à la salle de bain et descendait vers les neuf heures. Mais, très souvent, il lui arrivait de dormir jusqu'à neuf ou dix heures. Madame, elle, se faisait toujours réveiller vers sept heures ; la femme de chambre lui apportait alors sa tasse de thé. Hier, madame a déjeuné comme d'habitude dans son petit salon ; tout le monde croyait monsieur encore au lit, en train de dormir, quand Evans s'est précipité dans la maison avec la triste nouvelle.

— Très bien, dit Trent. Et maintenant, un dernier point, s'il vous plaît. Vous dites que vous avez verrouillé la porte d'entrée avant d'aller vous coucher. N'avez-vous pas pris d'autres précautions de ce genre ?

— C'est juste, monsieur. J'ai verrouillé la porte d'entrée ; j'avais déjà fermé à clef les deux portes de service, et puis j'avais vérifié que toutes les fenêtres du rez-de-chaussée étaient bien fermées. Le matin, j'ai retrouvé tout tel quel.

— Vous avez tout retrouvé tel quel. Bien. Et maintenant, une dernière question. Est-ce que les vêtements que l'on a retrouvés sur le cadavre étaient ceux que M. Manderson aurait naturellement portés ce jour-là ?

Martin se gratta le menton.

— Vous me rappelez la surprise que j'ai éprouvée en voyant le cadavre, monsieur, dit-il. Tout d'abord, je n'arrivais pas à comprendre ce que les habits avaient de bizarre, et puis, tout à coup, je me suis rendu compte. Le col était un de ceux que monsieur ne portait jamais, sauf quand il mettait son habit. Et puis, je remarquai qu'il avait mis toutes les affaires qu'il portait le soir, — chemise de soirée, tout enfin, sauf le veston, le gilet et le pantalon, les souliers jaunes et la cravate bleue. Quant au complet, c'était un de la demi-douzaine qu'il portait habituellement. Mais il était inconcevable qu'il eût revêtu les vêtements de dessous qu'il portait, simplement parce que ceux-là étaient à sa portée au lieu de sortir les chemises, les cols, etc, qu'il portait habituellement le jour. Cela prouve qu'il devait être très pressé.

— Oui, sans doute, dit Trent. Eh bien, je crois

que je n'ai plus rien à vous demander. Vous m'avez tout raconté avec une clarté merveilleuse. Si je désire vous interroger encore, je présume que je pourrai vous trouver.

— Je serai à votre entière disposition, monsieur, répondit Martin.

Et, saluant, il se retira sans bruit.

Trent s'effondra dans un fauteuil et poussa un profond soupir.

— Martin est tout à fait admirable, dit-il. Il est bien plus amusant qu'une comédie. Et puis, il est droit. Il n'y a rien de mal dans ce cher vieux Martin. Savez-vous, Murch, que vous faites fausse route en soupçonnant cet homme-là ?

— Je n'ai jamais dit que je le soupçonnais, répliqua l'inspecteur, un peu estomaqué. Vous savez très bien, Monsieur Trent, qu'il n'aurait jamais parlé comme il l'a fait, s'il croyait que je le soupçonnais.

— Oh ! sans doute, pareille idée ne lui est pas entrée dans la tête. C'est un être étonnant, un très grand artiste que Martin ; mais malgré cela, il n'appartient pas au type des âmes sensibles. Il ne lui est jamais venu à l'esprit que vous, Murch, vous pouviez le soupçonner, lui, le parfait et incomparable Martin ! Mais moi, je lis dans votre pensée ! Sachez, mon cher inspecteur, que j'ai étudié tout spécialement la psychologie des policiers. C'est une science qui est beaucoup négligée. Les policiers sont beaucoup plus intéressants que les criminels, et beaucoup plus difficiles à comprendre. Tout le temps que j'interrogeais Martin, je voyais dans vos yeux le reflet des menottes. Et vos lèvres formaient les syllabes de ces paroles redoutables : « C'est mon devoir de vous prévenir que tout ce que vous direz maintenant sera noté, et il en sera fait usage contre vous. » Votre attitude aurait peut-être trompé la plupart des gens, mais moi, elle ne me trompe plus !

M. Murch se mit à rire de bon cœur. Les blagues de Trent ne faisaient jamais la moindre impression sur son esprit. Mais il les prenait pour des preuves d'estime de la part du jeune homme. Et c'en était en effet ; il en était tout content.

— Eh bien, Monsieur Trent, avoua-t-il, vous avez tout à fait raison. Il n'y a pas de motif pour le nier : j'ai l'œil sur Martin. Il n'y a rien de bien défini contre lui ; mais vous savez aussi bien que moi que souvent les domestiques sont mêlés à ce genre d'affaires. Et cet homme-ci est un type si tranquille ! Vous rappelez-vous le cas du valet de Sir William Russell, qui, après avoir assassiné son maître dans son lit, quelques heures plus tôt, alla, comme d'habitude, le matin, ouvrir les persiennes de la chambre de son maître, tout tranquillement ? J'ai interrogé toutes les bonnes de la maison, et je ne crois pas qu'elles doivent être mêlées en rien à ce crime. Mais pour Martin, c'est différent. Son air ne me revient pas. Je crois qu'il nous cache quelque chose. Dans ce cas, je saurai bien découvrir ce que c'est.

— Assez, dit Trent. Ne vidons pas jusqu'à la lie l'urne des amères prédictions ! Précisons. Avez-vous quoi que ce soit à opposer à l'histoire de Martin, telle qu'il nous l'a racontée ?

— Rien, pour le moment. Je dirai même que son idée, qu'après avoir quitté Marlowe et l'auto, Manderson soit rentré dans la bibliothèque en enjambant la fenêtre, est assez vraisemblable. J'ai interrogé à ce sujet la domestique qui a balayé la chambre le matin suivant. Elle m'a dit qu'il y avait des traces de gravier près de la fenêtre, sur le droguet qui encadre le tapis. Et, juste au dehors, il y a encore une empreinte sur le nouveau gravier dans lequel on enfonce.

L'inspecteur sortit de sa poche un mètre pliant, et désigna l'empreinte en question.

— L'un des souliers vernis que Manderson portait ce soir-là s'adapte exactement à cette empreinte, ajouta-t-il ; vous trouverez ces souliers sur la planche la plus haute dans sa chambre à coucher, près de la fenêtre. Ce sont les seuls souliers vernis de la rangée. C'est la jeune bonne qui les a nettoyés, qui me les a désignés.

Trent se baissa et examina attentivement l'empreinte.

— Bien, dit-il. J'avoue, Murch, que vous avez déjà fait beaucoup de chemin. Vous avez acquis un point important, et vous l'avez fait de main de maître : l'incident du whisky. J'avais presque envie de crier : « Bravo ! »

— Je croyais que vous en aviez déjà fait état, dit M. Murch. Voyons, Monsieur Trent, nous n'en sommes qu'au début de notre enquête. Mais que diriez-vous de ceci, comme hypothèse préliminaire ? Deux hommes ont fait le projet de cambrioler la maison, et Martin est de connivence. Ils savent où se trouvent l'argenterie et les bibelots de valeur, dans le salon et ailleurs. Ils surveillent la maison et voient Manderson aller se coucher. Martin vient fermer la fenêtre, et la laisse exprès entr'ouverte. Ils attendent que Martin soit monté se coucher, à minuit et demi. Puis ils rentrent dans la bibliothèque, et commencent tout d'abord par déguster le whisky. Or, supposez que Manderson ne se soit pas endormi, et qu'il ait entendu le bruit qu'ils ont fait en ouvrant la fenêtre. Il pense tout de suite aux cambrioleurs, et se lève pour voir s'il ne se passe rien d'anormal ; et il les surprend peut-être au moment même où ils se mettaient au travail. Ceux-ci s'enfuient et lui les poursuit jusqu'à la cahute du jardinier, où il parvient à saisir l'un des malfaiteurs. Il y a lutte et l'un d'eux, perdant la tête, veut en finir, et « dégringole » Manderson. Eh bien, Monsieur Trent, démolissez un peu ma théorie, s'il vous plaît.

— Très volontiers, répondit Trent, simplement pour vous obliger, Murch, car je sais très bien que vous ne croyez pas un mot de toute cette histoire-là. 1° Nos cambrioleurs ne laissent aucune trace, et le matin, suivant Martin, on retrouve la fenêtre fermée. Il est vrai que ça n'est pas une preuve. 2° Personne dans la maison n'entend la fuite des hommes surpris dans la bibliothèque, ni Manderson crier, soit dans la maison, soit dans le jardin. 3° Manderson descend surprendre les cambrioleurs sans prévenir personne, bien qu'il ait sous la main Bunner et Martin. 4° Avez-vous jamais entendu parler d'un homme qui se lève dans la nuit pour tomber sur des cambrioleurs, et qui s'habille complètement, n'omettant rien, caleçon, chemise, col, cravate, pantalon, gilet, veston, chaussettes et de lourds souliers en cuir ! Et pour comble, il achève cette toilette de dandy en faisant sa raie, et en glissant dans son gousset sa montre et sa chaîne. Moi, je trouve qu'il s'est vraiment un peu trop habillé pour le rôle qu'il avait à jouer. Le seul détail piquant, c'est qu'il a oublié son râtelier.

L'inspecteur se pencha en avant, ses grandes mains croisées, et il réfléchit longuement.

— Non, dit-il enfin. Il n'y a évidemment rien à tirer de cette théorie-là. Je crois qu'il nous faudra faire du chemin avant de découvrir pourquoi un homme se lève avant que les domestiques eux-mêmes soient éveillés, s'habille complètement et est assassiné, d'assez bonne heure pour que son corps soit complètement froid et raidi lorsqu'on le découvre à dix heures du matin.

Trent secoua la tête.

— Nous ne devons rien construire sur cette dernière considération, dit-il. J'ai souvent discuté ce sujet avec des personnes très compétentes. Je ne serais pas surpris que les idées traditionnelles sur le refroidissement et la rigidité des corps, après la mort, aient souvent envoyé des innocents au gibet ! Je suis certain que le docteur Stock est imbu de toutes ces idées préconçues ; en général, elles sont partagées par la plupart des médecins de l'ancienne génération. Il est presque certain que le docteur Stock va se montrer un âne pendant l'enquête. Je l'ai vu. Il dira que Manderson devait être mort depuis longtemps, parce que le cadavre était raide et froid. Je me le représente très bien sortant toutes les théories de quelque vieux livre de pratique qui était déjà démodé quand il était étudiant.

Trent s'arrêta un instant, puis il reprit :

— Écoutez, Murch, je vais vous mettre au courant de quelques faits qui vous donneront de grandes difficultés dans votre carrière. Il y a bien des circonstances qui peuvent soit hâter, soit retarder le refroidissement d'un corps mort. Manderson n'était-il pas étendu dans la haute herbe, mouillée de rosée, du côté ombragé de la hutte du jardinier ? Quant à la rigidité, si Manderson est mort au cours d'une lutte, ou sous le coup d'une très profonde émotion, son corps pouvait se raidir presque instantanément. Il existe des quantités d'exemples, surtout lorsqu'il s'agit d'une lésion au crâne, comme dans le cas de Manderson. D'autre part, la rigidité ne s'est peut-être produite que huit ou dix heures après sa mort. Aujourd'hui, mon cher inspecteur, et quoique vous le regrettiez peut-être beaucoup, il n'est guère facile de prendre quelqu'un sur la simple preuve de la *rigor-mortis*. Or, voici ce que nous *pouvons* dire. Si Manderson avait été tué après l'heure vers laquelle le monde se lève pour vaquer à ses affaires, le coup de revolver aurait été entendu, et peut-être même aperçu. En fait, il nous faut raisonner, pour commencer du moins, en admettant qu'il a été assassiné alors que personne n'était encore éveillé. Donc, supposons qu'il ait été tué à 6 h. 30. Manderson s'est couché à 11 heures, et Martin a attendu jusqu'à minuit et demi. Supposons qu'il se soit endormi dès qu'il s'est mis au lit, cela nous laisse six heures pendant lesquelles le crime a pu être commis. Et six heures, c'est assez long. Mais quelle que soit l'heure à laquelle le crime a eu lieu, dites-moi, s'il vous plaît, pourquoi Manderson, qui en général dormait tard, était debout, tout habillé, avant 6 h. 30 du matin ? Dites-moi aussi, je vous prie, pourquoi ni Martin qui a le sommeil très léger, ni Bunner, ni Mme Manderson ne l'ont entendu s'habiller et sortir de la maison ? Manderson a dû faire très attention. Il a dû marcher à pas de loup. Eh bien, Murch, ne trouvez-vous pas, comme moi, que toute cette affaire est très mystérieuse, très surprenante et très intrigante ?

— C'est vrai ! dit l'inspecteur.

— Et maintenant, reprit Trent en se levant, je m'en vais vous laisser à vos méditations, et je vais jeter un coup d'œil sur les chambres à coucher. Peut-être l'explication du mystère vous apparaîtra-t-elle tout à coup comme un éclair, pendant que je fouillerai les étages supérieurs. Mais, ajouta-t-il d'une voix faussement irritée, en se retournant sur le seuil de la porte, si jamais vous me dites pourquoi un homme qui s'est vêtu aussi complètement a oublié de mettre son râtelier, je vous permets de m'envoyer d'un coup de pied au plus proche asile d'aliénés, et de m'y interner comme atteint d'un commencement de folie !

CHAPITRE V

Il y a dans la vie des instants où l'on croirait presque que notre âme, à l'ordinaire absorbée dans ses mystérieuses préoccupations, laisse tout à coup entrevoir à notre conscience comme une prévision des événements heureux que le destin nous promet. Qui n'a pas éprouvé, par moments, cette intuition d'une inexplicable certitude ? Tout à coup, nous voilà sûrs que tout va s'arranger. Ce n'est pas la fiévreuse assurance de l'homme en danger, ce n'est pas la tenace illusion de l'optimiste : c'est la conviction spontanée, jaillissant en nous, que le succès de notre entreprise, grande ou petite, est à la portée de notre main. Le général sait tout à coup, à l'aurore, que la journée qui commence lui amènera la victoire.

Et Trent, après avoir quitté la bibliothèque et en montant l'escalier des White Gables, eut aussi, lui, l'intuition de monter vers la certitude du succès.

Une multitude d'hypothèses et de conclusions traversaient pêle-mêle son esprit. Certaines observations récentes qu'il avait faites, et qu'il devinait avoir une importance, ne se groupaient pas encore autour d'une hypothèse plausible du crime. Et cependant, comme il montait l'escalier, il éprouvait la certitude absolue que la lumière allait se faire.

Les chambres à coucher donnaient sur un large corridor dont le plancher était couvert d'un tapis, et qui était éclairé à une extrémité, par une grande fenêtre. Le corridor traversait toute la longueur de la maison et donnait à angle droit dans un passage plus étroit sur lequel s'ouvraient les chambres des domestiques. Seule la chambre de Martin donnait sur un petit palier, à mi-chemin d'un escalier conduisant à l'étage supérieur. En passant devant cette chambre, Trent y jeta un coup d'œil. C'était une petite pièce carrée, très propre et très ordinaire. En montant les dernières marches, Trent prit garde de ne pas faire de bruit ; il frôlait le mur et posait ses pieds avec précaution. Cependant une série de craquements très distincts souligna son passage.

Il savait que la chambre de Manderson était la première à droite, au premier étage. Il y alla tout droit. Il essaya la serrure et le ressort qui fonctionnaient normalement ; il en examina la clef sous toutes ses faces. Puis il tourna son attention vers la chambre.

C'était une petite pièce étrangement nue. Les objets de toilette du millionnaire étaient des plus simples. Tout était resté comme on l'avait trouvé le matin où l'on fit la sinistre découverte dans le parc. Sur le petit lit de bois, les draps et les couvertures étaient encore défaits, et les rayons de soleil qui pénétraient par la fenêtre les éclairaient vivement. Ils se reflétaient aussi dans les parties en or du délicat chef-d'œuvre de l'art dentaire qui baignait dans l'eau d'un bol de verre, posé sur une table, près du lit. Un bougeoir de fer forgé reposait également sur cette table. Quelques vêtements étaient jetés en désordre sur le dossier d'une des chaises cannées. Sur une commode, qui servait évidemment de table de toilette, on voyait divers objets qui semblaient avoir été bouleversés par un homme très pressé. Trent les passa en revue d'un regard scrutateur. Il nota aussi que l'habitant de cette chambre ne s'était ni rasé, ni débarbouillé. Et puis, Trent fronça les sourcils, tout en réfléchissant à la présence incompréhensible du râtelier, qu'il retourna du doigt dans le bol.

Le vide et le désarroi de la petite chambre, inondée de soleil, produisirent sur Trent un effet déprimant. Son imagination évoqua l'homme hagard, s'habillant en silence, par la lueur grise de l'aube, en jetant des regards remplis de terreur vers la porte derrière laquelle sa femme dormait.

Trent frissonna, et afin de fixer de nouveau son esprit sur des réalités, il ouvrit deux grands placards, qui flanquaient le lit des deux côtés. Ils contenaient des vêtements, dont le choix considérable avait sans doute été un des seuls conforts dont avait joui l'homme qui avait dormi dans cette chambre.

En fait de chaussures, Manderson s'était aussi accordé le privilège de la richesse. Sur deux planches, très longues et placées bas, s'alignaient d'innombrables paires de souliers, tous très bien cirés et soignés. On ne voyait pas une seule paire de bottines. Trent, qui était lui-même un amateur de jolis cuirs, se tourna vers les souliers qu'il considéra en connaisseur. Il remarqua que Manderson avait eu sans doute la coquetterie d'un pied assez petit et très bien fait. Les souliers avaient tous un aspect caractéristique : ils étaient étroits, à bouts arrondis, et très finement faits. Ils avaient tous été moulés sur la même forme.

Tout à coup les yeux de Trent tombèrent sur une paire de souliers vernis placés sur la planche supérieure.

C'étaient les souliers dont l'inspecteur lui avait déjà parlé : les souliers que Manderson avait portés dans la soirée, avant sa mort. Trent vit immédiatement que ces souliers étaient usés ; il vit aussi qu'ils avaient été cirés très récemment. Son attention fut attirée par une particularité des empeignes. Il se baissa, et les compara aux autres souliers en fronçant les sourcils. Puis il les prit dans sa main, et examina la ligne de jonction des empeignes et des semelles.

Et, en le faisant, Trent se mit inconsciemment à siffler doucement mais avec beaucoup de précision un air que l'inspecteur Murch aurait immédiatement reconnu s'il avait été présent. En général, les hommes qui ont l'habitude d'un grand sang-froid ont aussi quelque tic involontaire, qui révèle à ceux qui les connaissent qu'ils maîtrisent une vive émotion. L'inspecteur avait déjà remarqué que lorsque Trent découvrait une piste sérieuse, il sifflait une certaine mélodie, — que Murch ne connaissait pas, et qui était les premières mesures d'un *Lied ohne Wörter* de Mendelssohn.

Trent retourna les souliers, puis il prit quelques mesures, et examina minutieusement les semelles. Sur chaque semelle, dans l'angle placé entre le talon et le cou-de-pied, il distingua une faible trace de gravier rouge.

Trent posa les souliers par terre et, les bras croisés derrière lui, il marcha jusqu'à la fenêtre. Il demeura là un instant, toujours sifflant, et regardant le paysage avec des yeux qui ne voyaient rien. Ses lèvres s'ouvrirent une seule fois pour laisser échapper le juron par lequel tout Anglais exprime sa soudaine trouvaille d'une solution cherchée. Enfin il se retourna vers les planches, et inspecta chacune des paires de souliers qui s'y trouvaient.

Cela fait, il souleva les vêtements jetés sur la chaise, les regarda de très près, et les reposa. Il se tourna ensuite vers les placards qu'il fouilla à fond. Une seconde fois les objets de la table de toilette l'arrêtèrent un instant ; puis il s'assit sur la chaise vide, se prit la tête dans les mains, et demeura ainsi pendant quelques minutes, en fixant le tapis. Enfin il se leva et ouvrit la porte communiquant avec la chambre de Mme Manderson.

Il lui suffit d'un coup d'œil pour se convaincre que la grande pièce avait été en grande hâte dépouillée de ses ornements féminins. Tous les objets qui composent la table de toilette d'une femme élégante avaient été enlevés. Ni sur le lit, ni sur les chaises, ni sur les tables, on ne voyait traîner les vêtements, les chapeaux, et les bibelots qui généralement s'évadent de la captivité des tiroirs en compagnie des voilettes et des rubans. La chambre ressemblait à une chambre d'amis vide. Et cependant, tous les détails de l'ameublement et de la décoration révélaient un goût spontané mais très fin. Et en notant de son regard expert les différentes perfections de couleur et de forme parmi lesquelles la jeune femme, victime d'un mariage aussi mal assorti, avait rêvé ses rêves et pensé ses plus tristes pensées, Trent comprit qu'il lui restait du moins la ressource d'une nature artiste. Son intérêt pour cette inconnue s'aviva encore, et ses sourcils se contractèrent violemment, en songeant au fardeau que cette femme avait porté, et au crime dont l'histoire se reconstituait à chaque instant avec plus de précision dans son vif esprit.

Il se dirigea d'abord vers une grande porte-fenêtre percée dans le mur faisant face à la porte, et, l'ouvrant, il avança sur un petit balcon de fer. Il parcourut du regard la large pelouse qui se trouvait précisément au-dessous de lui, et qui n'était séparée de la maison que par une étroite corbeille de fleurs. La pelouse s'étendait au loin vers le verger. L'autre croisée à coulisse s'ouvrait juste au-dessus de la porte-fenêtre de la bibliothèque donnant accès au jardin. Dans l'angle intérieur le plus reculé de la chambre, il y avait une deuxième porte qui communiquait avec le corridor. C'était par cette porte que, le matin, la femme de chambre venait réveiller sa maîtresse, et par où celle-ci sortait. Trent, assis sur le lit, fit une rapide esquisse des deux chambres. Le lit de Mme Manderson était placé dans l'angle, entre la porte donnant sur le corridor et la croisée à coulisse, et la tête du lit était appuyée contre le mur de séparation entre les deux chambres. Trent considéra fixement les oreillers. Puis il se coucha délibérément, et par la porte entr'ouverte, il regarda dans la chambre voisine.

Ayant pris cette observation, il se leva et nota sur son plan, que deux petites tables couvertes d'un tapis étaient placées des deux côtés du lit. Sur la table la plus éloignée du lit il y avait une joli e lampe électrique en cuivre, rattachée par un fil à une prise directe dans le mur. Trent la regarda attentivement, ainsi que les commutateurs qui donnaient la lumière aux autres lampes de la chambre. Ils étaient placés, comme d'habitude, près de la porte, et Trent remarqua qu'il lui était impossible de les atteindre de la main, tandis qu'il était assis sur le lit. Il se leva, et s'assura que toutes les lampes fonctionnaient bien. Puis il pivota sur ses talons, rentra rapidement dans la chambre de Manderson, et sonna.

— Je dois encore avoir recours à vous, Martin, dit-il, lorsque le domestique se présenta, droit et impassible, sur le seuil de la porte. Je désire que vous me procuriez un instant d'entretien avec la femme de chambre de Mme Manderson.

— Bien, monsieur, répondit Martin.

— Comment est-elle ? Est-elle intelligente ?

— Elle est Française, monsieur, dit Martin brièvement.

Puis il ajouta après une pause :

— Il n'y a pas longtemps qu'elle est ici, monsieur, mais, puisque vous me demandez mon avis, j'ai l'idée que cette jeune personne connaît le monde plus qu'il n'est bon pour elle !

— Ah ! Vous croyez qu'elle fera sa sainte nitouche ! dit Trent. Eh bien, cela ne m'effraie guère. Je désire lui poser quelques questions.

— Je vous l'envoie tout de suite, monsieur.

Et Martin se retira.

Trent fit le tour de la petite chambre, les mains croisées derrière son dos. Une petite personne tout de noir vêtue entra très tranquillement, bien avant qu'il ne s'attendît à la voir. La jeune femme de chambre, aux grands yeux bruns, avait déjà examiné Trent, et très favorablement à la dérobée, derrière une fenêtre, lorsqu'il avait traversé la pelouse. Et, depuis cet instant, elle attendait avec impatience que celui qui savait éclaircir les mystères, et dont la renommée était aussi grande dans les offices que dans les salons, voulût bien penser à l'interroger. D'abord elle avait absolument besoin de faire une scène, car ses nerfs étaient plus que tendus. Mais ses scènes n'étant guère appréciées

par les autres domestiques, l'attitude officielle de
M. Murch l'avait glacée. Mais Trent, lui, n'avait pas
l'air d'un policeman, et à première vue il paraissait
sympathique.

Cependant, lorsqu'elle entra dans la chambre de
Manderson, son instinct l'avertit que tout essai
de coquetterie de sa part serait un faux pas, si elle
désirait faire une bonne impression. Ce fut donc
avec un air d'aimable candeur qu'elle demanda :

— Monsieur désire me parler ?

Et elle ajouta tout aussitôt :

— Je m'appelle Célestine.

— Naturellement, répliqua Trent, avec un sang-
froid tout professionnel. Eh bien, voici ce que vous
allez me dire, Célestine. Hier matin, à sept heures,
quand vous avez apporté le thé à votre maîtresse,
est-ce que la porte communiquant entre les deux
chambres — cette porte-ci — était ouverte ?

Célestine s'anima aussitôt.

— Oh ! oui, dit-elle. La porte était ouverte comme
d'habitude, monsieur, et je l'ai fermée comme
d'habitude. Mais, écoutez-moi. Lorsque je rentre
dans la chambre de madame par l'autre porte...
Mais monsieur veut-il se donner la peine d'aller
dans l'autre chambre ? C'est bien plus facile de
tout expliquer ainsi.

Elle alla d'un pas vif jusqu'à la porte de communication, et posant une main sur le bras de
Trent, elle le fit passer devant elle dans l'autre
pièce.

— Tenez, reprit-elle. J'entre comme ceci avec
le plateau. Je m'approche du lit. Avant que je
sois arrivée tout près du lit, voilà la porte de
communication qui est grande ouverte. Cependant,
monsieur peut bien se rendre compte que je ne
puis rien apercevoir dans la chambre de M. Man-

derson. La porte s'ouvre vers le lit, et non vers moi qui m'approche de ce côté. Je la referme, sans jeter un coup d'œil dans la chambre. Hier, tout se passa comme à l'ordinaire. Madame dormait comme un ange, elle n'a rien vu. J'ai fermé la porte, placé le plateau sur la table, tiré les rideaux. Et puis, avant de me retirer, j'ai préparé la toilette. Voilà.

Célestine s'arrêta pour prendre haleine, et fit un grand geste de ses mains.

Trent, qui avait suivi tous ses mouvements avec un sérieux toujours croissant, lui fit un signe de tête.

— Je me rends très bien compte maintenant de ce qui s'est passé, dit-il. Merci, Célestine. Ainsi, M. Manderson était présumé être encore dans sa chambre pendant que votre maîtresse se levait pour s'habiller et pour déjeuner ensuite dans son boudoir ?

— Oui, monsieur.

— En somme, personne n'a remarqué son absence, observa Trent. Eh bien, Célestine, je vous suis très obligé.

Et il ouvrit la porte donnant dans la première chambre.

— De rien, monsieur, répondit Célestine. J'espère que monsieur découvrira l'assassin de M. Manderson. Mais au fait, je ne le regrette pas beaucoup.

Sa bouche se serra violemment et son visage s'empourpra. Son anglais lui fit tout à coup défaut, et elle s'écria dans sa langue natale :

— Je ne le regrette pas du tout, du tout ! Madame...Ah ! je me jetterais au feu pour madame, — une femme si charmante, si adorable ! Mais un homme comme monsieur, — maussade, boudeur, impassible! Ah! non! de ma vie, je n'ai vu un homme pareil! J'en avais par-dessus la tête de monsieur. Ah! vrai! Est-ce insupportable tout de même qu'il existe des types comme cela! Je vous jure que...

— Avez-vous fini de jaser, Célestine? s'écria Trent durement.

La tirade de Célestine lui rappela tout à coup ses années d'étudiant à Paris. Il continua en français:

— En voilà une scène! C'est rasant, vous savez. Faut rentrer ça, mademoiselle. Du reste, c'est bien imprudent, croyez-moi. Sapristi, ayez un peu de bon sens, voyons. Si l'inspecteur, en bas, vous entendait, vous seriez dans de jolis draps! Et puis, ne gesticulez donc pas tant. Vous allez démolir quelque chose!

Célestine parut se calmer un peu sous le regard autoritaire de Trent, et celui-ci reprit :

— On dirait que vous êtes encore plus contente que pas mal d'autres personnes que M. Manderson soit liquidé. Savez-vous, Célestine, que je soup-çonne presque que M. Manderson ne s'est pas occupé de vous autant que vous l'espériez?

— A peine s'il m'avait regardée! avoua Célestine simplement.

— Ça, c'est un comble! remarqua Trent. Eh bien, mademoiselle, je suis très occupé. Bonjour! Vous êtes certainement un type!

Célestine prit cette dernière phrase pour un compliment, auquel elle ne s'attendait pas. La surprise lui rendit son sang-froid. Alerte, elle ouvrit la porte et, en lançant à Trent une œillade et un sourire, elle disparut rapidement.

Trent, laissé seul dans la petite chambre à coucher, se calma en lançant deux jurons français très expressifs, puis il se remit à travailler au problème qu'il voulait à tout prix résoudre. Il prit de nouveau la paire de souliers, qu'il avait déjà examinés, et les plaça sur une des deux chaises qu'il y avait dans la chambre. Il s'assit ensuite sur l'autre chaise. Les mains dans les poches, il demeura ainsi longtemps les yeux fixés sur ces deux témoins muets. De temps en temps il se mettait à siffler tout bas quelques mesures. Il faisait très tranquille dans la chambre. Un faible gazouillis entrait par l fenêtre ouverte, venant des arbres. Parfois une brise légère faisait bruire les feuilles de l'épaisse plante grimpante qui entourait la fenêtre. Mais Trent, son visage devenu dur et sombre, ne rêvait pas précisément.

Il resta assis de cette façon pendant une demi-heure. Puis il se leva vivement. Il replaça avec soin les souliers sur la planche, et sortit sur le palier.

Du côté opposé du passage, deux portes lui faisaient face. Il ouvrit celle qui se trouvait immédiatement devant lui et pénétra dans une chambre à coucher où ne régnait nullement un ordre austère. Dans un coin étaient entassées des cannes et des cannes à pêche. Dans un autre coin s'empilaient des livres. La femme de chambre n'avait évidemment pas pu réussir à donner une apparence ordonnée à la collection d'objets hétéroclites qui traînaient sur la cheminée et la table de toilette, — des pipes, des canifs, des crayons, des clefs, des balles de golf, de vieilles lettres, des photographies, de petites boîtes et des bouteilles. Deux belles eaux-fortes et quelques aquarelles ornaient les murs. Contre l'extrémité de l'armoire étaient appuyées quelques gravures encadrées. Sous la fenêtre étaient alignées des chaussures et des bottines. Trent traversa la chambre et l'examina très attentivement, puis il la mesura avec son mètre, en sifflant doucement. Cela fait, il s'assit sur le rebord du lit, et du regard détailla la chambre.

Son attention fut bientôt attirée par les photographies placées sur la cheminée. Il se leva et les regarda ; l'une d'elles représentait Marlowe et Manderson à cheval. Deux autres étaient les vues de certains pics célèbres des Alpes. Il y avait une photographie, très fanée, de trois jeunes gens vêtus des haillons de la soldatesque du seizième siècle, dont l'un était incontestablement celui dont il avait rencontré le matin les yeux bleus et hagards. Une autre photographie représentait une vieille dame, très majestueuse, qui ressemblait beaucoup à Marlowe. Trent prit machinalement une cigarette d'une boîte ouverte qui se trouvait sur la cheminée, et l'alluma, tout en regardant fixement les photographies. Puis, son attention fut attirée par un écrin plat en cuir, posé près de la boîte à cigarettes.

Cet écrin s'ouvrit très facilement. Il contenait un petit revolver, d'une fabrication très soignée, et une douzaine au moins de cartouches. Sur la monture étaient gravées les initiales « *J. M.* »

Cependant, un pas contenu montait l'escalier... Et comme Trent ouvrait la culasse et regardait de près le canon du revolver, l'inspecteur Murch apparut à la porte entr'ouverte.

— Je me demandais si... commença-t-il.

Il s'arrêta net en voyant ce que l'autre faisait. Ses yeux intelligents s'écarquillèrent un peu :

— A qui appartient ce revolver, Monsieur Trent ? demanda-t-il d'une voix soigneusement indifférente.

— Sans doute à l'occupant de cette chambre,

M. Marlowe, répondit Trent, avec la même désinvolture, en désignant les initiales. Je l'ai trouvé traînant sur la cheminée. Il me semble que c'est un petit revolver fort commode, et il a été très soigneusement nettoyé depuis qu'il a servi pour la dernière fois. Mais je ne m'y connais guère en armes à feu.

— Eh bien, moi, je m'y connais fort bien ! répliqua M. Murch tranquillement, en prenant le revolver que lui tendait Trent. Mais il n'est pas nécessaire d'être un expert pour voir ceci...

Il replaça le revolver dans son écrin, sur la cheminée, prit une des cartouches qu'il déposa sur la paume de sa large main. Puis il tira un petit objet de la poche de son gilet, et le posa à côté de la cartouche. Cet objet était une petite balle de plomb, dont le bout était légèrement aplati, et qui présentait sur sa surface quelques égratignures toutes récentes.

— Est-ce *la* cartouche ? murmura Trent en se courbant au-dessus de la main étendue de l'inspecteur.

— C'est elle ! répondit M. Murch. Elle était logée dans l'occiput. Le docteur Stock vient de l'extraire, et l'a remise à l'officier de paix local, qui vient de me la faire parvenir. Ces égratignures que vous voyez ont été faites par les instruments du docteur. Ces autres marques ont été faites par les rayures du canon, — un canon comme celui-ci.

M. Murch tapa légèrement le revolver, et il reprit :

— C'est la même marque et le même calibre. Il n'y a pas d'autres revolvers qui marquent la balle tout à fait comme ceci.

Trent et l'inspecteur se regardèrent jusqu'au fond des yeux, séparés par le revolver reposant dans son écrin. Trent fut le premier à rompre le silence.

— Le mystère est déplacé, observa-t-il. C'est de la folie ; les symptômes de démence sont très visibles. Allons, voyons un peu où nous en sommes. Je ne crois pas que nous ayons de doute que Manderson ait envoyé Marlowe en auto jusqu'à Southampton. Nous sommes tout aussi certains que Marlowe y est allé, et qu'il est revenu hier soir, très tard, plusieurs heures après que l'assassinat a été commis.

— Cela ne fait aucun doute, répliqua M. Murch en accentuant légèrement les mots.

— Et maintenant, reprit Trent, cette arme à feu polie et insinuante nous invite à faire les suppositions suivantes : — que Marlowe n'est jamais allé à Southampton ; qu'il est revenu ici dans la nuit ; que, sans éveiller ni Mme Manderson ni personne, il a engagé Manderson à se lever, à s'habiller, à sortir dans le jardin ; et que, là, il a tué ledit Manderson d'un coup de son revolver révélateur ; qu'il revint ensuite ici et, toujours sans éveiller personne, nettoya soigneusement ledit revolver et le replaça dans son écrin, afin qu'il y fût découvert par les policiers ; qu'il se retira ensuite, et passa le reste de la journée à se cacher, avec une énorme automobile, et qu'il revint, feignant d'ignorer toute l'affaire à... Voyons, à quelle heure était-ce ?

— Un peu après neuf heures du matin, répondit l'inspecteur en considérant toujours Trent d'un œil sombre. Comme vous le dites, Monsieur Trent, reprit-il, c'est là la première théorie suggérée par cette découverte. Et elle est bien invraisemblable, — ou plutôt elle serait bien invraisemblable, si elle ne s'écroulait pas immédiatement. Lorsque l'assassinat a été commis, Marlowe était à cent cinquante milles d'ici. Car il est *vraiment allé* à Southampton.

— Comment le savez-vous ?

— Je l'ai interrogé hier soir, et j'ai noté ce qu'il m'a raconté. Il est arrivé à Southampton lundi matin, vers six heures et demie.

— Oh ! la ferme ! s'écria Trent amèrement. Que me fait son histoire ? Que vous fait son histoire ? Je veux savoir comment *vous savez* qu'il est allé à Southampton !

M. Murch se mit à rire.

— Je savais bien que je vous mettrais en rage, Monsieur Trent, dit-il. Eh bien, il n'y a pas de mal à vous avouer la vérité. Hier, dès que je suis arrivé, et dès que j'eus obtenu les grandes lignes de l'histoire de Mme Manderson et des domestiques, j'ai télégraphié immédiatement à la Sûreté de Southampton. En se couchant, Manderson avait dit à sa femme qu'il avait changé d'avis et qu'il avait envoyé Marlowe à Southampton obtenir des renseignements importants à propos de quelqu'un qui allait partir par le prochain steamer. Tout cela avait l'air assez probable, mais, vous comprenez, la seule personne que je n'avais pas sous la main, hier matin, c'était Marlowe lui-même. Il n'est revenu en auto que tard dans la soirée. Alors, avant de me creuser la tête davantage sur l'affaire, j'ai téléphoné à Southampton pour certains renseignements. Ce matin, de bonne heure j'ai reçu la réponse que voici.

Il tendit à Trent une série de formules de télégrammes. Celui-ci les lut :

« Personne dans auto répondant à description, arrivée ce matin 6.30 à Bedford Hôtel ; donna comme nom Marlowe, laissa auto garage, dit à l'employé qu'elle appartenait à Manderson, prit bain, déjeuna. Sortit et on le vit plus tard aux docks se renseignant à propos d'un passager du nom de Harris sur steamer du Havre. Il se renseigna plusieurs fois jusqu'à ce que le steamer s'éloignât. On le retrouve à l'hôtel, où il déjeuna vers 1.15. Partit peu après en auto. Les agents de la compagnie nous informent qu'un passage fut retenu la semaine dernière par passager du nom de Harris, mais Harris n'a pas voyagé par steamer.—INSPECTEUR BURKE. »

— C'est simple et satisfaisant, remarqua M. Murch, lorsque Trent lui eut rendu le télégramme, après l'avoir parcouru deux fois. L'histoire de Marlowe y est corroborée point par point. Il m'a dit qu'il avait traîné sur le dock environ une demi-heure, espérant toujours que Harris arriverait à la dernière minute. Puis il retourna à l'hôtel, où il déjeuna et, après déjeuner, il se décida à reprendre le chemin de Marlstone. Il télégraphia à Manderson : « Harris pas arrivé, a dû manquer bateau ; je reviens. — MARLOWE », dépêche qui fut transmise ici dans l'après-midi et empilée avec les autres lettres du mort. Il revint en auto, à une vive allure, et arriva éreinté. Lorsque Martin lui apprit la mort de Manderson, il s'est presque évanoui. Lorsque je l'ai interrogé hier soir, il était évident que le choc et la fatigue l'avaient exténué. Mais il était tout à fait cohérent.

Trent reprit le revolver, et pendant quelques minutes il en fit fonctionner distraitement le barillet.

— C'est bien malheureux pour Manderson que Marlowe ait laissé son revolver et ses cartouches traîner avec autant de négligence, dit-il enfin, en remettant l'arme dans son écrin. C'était tenter bien inutilement quelqu'un, ne trouvez-vous pas ?

M. Murch fit un geste de la tête.

— Après tout, dit-il, quand on y réfléchit, il n'y a pas grand'chose dans l'histoire du revolver. Cette marque-là est très répandue en Angleterre, où elle fut importée des États-Unis. La moitié des gens qui achètent un revolver, soit comme précaution, soit dans une intention nuisible, achètent cette marque et ce calibre-là. C'est une arme très sûre et que l'on peut facilement porter dans la poche de son pantalon. Des milliers de revolvers de ce genre doivent être en la possession de crapules et d'honnêtes hommes. Par exemple, dit l'inspecteur d'un ton dégagé, Manderson lui-même avait un revolver absolument pareil à celui-ci. Je l'ai découvert dans un des tiroirs supérieurs du bureau, en bas, et je l'ai en ce moment même dans la poche de mon pardessus.

— Ah ! Vous aviez l'intention de garder secret ce petit détail-là, inspecteur.

— Oui, en effet, répondit l'inspecteur. Mais puisque vous avez découvert un revolver, il vaut mieux que vous soyez au courant de l'autre. Peut-être ni l'un ni l'autre ne nous serviront-ils. Les gens de cette maison...

Les deux hommes tressaillirent, et l'inspecteur s'interrompit brusquement comme la porte entrebaillée de la chambre à coucher s'ouvrit lentement. Un homme apparut sur le seuil. Son regard alla du revolver posé dans l'écrin ouvert aux visages de Trent et de l'inspecteur. Et ceux-ci, qui n'avaient entendu aucun craquement, aucun bruit révélateur de son approche, regardèrent les longs pieds minces de l'inconnu. Il portait des souliers de tennis aux semelles de caoutchouc.

— Vous êtes sûrement Monsieur Bunner, dit Trent.

CHAPITRE VI

— CALVIN C. BUNNER, pour vous servir, rectifia le nouveau venu, en retirant de sa bouche un cigare non allumé.

Bunner était habitué à la lenteur cérémonieuse des Anglais quand ils s'adressent à des étrangers, et la vivacité de Trent l'avait visiblement déconcerté.

— Vous êtes sans doute Monsieur Trent ? reprit-il. Mme Manderson me parlait de vous il y a un moment. Bonjour, capitaine.

M. Murch lui fit un signe de tête.

— J'allais dans ma chambre, reprit M. Bunner, mais j'ai entendu un bruit insolite dans cette pièce, et je suis entré pour voir ce qui se passait.

Et il se mit à rire avec aisance.

— Vous avez peut-être cru que j'écoutais à la porte ! Non merci ; ce n'est pas mon genre. Je n'ai entendu qu'un mot ou deux à propos d'un revolver, — de celui-ci sans doute, et c'est tout.

M. Bunner était un petit jeune homme maigre. Son visage imberbe et anguleux était presque féminin, et s'éclairait de grands yeux sombres et intelligents. Ses cheveux noirs ondulés étaient séparés par une raie au milieu de la tête. Les lèvres, lorsqu'il ne les rejoignait pas, selon son

habitude, avec un cigare, étaient toujours entr'ouvertes, avec une expression d'ardeur perpétuelle.
Cette expression disparaissait lorsqu'il fumait,
et M. Bunner avait alors l'air du Yankee froid et
sagace qu'il était au fond.

Né dans l'État du Connecticut, il était entré
chez un agent de change en sortant du collège, et
avait attiré l'attention de Manderson avec lequel
sa maison faisait souvent des affaires dont il
s'était occupé. Le Colosse l'avait observé pendant
quelque temps, et enfin il lui avait offert de le
prendre comme secrétaire particulier. M. Bunner
était un homme d'affaires modèle. Il était sûr,
méthodique, exact, et avait comme on dit « une
forte tête ». Manderson aurait sans doute pu
trouver bien des hommes ayant ces qualités, mais
il engagea M. Bunner parce que celui-ci était également vif et discret, et montrait une curieuse
intuition naturelle, un flair divinatoire des fluc-
tuations du marché.

Trent et l'Américain se mesurèrent froidement
du regard. Ils parurent tous les deux satisfaits de
leur examen.

— On m'expliquait précisément, dit Trent d'un
air aimable, que ma découverte d'un revolver qui
aurait pu servir à tuer Manderson n'a pas grande
valeur. Il paraît que cette arme est courante dans
votre pays, et que sa popularité a même gagné
l'Angleterre.

M. Bunner étendit une main osseuse et sortit
le revolver de l'écrin.

— Oui, monsieur, dit-il en maniant l'arme avec
familiarité. Le capitaine a raison. C'est ce que nous
appelons chez nous un Petit Arthur, et sans doute
nombre de duplicata de ce Petit Arthur se baladent-
ils à cette minute même dans cent mille poches !

Pour moi, je le trouve trop léger, ajouta M. Bunner, en fouillant machinalement sous le pan de sa jaquette et en produisant un revolver de mine effrayante. Tenez, soupesez-moi ça, Monsieur Trent. Attention, il est chargé ! Marlowe a acheté ce Petit Arthur pour faire plaisir au patron, juste avant que nous quittions l'Amérique. Manderson disait qu'il était absurde de se promener sans revolver au vingtième siècle. Alors Marlowe est sorti et il a acheté le premier modèle qu'on lui a montré, sans me consulter. C'est tout de même une bonne arme, accorda M. Bunner en louchant sur le guidon. Marlowe n'était pas un tireur bien expert au début ; mais, depuis environ un mois, je l'ai aidé à s'exercer un peu, et maintenant il a fait de grands progrès. Pourtant il n'a jamais pu s'habituer à le porter sur lui. Tandis que moi, cela m'est aussi naturel que de porter mon pantalon. Il y a des années que j'ai toujours eu mon revolver sur moi, car je pensais qu'il était toujours possible que Manderson fût poursuivi par quelqu'un. Et voilà qu'ils l'ont « eu » quand je n'étais pas auprès de lui !

M. Bunner soupira tristement.

— Allons, reprit-il, veuillez m'excuser, messieurs. Je vais à Bishopsbridge. Il y a beaucoup à faire en ce moment, et il faut que j'expédie un bouquet de câbles assez gros pour étouffer une vache.

— Il faut que je file aussi, dit Trent, j'ai un rendez-vous à l'auberge des Trois Tonneaux.

— Je vous y dépose en auto, dit M. Bunner avec cordialité. Je passe par le carrefour. Dites donc, cap, venez-vous de notre côté ? Non ? Alors, venez, Monsieur Trent, m'aider à sortir l'auto. Le chauffeur est hors d'usage en ce moment, et nous devons faire presque tout nous-mêmes, — sauf la nettoyer !

Et parlant toujours de sa voix traînante et mesurée, M. Bunner conduisit Trent au premier étage, et puis, à travers la maison, jusqu'au garage, situé à quelque distance du bâtiment principal. Il y faisait agréablement frais, à l'abri du brûlant soleil de midi.

M. Bunner ne parut pas du tout pressé de sortir l'auto. Il offrit un cigare à Trent, qui l'accepta, et puis il alluma le sien. Il s'assit ensuite sur le marchepied de l'auto, ses maigres mains serrées entre ses genoux, et il regarda fixement son compagnon.

— Tenez, Monsieur Trent, dit-il après quelques instants, je puis vous dire certaines choses qui vous seront peut-être utiles. Je connais votre réputation. Vous êtes un homme actif et intelligent. J'aime avoir à faire à des hommes actifs et intelligents. Je ne sais pas si j'ai vu juste, mais ce détective avec qui vous étiez me fait l'effet d'un imbécile ! Je répondrai à toutes les questions qu'il aura l'esprit de me poser ; du reste, je l'ai déjà fait. Mais sa physionomie ne m'encourage pas à lui faire part, sans qu'il me le demande, de certaines idées à moi. Vous comprenez ?

Trent fit un geste d'affirmation.

— C'est un sentiment qu'éprouvent bien des personnes en présence de notre police, répondit-il. Cela tient peut-être à son air de componction officielle ! Mais laissez-moi vous détromper. Murch n'est nullement ce que vous croyez. C'est un des policiers les plus habiles de l'Europe. Il n'a pas l'esprit extrêmement vif, mais il est très sûr. Et puis, il a une expérience énorme. Mon fort à moi, c'est l'imagination, mais je vous assure qu'en matière d'enquête policière, l'expérience l'emporte de beaucoup sur l'imagination.

— Cela n'emporte rien du tout ! répliqua M. Bunner vivement. Nous ne sommes pas en présence d'une affaire banale, Monsieur Trent, et je vais vous en dire une des raisons. Je crois que le patron savait qu'il allait lui arriver quelque chose, et de plus je suis certain qu'il croyait qu'il ne pourrait y échapper.

Trent amena un panier vis-à-vis de M. Bunner, toujours installé sur le marchepied, et il s'assit à son tour.

— Ceci a l'air sérieux, dit-il. Allons, exposez-moi vos idées.

— Je dis cela à cause du changement survenu depuis quelques semaines dans la manière d'être du patron. Vous avez sans doute entendu dire qu'il restait toujours maître de lui-même. C'était exact. Je l'ai toujours considéré comme l'homme d'affaires le plus froid et le plus dur que je sache. Le calme de Manderson était extraordinaire, — je n'ai jamais vu rien qui pût l'égaler. Et je le connaissais mieux que personne. J'étais son auxiliaire dans le travail, qui était vraiment sa vie. Je crois même que je le connaissais mieux que sa femme ne le comprenait, la pauvre femme ! Je le connaissais bien mieux que Marlowe, car celui-là ne rentrait jamais dans le bureau quand il s'y traitait de grosses affaires. Et je le connaissais mieux que ses amis.

— Avait-il des amis ? demanda Trent.

M. Bunner le regarda vivement.

— Non. A proprement parler, il n'en avait pas. Il avait beaucoup de relations parmi les brasseurs d'affaires qu'il voyait presque tous les jours. Parfois même il allait chasser avec eux, ou bien il les invitait sur son yacht. Mais je ne crois pas que Manderson ait jamais ouvert un coin de son cœur à un homme quel qu'il fût ! Mais voici où je voulais en venir. Il y a quelques mois, le patron changea très visiblement. Il devint sombre et maussade, comme s'il songeait continuellement à quelque péril ignoré, — à quelque chose qu'il n'arrivait pas à déterminer. Je ne l'avais encore jamais vu ainsi. Et cet état a duré depuis lors, sans interruption. Il était ainsi en ville, à son bureau et chez lui. Il agissait comme s'il était sous le coup d'une terrible préoccupation. Mais il y a seulement quelques semaines qu'il commença à perdre contrôle de lui-même. Et, Monsieur Trent, écoutez-moi bien.

Bunner posa sa main maigre sur le genou du jeune homme.

— Écoutez-moi bien, reprit-il. Je suis le seul qui sache cela. Vis-à-vis de tout le monde, Manderson se montrait simplement maussade et las. Mais lorsqu'il était avec moi, soit dans son bureau, soit ailleurs où nous travaillions ensemble, à la moindre chose qui allait mal, sapristi ! il s'agitait comme un fou ! Je l'ai vu dans la bibliothèque des White Gables ouvrir une lettre dont le contenu ne lui plaisait pas absolument, et se mettre à crier et à gesticuler comme un Peau-Rouge, en disant qu'il aimerait tenir l'expéditeur de la lettre, qu'il en ferait une bouchée, et ceci, et cela, etc. C'était pitoyable ! Je n'aurais jamais supposé qu'il pût changer à ce point. Et puis, un autre fait curieux. Pendant la semaine qui précéda sa mort, Manderson négligea son travail pour la première fois depuis que je le connais. Il refusait de répondre, soit aux lettres, soit aux télégrammes, bien qu'en Amérique tout allât au plus mal. Sans doute, sa préoccupation, quelle qu'elle fût, avait complètement démoli son système nerveux. Je lui conseillai de voir un médecin, mais il me répondit d'aller au diable. Cependant, j'étais le seul à connaître son état ; car, par exemple, s'il était dans une de ses rages folles, et que Mme Manderson entrât inopinément, il redevenait immédiatement calme et froid comme à l'ordinaire.

— Et vous attribuiez cela à quelque préoccupation secrète, à la crainte que quelqu'un complotait contre sa vie ? demanda Trent.

L'Américain répondit par un hochement de tête.

— N'avez-vous pas pensé, reprit Trent, à la possibilité d'un trouble cérébral, — d'une détente nerveuse, due, par exemple, à un excès de travail. C'est la première pensée qui me vient à l'esprit, en écoutant votre récit. D'ailleurs, n'est-ce pas ce qui arrive fréquemment à vos brasseurs d'affaires américains ? C'est l'impression que l'on a en lisant les journaux.

— Ne vous laissez pas raconter de pareilles balivernes, dit M. Bunner très sérieusement. Ce ne sont que des hommes qui se sont enrichis trop vite qui deviennent fous. Songez à tous nos grands financiers, — à ceux de la taille de Manderson. Avez-vous jamais entendu dire qu'un de ceux-là ait perdu l'esprit ? Croyez-moi, ils ne font jamais ça. On dit, je le sais bien, que tous les hommes ont leur pointe de folie, ajouta M. Bunner d'une voix songeuse. Mais de là à parler de la vraie folie, de la démence, il y a loin. Chacun a ses manies, ses excentricités... comme l'horreur des chats, par exemple, ou comme la mienne : je ne puis manger aucune espèce de poisson.

— Eh bien, quelle était la folie de Manderson ?

— Oh ! le patron en avait des tas. D'abord il avait horreur du luxe et du bluff, auxquels, en général, les gens riches ne résistent guère. Il n'avait aucun goût pour les bibelots et les ornements coûteux. Il n'aimait pas qu'on lui rendît de petits services. Il détestait que les domestiques fussent sur ses talons, sauf quand il les sonnait. Et quoique Manderson fût aussi méticuleux que n'importe qui pour ses habits et pour ses souliers — il a dépensé des sommes folles en souliers — cependant, il ne voulait pas avoir de valet de chambre. Toute sa vie, il lui a été très désagréable d'être touché, par qui que ce fût, et il s'est toujours rasé lui-même.

— On m'a déjà dit cela, observa Trent. A quoi cela pouvait-il tenir, pensez-vous ?

— Eh bien, répondit M. Bunner lentement, je pense que c'était là une manifestation de son hérédité : une sorte de susceptibilité générale. Il paraît que son père et aussi son grand-père avaient le même caractère. Il ressemblait à un chien qui ronge un os, et qui croit que tout le reste de la création guette l'occasion de le lui voler. Au fond il n'était pas tout à fait sûr que le coiffeur n'allait passe mettre à lui couper la tête. Mais il avait l'impression qu'il y avait une vague possibilité qu'il le fît, et Manderson était résolu à ne courir aucun risque ! Et en affaires aussi, il était toujours convaincu qu'on en voulait à son os à lui, ce qui était très souvent vrai ! Mais pas toujours ! En conséquence, le patron était le plus prudent et le plus discret des hommes de la haute finance. Et cela contribua de beaucoup à son succès... Mais tout cela n'est pas agir en fou, Monsieur Trent. Loin de là ! Vous me demandez si Manderson ne commençait pas à perdre la raison avant sa mort. Je vous réponds que je crois tout bonnement qu'il était à bout de force.

Trent fumait lentement. Il réfléchissait. Il se demandait à quel point M. Bunner était au courant des difficultés conjugales de son ancien chef, et il résolut de tâter le terrain à ce point de vue.

— J'ai cru comprendre que Manderson avait eu un différend avec sa femme, dit-il.

— Oui, c'est exact ! Mais croyez-vous que cela eût suffi à bouleverser Sig Manderson à ce point ? Non, monsieur. C'était un homme un peu trop grand pour se laisser démonter à ce point par des ennuis de cet ordre-là !

Trent lança un regard incrédule vers le jeune homme. Mais au fond des yeux de M. Bunner, tout malins et tout ardents qu'ils fussent, Trent découvrit une solide innocence. M. Bunner croyait vraiment qu'un sérieux dissentiment survenu entre un mari et une femme ne pouvait être qu'une source d'inquiétude tout à fait secondaire pour un « grand homme ».

— Cependant, ils avaient des différends, insista Trent.

— Vous pensez ! répliqua M. Bunner brièvement, en tirant fortement sur son cigare. Marlowe et moi avons souvent discuté ce point ensemble, sans trouver de solution ! Tout d'abord, j'eus l'idée que le patron était déçu et vexé de ne pas avoir d'héritier.

M. Bunner se pencha en avant et baissa la voix.

— Mais, reprit-il, Marlowe m'a affirmé que sur ce point la déception était plutôt du côté opposé. Et je crois qu'il n'avait pas tort. Il a tiré cette conclusion de quelques mots que lui a dits la femme de chambre française de Mme Manderson.

Trent le regarda vivement.

— Célestine ! dit-il.

Et à part lui, il observa :

— C'est donc là où elle voulait en venir ?

M. Bunner comprit mal son regard.

— Ne croyez pas que je trahisse Marlowe, Monsieur Trent, dit-il. Marlowe n'est guère le type que vous croyez. Célestine a pris un béguin pour lui parce qu'il parle français à la perfection, et elle essayait toujours de bavarder avec lui. Les domestiques français ne ressemblent guère aux anglais, sous ce rapport-là. Et du reste, ajouta M. Bunner très violemment, je ne comprends pas comment une femme, qu'elle soit domestique ou non, ose parler d'un sujet pareil à un homme. Mais les Français me sont incompréhensibles. Et il eut l'air navré.

— Mais, pour en revenir à ce dont vous me parliez à l'instant, dit Trent, vous croyez que, depuis quelque temps, Manderson vivait dans la terreur continuelle d'être assassiné ? Mais qui pouvait le menacer ? Je vous avoue que je suis complètement dans l'obscurité.

— Je ne crois pas qu'on puisse dire qu'il était terrifié, observa M. Bunner d'une voix songeuse. Je crois plutôt qu'il était anxieux. Ou bien c'était peut-être l'incertitude qui le tourmentait... Voilà plutôt mon idée. Du reste, le patron ne s'effrayait pas facilement, et puis, vraiment, il ne prenait pas de précautions. Il semblait même les éviter. On avait presque l'impression qu'il désirait qu'on l'achève rapidement, en admettant qu'il y ait quelque vérité dans mon idée. Tenez, il s'asseyait parfois à la fenêtre ouverte de la bibliothèque, regardant dans la nuit, sa chemise blanche offrant un point de mire au revolver de qui eût voulu le tuer !

M. Bunner se tut un instant, et puis reprit avec un léger sourire :

— On voit bien que vous n'avez pas vécu aux États-Unis, lorsque vous me demandez qui pouvait en vouloir à la vie de Manderson ! Tenez, prenez seulement l'affaire du lock-out des mines de charbon de Pensylvanie. Mais il y avait alors trente mille hommes, sans compter les femmes et les enfants, qui auraient sauté sur l'occasion de trouer la peau de l'homme qui les avait condamnés ou à mourir de faim ou à accepter ses conditions. Et c'étaient trente mille des plus vigoureux gaillards étrangers du pays, Monsieur Trent. Il y a un type de forcené de cette classe-là qui est connu pour sa façon de dissimuler sa haine pendant des années. Cela ne l'empêche pas de tuer son ennemi sûrement un jour où l'autre, parfois quand celui-ci a oublié le mal qu'il a fait. Ce sont ces hommes qui ont fait sauter à la dynamite un homme de l'État de Idaho qui leur avait joué un sale tour, plusieurs années auparavant dans le New-Jersey, à l'autre extrémité des États-Unis. Croyez-vous que l'Atlantique les empêcherait d'exécuter leur mauvais dessein ? Moi, je vous dis qu'il en faut du râble pour être un grand brasseur d'affaires dans notre pays. Non, monsieur. Le patron savait très bien qu'il y avait un tas de types dangereux qui ne guettaient que l'occasion de le démolir. Et moi, je crois qu'il savait d'une manière certaine que quelques-uns de ces gaillards étaient sur sa piste ! Ce qui me déroute complètement, c'est pourquoi il s'est mis à leur disposition comme il l'a fait, en se promenant dans le jardin, hier matin, on dirait tout exprès pour se faire assassiner.

M. Bunner s'arrêta de parler. Et pendant quelques instants ils demeurèrent tous deux silencieux, les sourcils froncés, tandis que la fumée de leurs cigares s'élevait en lentes spirales bleues. Enfin, Trent se leva.

— Votre théorie est absolument nouvelle pour moi, dit-il. Elle est très raisonnable, et il s'agit seulement de vérifier si elle s'adapte bien à tous les faits. Je ne dois pas vous dire ce que je fais pour mon journal, Monsieur Bunner, mais je vous dirai ceci : je suis déjà convaincu que l'assassinat de Manderson était un crime prémédité et d'une façon extrêmement habile. Je vous suis fort obligé ; nous reparlerons de tout cela.

Il jeta un coup d'œil à sa montre.

— J'ai un ami qui m'attend déjà depuis quelque temps. Si nous nous mettions en marche ?

— Deux heures ! s'écria M. Bunner en regardant sa montre à son tour.

Il se leva du marchepied.

— Deux heures, répéta-t-il. C'est dix heures du matin, dans la vieille New-York. Vous ne connaissez pas Wall Street, Monsieur Trent ! Eh bien, j'espère que ni vous ni moi, nous ne verrons jamais rien qui ressemble plus à l'enfer que le tumulte qui se déchaîne dans Wall Street à cette minute même.

CHAPITRE VII

LA DAME EN NOIR

Les vagues se brisaient avec fracas au pied de
la falaise ; la brise soufflait et, dans le ciel
pommelé, le soleil fécondait le monde. Ce fut
par ce temps merveilleux que Trent, ayant
mal dormi, descendit avant huit heures du matin
à une petite crique rocheuse, qui lui avait été
indiquée, et fit un plongeon dans l'eau claire. Il
nagea entre les grands rochers gris, jusqu'au large,
il lutta quelque temps contre un courant contraire,
et puis revint à son refuge, très rafraîchi. Dix
minutes plus tard, il gravissait la falaise, et son
esprit, débarrassé pour le moment du dégoût
profond que l'affaire dont il s'occupait lui inspirait,
roulait ses projets pour la matinée.

C'était le jour de l'enquête, le lendemain de son
arrivée à Marlstone. Après avoir quitté M. Bunner
à Bishopsbridge, il n'avait pas avancé beaucoup
la solution du mystère. L'après-midi, il s'était
rendu à pied de l'auberge à la ville, accompagné
de M. Cupples. Il avait fait quelques achats chez
un pharmacien, puis il avait eu quelques instants
d'entretien secret avec un photographe. Ensuite,
il expédia une dépêche avec réponse payée, et prit
quelques renseignements au bureau téléphonique.
Il avait peu parlé de l'affaire à M. Cupples, qui de

son côté ne témoigna aucune curiosité. Et il ne lui avait rien dit des résultats de ses perquisitions, ni des démarches qu'il avait faites. En revenant de Bishopsbridge, il avait écrit une longue dépêche pour le *Record* ; il l'avait remise au correspondant local du journal, lequel, tout fier de cet honneur, la fit expédier. Et, après avoir dîné avec M. Cupples, Trent était resté seul sous la véranda, à réfléchir. Ce matin, tout en gravissant la falaise, il ne pouvait se dissimuler que jamais il ne s'était occupé d'une affaire qui lui ait autant déplu, et qui en même temps l'ait absorbé autant. Plus il y songeait, dans le soleil doré de la nouvelle journée, plus elle lui paraissait difficile et mauvaise. Tout ce qu'il soupçonnait, et presque tout ce qu'il savait, tourmentait son cerveau, et en chassait le sommeil. Et dans cet air léger et cette lumière éblouissante, le corps et l'esprit assainis par la sauvage pureté de la mer, il voyait encore plus nettement la noirceur de la culpabilité à laquelle il croyait, et il était d'autant plus dégoûté par le mobile qu'il devinait. Mais, enfin, son zèle s'était de nouveau éveillé et l'instinct du chasseur se ravivait en lui. Il n'épargnerait personne ; il n'éprouverait aucun scrupule à démasquer le vrai coupable. Il espérait avoir tendu complètement vers la fin de la journée le filet où le coupable serait pris. Mais il avait encore à faire ce matin-là. Et il attendait avec une vive impatience, quoique sans beaucoup d'espoir, la réponse du télégramme qu'il avait lancé, comme une fusée vers le ciel, le jour précédent.

Le sentier qui menait à l'hôtel serpentait sur le haut de la falaise. Et en approchant d'un endroit qu'il avait remarqué en nageant, et où une partie de la falaise s'était éboulée depuis très longtemps, Trent s'avança jusqu'au bord, pour mieux voir les plus délicats et les plus beaux dessins de l'eau en mouvement : les vagues écumeuses se brisant sur des rochers. Mais il ne vit pas le rocher. Par contre, à quelques pieds au-dessous de lui, la falaise s'avançait en une large et rude plate-forme, de la dimension d'une grande chambre, où poussait une herbe drue, et qui était murée à pic de trois côtés. Et là, tout près du bord où la falaise tombait à pic, une femme était assise, ses bras serrant ses genoux, les yeux fixés sur le mince nuage de fumée qui traînait au-dessus du sillage d'un navire. Et elle semblait rêver.

A Trent, qui avait pris l'habitude, grâce à sa carrière, de vivre par les yeux, cette femme parut former ainsi le plus beau tableau qu'il eût jamais vu. Son visage d'une pâleur mate, que le fouet du vent avait légèrement coloré, présentait à Trent un profil d'une régularité délicate où pourtant il n'y avait rien de dur. Cependant, ses sourcils, qui se courbaient pour presque se rejoindre, lui donnaient au repos un aspect presque sévère, qui était démenti étrangement par les courbes sinueuses de la bouche. Trent se dit à lui-même que l'amant qui écrivait des vers sur les sourcils de sa maîtresse était plus ou moins excusé de le faire suivant la beauté de ces sourcils ! Le nez de la jeune femme était droit et fin. Son chapeau était épinglé à l'herbe, près d'elle, et la brise légère, jouant avec ses épais cheveux sombres, rejetait en arrière les deux larges bandeaux qui auraient dû recouvrir son front, et faisait danser les petites boucles de son chignon. Cette femme était vêtue tout en noir, depuis ses souliers de daim jusqu'à son chapeau abandonné. Depuis ses pieds jusqu'à son cou, elle était enveloppée d'étoffes d'un noir mat, et chacun de ses vêtements était d'une belle qualité.

Sa physionomie exprimait un caractère délicat et rêveur. Il était bien évident que cette jeune dame connaissait l'art de s'habiller, qui est le plus ancien de tous les arts, et qu'elle jouissait d'une joie primitive devant la beauté de son corps, qui, en ce moment, était si admirablement courbé. Il y avait un soupçon de goût français dans toute sa parure, et elle faisait là, assise, une silhouette très moderne. Mais lorsqu'on regardait son visage, on y lisait la sûreté et le triomphe de tous les êtres vigoureux qui savent faire face au soleil, au vent et à la mer. On y discernait aussi une « féminité » si vigoureuse, si pure, si inconsciemment sûre d'elle-même, qu'elle était à peine anglaise et encore moins américaine.

Trent ne s'était arrêté qu'un instant, surpris par la vision de cette femme en noir. Puis il avait repris son chemin, le long de la sente, au-dessus d'elle. Mais son esprit si vif avait enregistré dans tous ses détails cette vision imprévue et touchante. A tout moment, sa vision très pénétrante et son cerveau actif saisissaient et goûtaient ces détails avec une promptitude facile, qui étonnait beaucoup les hommes d'un esprit plus lent. Il en avait senti le charme et la beauté. C'était un tableau fixé à jamais dans sa mémoire.

Comme il passait non loin d'elle, sans qu'elle pût entendre ses pas assourdis par l'herbe, la femme, toujours seule avec ses pensées, remua soudain. Elle desserra les fines mains qui étreignaient ses genoux, son corps se détendit en un mouvement d'une grâce presque féline, et puis elle leva lentement la tête en étendant ses bras, les doigts entr'ouverts, comme pour étreindre toute la beauté et la joie du jour. Ce geste ne pouvait avoir qu'une interprétation : c'était un geste de liberté, l'expansion d'une âme enfin résolue à vivre, à aller même au-devant du bonheur.

Trent la vit ainsi, tandis qu'il passa. Mais il ne se retourna pas. Il devina tout à coup qui cette femme devait être. Et il lui sembla qu'un sombre rideau venait d'être tiré entre lui et la splendeur de cette journée d'été.

Au petit déjeuner, M. Cupples s'aperçut que Trent n'était guère disposé à bavarder. Celui-ci s'excusa de son silence, en prétextant une mauvaise nuit. M. Cupples, au contraire, était vif comme un oiseau. La perspective de l'enquête semblait l'animer beaucoup. Il fit à Trent tout un discours sur l'histoire de ce tribunal fort ancien, et jadis très occupé, la cour du procureur du roi. Et il fit des observations sur la liberté enviable de sa procédure, que n'entravaient en rien ni les règles, ni les précédents. Et puis, il se mit à parler du cas qui allait y être discuté ce matin même.

— Lorsque je suis allé aux White Gables après dîner, dit-il, le jeune Bunner m'a exposé son hypothèse au sujet du crime. C'est un jeune homme très remarquable, Trent. Le sens de ses paroles est parfois obscur, mais, à mon avis, il sait son monde, comme on le sait rarement à son âge. Du reste, le fait que Manderson en avait fait son bras droit est assez significatif en lui-même. Il semble tenir tête avec beaucoup d'énergie aux embarras de la situation financière fort compliquée causée par la mort de son chef. Il m'a de plus donné de fort bons conseils sur la meilleure marche à suivre dans l'intérêt de Mabel, et les meilleures mesures à prendre jusqu'à ce que les clauses du testament soient appliquées. Je me suis donc senti moins disposé que je ne l'aurais peut-être été autrement, à trouver alambiquée son idée d'une vendetta industrielle. Lorsque je l'ai interrogé, il a pu me décrire nombre de cas où des attaques d'une sorte ou d'une autre, — et qui réussirent dans la plupart des cas — furent dirigées contre des personnes qui avaient encouru l'animosité de puissantes organisations prolétaires. Nous vivons vraiment à une époque bien terrible, cher ami. Je crois que l'histoire ne rapporte pas une période où la disproportion entre les éléments moraux et matériels de la société ait été aussi grande ou aussi menaçante pour la stabilité de l'organisation sociale. Mais, à mon avis, l'avenir n'est nulle part aussi sombre qu'aux États-Unis.

— Je croyais, dit Trent nonchalamment, que le puritanisme y était aussi vigoureux que la folie de faire de l'argent. Mais n'avez-vous pas l'intention d'aller aux White Gables avant l'enquête? Dans ce cas, vous feriez bien de vous mettre en route, si vous voulez être de retour à temps pour l'ouverture de la cour. Il faut que j'y aille aussi. Nous pourrions faire le chemin ensemble. Attendez-moi, je cherche mon kodak.

— Certainement, dit M. Cupples.

Et ils partirent dans la chaleur sans cesse croissante de la matinée d'été. Le toit des White Gables, sombre tache de rouge terne contre les arbres, s'harmonisait bien avec l'humeur de Trent; il se sentait alourdi, troublé et triste. Il ne voulait pas que le coup qui frapperait peut-être la créature radieuse de beauté et de vie qu'il avait entrevue le matin fût dirigé par sa main. Un sentiment chevaleresque peut-être exagéré avait survécu en Trent depuis les premiers enseignements que lui avait donnés sa mère. Mais, à ce moment, l'horreur de meurtrir un être aussi exquis était presque autant la répulsion d'un artiste que celle d'un gentleman. D'autre part, son enquête serait-elle vaine ? A la pensée d'échouer, il ressentait une vraie angoisse. Jamais il ne s'était présenté un aussi beau cas ; et il était persuadé qu'il tenait, seul, la vérité. Il résolut enfin que ce jour ne s'écoulerait pas avant de savoir si ce qu'il croyait n'était qu'une illusion. Il foulerait aux pieds ses remords jusqu'au moment où il serait bien sûr qu'il avait raison d'en avoir. Ce matin, il saurait.

Comme Trent et Cupples pénétraient dans l'avenue, ils aperçurent Marlowe et l'Américain qui s'entretenaient devant la porte d'entrée. Et, à l'ombre du porche, se tenait la dame en noir.

Elle les vit et vint à leur rencontre, en marchant comme Trent avait deviné qu'elle marcherait, droite et légère, avec un faible balancement. Lorsque, après lui avoir été présentée par M. Cupples, elle l'accueillit, ses yeux bruns, pailletés d'or, le considérèrent avec bienveillance. Très pâle, elle semblait porter son calme comme un masque de détresse. Il n'y avait pas trace de l'émotion qui avait paru l'auréoler sur la falaise. Elle prononça les lieux communs appropriés d'une voix basse et posée. Après avoir dit quelques mots à M. Cupples, elle se tourna vers Trent.

— J'espère que vous réussirez à trouver le coupable ! dit-elle gravement. Croyez-vous que vous réussirez ?

Sa décision fut arrêtée au moment où les paroles quittèrent ses lèvres. Il répondit :

— Je le crois, Mme Manderson. Lorsque j'aurai complété mes recherches, je vous demanderai une entrevue pour vous parler de l'affaire. Il sera peut-être utile de vous consulter avant de publier les faits.

Elle sembla intriguée, et ses yeux prirent une fugitive expression de détresse.

— Si cela est nécessaire, vous pourrez certainement le faire, dit-elle.

Pendant un moment Trent hésita. Il se rappela que la jeune femme n'avait pas voulu lui répéter ce qu'elle avait déjà dit à l'inspecteur, et qu'elle désirait ne pas être interrogée ; et pourtant il désirait la regarder et l'entendre parler un peu plus longtemps. Mais le point dont il lui fallait parler le troublait vraiment ; c'était un détail qui ne s'adaptait pas du tout à la trame qu'il avait construite avec les autres détails étranges de l'affaire. Peut-être Mme Manderson l'expliquerait-elle par un mot ? Mais il était peu probable que personne d'autre en trouverait la solution. Il s'arma donc de tout son courage.

— Vous avez été très aimable, dit-il, en m'ouvrant toutes grandes les portes de votre maison, et en me donnant toutes les facilités possibles d'étudier cette affaire. Cela m'encourage à vous demander de me permettre de vous poser une ou deux questions, auxquelles vous ne refuserez pas, je crois, de répondre. Me le permettez-vous ?

— Il serait sot de ma part de refuser, dit-elle d'une voix lasse. Interrogez-moi, Monsieur Trent.

— Voici, dit-il vivement. Nous savons que votre mari a tiré tout dernièrement une somme exceptionnellement importante de sa banque de Londres, et qu'il gardait cet argent ici. Cette somme est ici, en ce moment. Savez-vous pourquoi il a fait cela ?

Mme Manderson ouvrit des yeux étonnés.

— Je ne puis vous l'expliquer, dit-elle. J'ignorais qu'il eût fait cela. Vous me surprenez extrêmement.

— Pourquoi cela vous surprend-il tellement ?

— Je croyais que mon mari avait très peu d'argent

ici. Dimanche soir, juste avant de partir en auto, il est venu me trouver au salon. Il semblait irrité, et me demanda si je n'avais pas des billets de banque ou de l'or que je pourrais lui prêter jusqu'au lendemain. Je fus étonnée, car il n'était jamais sans argent ; il avait comme principe de toujours porter dans son portefeuille cent livres sterling. J'ouvris mon secrétaire, et je lui remis tout ce que j'avais, à peu près une trentaine de livres.

— Il ne vous a pas dit pourquoi il en avait besoin ?

— Non. Il mit l'argent dans sa poche, et me dit ensuite que M. Marlowe l'avait engagé à faire un tour en auto, au clair de lune, et qu'il espérait que cela le ferait dormir. Puis il est parti avec M. Marlowe. Je trouvai étrange qu'il eût besoin d'argent un dimanche, mais j'oubliai vite cet incident. Vous venez de me le rappeler à l'instant.

— C'était certainement étrange, dit Trent en regardant dans le vague.

M. Cupples se mit à parler à sa nièce des dispositions en vue de l'enquête, et Trent se dirigea vers Marlowe, qui arpentait lentement la pelouse. Le jeune homme parut éprouver du soulagement à parler de l'enquête. Bien qu'il parût encore très fatigué et nerveux, il montra un certain humour flegmatique en décrivant la solennité que la police locale apportait dans toutes ses démarches et les airs importants du docteur Stock. Trent aiguilla la conversation, petit à petit, vers le problème du crime, et Marlowe redevint immédiatement très grave.

— Bunner m'a fait part de son hypothèse, dit-il, lorsque Trent fit allusion à la théorie de l'Américain. Moi-même, il ne m'a pas convaincu, car cela n'explique vraiment pas certains des faits les plus curieux. Mais j'ai vécu assez longtemps aux États-Unis pour savoir qu'une pareille vengeance, accomplie à la dérobée et de façon mélodramatique, n'est guère chose improbable. C'est même un des traits caractéristiques de certaines sections du mouvement socialiste. Les Américains ont le goût et le talent de ce genre de besogne. Connaissez-vous *Huckleberry Finn* de Mark Twain ?

— Est-ce que je connais mon propre nom ? répliqua Trent.

— Eh bien, je crois que le trait le plus américain de cette grande épopée américaine est la combinaison, par Tom Sawyer, d'un plan extrêmement difficile et romanesque, afin de favoriser la fuite du nègre Jim, fuite qui aurait très bien pu se faire en dix minutes. Vous savez combien les Américains aiment les loges et les confréries. Le cercle de chaque collège a ses signes particuliers. Vous avez sans doute entendu parler du parti politique Know-nothing [1], et du Ku-Klux-Klan [2]. Et puis, rappelez-vous la tyrannie de roman feuilleton, exercée par Brigham Young dans l'État d'Utah, jusqu'à l'effusion de sang ! Les fondateurs de l'État Mormon appartenaient aux meilleures familles yankees de l'Amérique, et vous savez ce qu'ils ont fait ! Tout cela fait partie de la même tendance morale. Les Américains ont beau en rire : moi, je le considère très sérieusement.

— Cette tendance a certainement un bien vilain côté, quand elle se rattache au crime, au vice, ou même simplement au luxe, dit Trent. Mais j'éprouve une sorte de respect inavoué pour les gens qui sont

---

[1] Parti politique qui exista de 1854 à 1856.

[2] Organisation secrète dans plusieurs des États du Sud, après la guerre de la Sécession, de 1861–65, pour opposer l'influence du Nord et pour empêcher les nègres de jouir de leur affranchissement. Supprimée par le gouvernement fédéral en 1869.

déterminés à rendre la vie mouvementée et intéressante, en dépit de la civilisation ! Pourtant, pour en revenir à ce qui nous intéresse, croyez-vous possible que Manderson ait été frappé, assombri par cette menace à laquelle croit Bunner ? Par exemple, il est assez curieux qu'il vous ait expédié ainsi à Southampton au milieu de la nuit.

— Il était dix heures, pour être exact, dit Marlowe. Mais vous savez que si même il m'avait fait sortir de mon lit à minuit, je n'en aurais pas été très surpris. Tout cela s'accorde avec ce que nous disions. Manderson avait un faible très fort, le goût national américain pour les procédés dramatiques. Il était assez fier de sa réputation bien méritée de faire des coups imprévus, et d'atteindre son but avec une franchise intransigeante, qui triomphait de toutes les considérations opposées. Il avait tout à coup décidé qu'il voulait avoir des nouvelles de cet homme, ce Harris...

— Qui est Harris ? interrompit Trent.

— Personne ne le sait. Bunner lui-même n'en a jamais entendu parler, et ne peut s'imaginer quelle était l'affaire en train. Tout ce que je sais, c'est que lorsque je suis allé à Londres la semaine dernière, pour m'occuper de différentes choses, j'ai retenu une cabine sur le premier pont, à la demande de Manderson, pour un M. George Harris, sur le bateau qui est parti lundi. Il semblerait que Manderson eût tout à coup désiré recevoir de Harris des nouvelles d'un caractère trop secret pour pouvoir être transmises par le télégraphe. Et, comme il n'y avait pas de train commode, je fus expédié, vous savez comment.

Trent jeta un coup d'œil circulaire pour s'assurer qu'on ne les écoutait pas. Puis il se tourna gravement vers Marlowe.

— Je puis vous dire une chose que vous ignorez, je crois, dit-il tranquillement. Martin, le domestique, a entendu quelques mots de la fin de la conversation que vous avez eue avec Manderson dans le verger, avant de partir tous les deux en auto. Il entendit votre patron vous dire : « Si Harris est là, chaque instant est important. » Or, Monsieur Marlowe, vous savez très bien pourquoi je suis ici. J'ai été envoyé pour mener une enquête. Il ne faut donc pas vous fâcher de ce que je vais vous dire. Je vous demande si, connaissant cette phrase, vous affirmerez toujours que vous ignorez quelle était cette affaire.

Marlowe secoua la tête.

— Je vous affirme que je ne sais rien. Je ne m'offense pas facilement, et du reste votre question est tout à fait légitime. J'ai déjà raconté au détective ce qui s'est passé pendant cette conversation. Manderson me fit clairement entendre qu'il lui était impossible de me dire ce qu'était cette affaire. Il voulait simplement que je trouve Harris, et que je lui dise que Manderson désirait savoir où en étaient les choses. Je devais lui rapporter soit une lettre, soit un message. Il me dit du reste que Harris ne se présenterait peut-être pas, mais si je le rencontrais, « chaque instant était important ». Et voilà. Vous en savez maintenant autant que moi.

— Cette conversation eut lieu avant que Manderson ait dit à sa femme que vous l'emmeniez faire un tour en auto, au clair de lune. Je me demande pourquoi il a tenu à déguiser ainsi votre mission.

Le jeune homme eut un geste de découragement.

— Pourquoi ? je ne le devine pas plus que vous.

— Pourquoi, murmura Trent comme à lui-même, les yeux baissés, pourquoi l'a-t-il cachée à Mme Manderson ?

Et, relevant soudain la tête, il regarda Marlowe droit dans les yeux.

— Il l'a aussi cachée à Martin, rectifia le jeune homme avec sang-froid. A lui aussi, on a dit la même chose.

D'un mouvement brusque de la tête, Trent indiqua qu'il ne voulait plus parler de cette question. Il tira de la poche intérieure de son veston un portefeuille d'où il sortit deux feuilles de papier blanc, petites et immaculées.

— Regardez ces deux feuilles de papier, Monsieur Marlowe, dit-il. Les avez-vous déjà vues? Avez-vous la moindre idée d'où elles peuvent venir ? ajouta-t-il tandis que Marlowe prenait une feuille dans chaque main, et les examinait avec curiosité.

— On dirait qu'elles ont été coupées par un couteau, ou par des ciseaux, dans un petit agenda de cette année, observa Marlowe, en les regardant des deux côtés. Mais je n'y vois pas de trace d'écriture ! Je ne connais personne qui ait un agenda de ce genre. Qu'en pensez-vous ?

— Pas grand'chose, dit Trent. C'est peut-être une fausse piste. Bien entendu, n'importe lequel des habitants des White Gables aurait pu avoir un agenda semblable à celui-ci, sans que vous le sachiez. Du reste, je ne m'attendais guère à ce que vous puissiez établir la provenance de ces feuilles. J'en aurais été, au fond, très étonné.

Il s'interrompit, car Mme Manderson venait à eux.

— Mon oncle croit que nous ferions mieux de partir, dit-elle.

— Je vais partir en avant avec M. Bunner, dit M. Cupples en les rejoignant. Il y a certaines affaires dont il faut s'occuper aussi vite que possible. Vous me suivrez avec ces deux messieurs, Mabel ? Nous vous attendrons un peu avant d'arriver chez le procureur.

Trent se tourna vers la jeune femme.

— J'espère que Mme Manderson m'excusera, dit-il. Je suis vraiment venu ici ce matin pour essayer de découvrir certains indices que je crois peut-être trouver. Je n'avais pas l'intention d'assister immédiatement à l'enquête.

Elle le considéra d'un regard parfaitement candide.

— Bien entendu, Monsieur Trent. Faites absolument ce que vous voulez. Nous comptons tous sur vous. Si vous voulez bien m'attendre, Monsieur Marlowe, je serai prête dans quelques instants.

Elle disparut dans la maison. Son oncle et l'Américain s'étaient déjà dirigés vers la grille.

Trent regarda son compagnon bien en face.

— Voilà une femme remarquable, dit-il à voix basse.

— Vous le dites sans même la connaître, répliqua Marlowe. Elle est encore autre chose que cela !

Trent ne répondit rien. Il regardait au delà des champs, vers la mer. Tout à coup, un bruit de souliers ferrés marchant précipitamment sur la route rompit le silence. Au loin, un garçon apparut, portant une enveloppe jaune qui était évidemment un télégramme. Trent le regarda d'un œil indifférent. Au moment où il dépassait Cupples et Bunner, toujours près de la grille, il se tourna même vers Marlowe.

— Je me permets de vous poser une question sans rapport avec le reste, dit-il ; avez-vous été à Oxford ?

— Oui, dit le jeune homme, pourquoi ?

— Oh ! je me demandais seulement si mon hypothèse était juste. On devine assez souvent l'uni-

versité par laquelle un homme a passé, ne trouvez-
vous pas ?

— C'est possible, répondit Marlowe. Nous avons
sans doute tous une marque caractéristique. Même
si je ne l'avais pas su, j'aurais tout de suite deviné
que vous étiez un artiste.

— Pourquoi ? Ai-je besoin d'aller chez le coiffeur ? Mes cheveux sont-ils si longs que ça ?

— Oh, non ! C'est seulement que vous regardez
les choses et les gens comme je l'ai vu faire à des
artistes, d'un coup d'œil qui prend note, petit
à petit, de tous les détails.

A cet instant, le télégraphiste les rejoignit hors
d'haleine.

— Un télégramme pour vous, m'sieu, dit-il
à Trent. Il arrive à l'instant.

Trent ouvrit vivement la dépêche en mur-
murant une excuse, et, en la parcourant, ses yeux
s'éclairèrent si visiblement, qu'à le voir ainsi le
visage fatigué de Marlowe se détendit en un sourire.

— C'est sûrement une bonne nouvelle, murmura-
t-il presque à lui-même.

Trent lui jeta un regard indéchiffrable.

— Ce n'est pas absolument une nouvelle, dit-il
tranquillement. Cela m'apprend simplement qu'une
autre de mes suppositions est exacte.

CHAPITRE VIII

Le procureur du roi se rendait pleinement compte
que durant une journée entière de sa vie de magistrat de province, il allait être le point de mire du
monde entier. Il résolut donc de faire tous ses
efforts pour se montrer digne de cette bonne fortune passagère. C'était un gros homme d'humeur
joviale, qui se montrait plein du plus vif intérêt
pour les côtés dramatiques de sa profession. La
nouvelle de la mort mystérieuse de Manderson se
produisant dans sa juridiction avait fait de lui
le plus heureux des procureurs du roi de toute
l'Angleterre. Il était doué d'une faculté remarquable de présenter les faits d'un procès, fortifiée
par une rare abondance de paroles émouvantes,
de telle sorte qu'il pétrissait les jurés entre ses
doigts comme de la cire molle, et qu'il masquait
avec une rare habileté les libertés qu'il prenait
parfois avec la certitude, l'évidence et la vérité.

La cour se réunit dans une longue salle dégarnie
de meubles qu'on avait récemment annexée à
l'hôtel, et qui était destinée à servir de salle de bal
ou de concert. Les premiers rangs de fauteuils
étaient accaparés par un régiment de reporters.
Les témoins occupaient des chaises placées d'un
côté de la table du procureur, table qui de l'autre

côté était flanquée par les jurés, assis en double rangée. Ceux-ci avaient ce jour-là prodigué la pommade à leurs cheveux, et ils affectaient un maintien aisé. Le reste de la salle était occupé par un public peu distingué, qui écoutait dans un silence respectueux et craintif les formalités de l'ouverture des débats. Les journalistes, habitués à pareilles cérémonies, causaient à voix basse, et ceux qui connaissaient Trent de vue assuraient à leurs confrères qu'il n'était pas présent.

Le premier témoin appelé à déposer fut Mme Manderson. Elle affirma l'identité du mort. Le procureur, après l'avoir interrogée sur la santé et les antécédents de son mari, lui fit raconter en détail sa dernière entrevue avec lui. Pendant toute sa déposition, le procureur témoigna à Mme Manderson la sympathie que tous les hommes ressentaient pour cette douloureuse silhouette. Avant de parler, elle souleva l'épais voile noir qui dissimulait son visage, et son extrême paleur et son calme absolu produisirent une impression singulière. Ce n'était pas une impression de dureté. Mais on sentait qu'on se trouvait en présence d'une féminité intéressante. Elle n'était pas même énigmatique, mais on devinait qu'en elle la force d'un caractère vigoureux travaillait à dominer ce que la situation pouvait avoir d'émouvant. Une ou deux fois, tout en parlant, elle s'essuya les yeux de son mouchoir, mais sa voix toujours basse restait distincte.

Elle raconta que son mari était monté, dimanche soir, dans sa chambre à coucher à son heure habituelle. Cette chambre était, à vrai dire, un cabinet de toilette attenant à sa chambre à elle, et communiquait avec celle-ci par une porte qui restait, en général, ouverte pendant la nuit. On entrait dans le cabinet de toilette, comme dans la chambre à coucher, par des portes donnant sur le corridor. Son mari avait toujours aimé la plus extrême simplicité pour sa chambre à coucher, et il préférait dormir dans une petite pièce. Lorsqu'il monta, elle dormait déjà, mais s'éveilla à demi, comme il lui arrivait souvent, lorsque Manderson tourna le commutateur. Elle lui parla. Elle ne se rappelait plus exactement ce qu'elle lui avait dit, parce qu'elle avait parlé dans un demi-sommeil. Mais elle se rappelait qu'il était allé faire une promenade en auto au clair de lune. Elle croyait lui avoir demandé s'il avait fait une bonne promenade, et l'heure qu'il était. Elle avait posé cette dernière question parce qu'elle croyait avoir dormi seulement très peu de temps, et qu'elle s'attendait, au contraire, à ce que son mari rentrât fort tard. Il lui répondit qu'il était onze heures et demie, et qu'il avait changé d'avis au sujet de sa promenade.

— Vous a-t-il dit pourquoi il avait changé d'avis ? demanda le procureur.

— Oui, répondit Mme Manderson. Je me souviens très bien de ses paroles, parce que...

Elle hésita et sembla un peu confuse.

— Parce que ? insista doucement le procureur.

— Parce que mon mari n'était pas en général très communicatif, lorsqu'il s'agissait de ses affaires, répliqua-t-elle en levant le menton d'un léger geste de défiance. Il ne pensait pas que cela pût m'intéresser, et, en règle générale, il m'en entretenait aussi peu que possible. Voilà pourquoi je fus un peu étonnée lorsqu'il m'apprit qu'il avait envoyé M. Marlowe en auto à Southampton, afin de lui rapporter certains renseignements importants à propos d'un homme qui partait pour Paris par le bateau du jour suivant. Mon mari me dit que M. Marlowe ferait facilement ce trajet, à condition de ne pas avoir de panne. Il me dit aussi qu'il avait quitté l'auto à un ou deux milles de chez nous, et qu'il était rentré à pied, ce qui lui avait fait beaucoup de bien.

— Il ne vous a rien dit de plus ?

— Rien, autant que je m'en souviens, répondit Mme Manderson. J'avais très sommeil, et je me rendormis presque aussitôt. Je me rappelle avoir entendu mon mari tourner le commutateur, et c'est tout. Je ne l'ai pas revu vivant.

— Vous n'avez rien entendu dans la nuit ?

— Non. Je ne me suis pas éveillée avant que ma femme de chambre vînt m'apporter mon thé, à sept heures du matin. Elle ferma comme d'habitude la porte donnant dans le cabinet de toilette, où je croyais que mon mari était toujours endormi, car il a toujours eu besoin de beaucoup de sommeil ; parfois même, il dormait très tard dans la matinée. Je déjeunai dans mon petit salon. Il était à peu près dix heures lorsqu'on vint me dire que l'on avait trouvé le cadavre de mon mari.

Mme Manderson baissa la tête, et attendit silencieusement qu'on lui permît de se retirer.

Mais on la questionna à nouveau :

— Mme Manderson, dit le procureur d'une voix toujours sympathique, mais où l'on devinait maintenant un soupçon de fermeté, je vais vous poser une question qui, dans ces tristes circonstances, vous sera forcément pénible. Mais c'est mon devoir de vous la poser. Est-il vrai que vos rapports avec votre mari n'avaient pas été depuis quelque temps des rapports de confiance et d'affection réciproques? Est-il vrai qu'il s'était produit un refroidissement entre vous ?

La jeune femme se redressa de toute sa hauteur, et se tourna vers son interlocuteur en rougissant.

— Si cette question est nécessaire, dit-elle d'une voix distincte et froide, j'y répondrai, afin qu'il ne puisse pas y avoir de malentendu. Pendant les derniers six mois, l'attitude que mon mari eut envers moi me donna beaucoup d'inquiétude et de chagrin. Il n'était plus le même pour moi, il se montrait réservé et paraissait méfiant ; il préférait presque toujours rester seul. Mais je ne puis absolument pas expliquer les raisons de ce changement. J'essayai en vain de réagir ; je fis tout mon possible, dans la mesure où me le permettait ma propre dignité. Il y avait quelque chose entre nous, je ne sais quoi, et il ne m'a jamais dit ce que c'était. Mon orgueil obstiné m'empêcha de lui demander franchement la vérité, mais je m'appliquai à me montrer à lui ainsi que je l'avais toujours été. Sans doute ne saurai-je jamais ce qu'il a eu contre moi.

La voix de la jeune femme avait tremblé en prononçant les dernières phrases, malgré tout son sang-froid, et lorsqu'elle eut parlé elle baissa son voile, et se tint droite et immobile.

Alors, un des jurés posa une question, non sans une visible hésitation :

— Donc il n'y a jamais eu de paroles échangées entre vous et feu votre mari, madame ?

— Jamais.

Le mot fut prononcé d'une voix terne, mais tout le monde comprit qu'il n'était pas possible de laisser planer un malentendu ou un soupçon sur la conduite d'une femme comme Mme Manderson.

Le procureur lui demanda si elle était au courant de quelque autre affaire qui aurait pu troubler Manderson dans les derniers temps. Mais

Mme Manderson ignorait toute affaire de ce genre. Le procureur déclara alors l'interrogatoire terminé, et la femme voilée se dirigea vers la sortie. L'attention générale qui la suivit quelques instants se concentra ensuite sur Martin, que le procureur venait d'appeler.

Ce fut à cet instant que Trent apparut à la porte de la salle, et se fraya un passage dans la foule des spectateurs. Mais il ne regardait pas Martin : il observait la silhouette harmonieuse de Mme Manderson, qui venait vivement à lui avec des yeux assombris. Il s'écarta de la porte, avec un léger salut, et il tressaillit en entendant Mme Manderson l'appeler à voix basse par son nom. Il la suivit dans l'antichambre.

— Je voulais vous demander, dit-elle d'une voix faible et légèrement brisée, si vous pouvez me donner le bras pour me reconduire jusqu'à la maison. Je n'ai pas vu mon oncle, près de la sortie, et, tout à coup, j'ai cru que j'allais m'évanouir... Je serai mieux au grand air... Non... non, je ne puis rester ici, ajouta-t-elle, comme Trent allait la prier de s'asseoir. Il faut que je rentre.

Sa main se serra momentanément sur le bras de Trent, comme si, malgré sa faiblesse, elle voulait l'emmener de force loin de la cour. Puis elle s'appuya lourdement sur lui, et, ainsi soutenue, elle s'éloigna lentement de l'hôtel, le long du chemin ombragé, vers les White Gables.

Trent marchait en silence. Ses pensées tourbillonnaient. Il se répétait : « Imbécile, imbécile ! » Tout ce qu'il était seul à savoir, tout ce qu'il devinait, tout ce qu'il soupçonnait de cette affaire, traversa son esprit en une course effrénée. Mais, cependant, il sentait tout le temps le contact de la main tremblante de la jeune femme reposant sur son bras, et ce contact le remplissait d'une exaltation qui l'agaçait et le surprenait à la fois. Il se gourmandait encore derrière le masque de sollicitude conventionnel qu'il montra à la jeune femme, lorsqu'il l'eut accompagnée chez elle, et qu'il la vit s'étendre sur un canapé dans le salon. Soulevant son voile, elle le remercia avec franchise, d'une voix grave, et elle l'assura qu'une tasse de thé achèverait de la remettre tout à fait. Elle espérait que Trent n'avait rien manqué d'important à cause d'elle. Elle avait honte d'elle-même, et elle avait cru mieux supporter l'épreuve. Mais elle ne s'attendait pas à ce qu'on lui posât ces dernières questions.

— Je suis contente que vous n'ayez pas été là, dit-elle, lorsqu'il lui expliqua son absence. Mais, bien entendu, vous en lirez les rapports dans tous les journaux. Cela m'a bouleversée d'avoir à parler de cela, ajouta-t-elle simplement, et il m'a fallu tout mon courage pour me retenir de me donner en spectacle. Et tous ces hommes, près de la porte, qui me dévisageaient ! Merci encore d'être venu à mon aide, lorsque je vous en ai prié... J'ai pensé que je pouvais vous le demander... conclut-elle bizarrement, avec un sourire lassé.

Et Trent s'en fut, sa main frissonnant encore au frais toucher de ses doigts.

Les témoignages des domestiques et de celui qui découvrit le corps de Manderson ne procurèrent rien de nouveau à la curiosité des reporters. Le témoignage de la police était aussi banal et aussi confus qu'il est d'usage dans les enquêtes des affaires de ce genre. M. Bunner, par contre, eut la vive satisfaction de voir sa déposition produire le grand effet de la journée ; elle rejeta dans l'ombre la révélation des difficultés domestiques faites par la veuve du mort. Il dit à la cour ce qu'il avait déjà dit à Trent. Les crayons rapides des journalistes ne manquèrent pas un mot du récit du jeune Américain, qui parut, presque sans qu'une seule phrase en soit omise, dans toutes les feuilles importantes de la Grande-Bretagne et des États-Unis.

Le jour suivant, l'opinion publique rejeta l'hypothèse du suicide possible, que le procureur du roi avait cru devoir formuler dans son discours aux jurés, à cause du témoignage de Mme Manderson. Il était vrai, comme avait dû le reconnaître le magistrat, que le témoignage de Mme Manderson n'était pas en faveur de cette hypothèse. Et il avait indiqué nettement qu'aucune arme n'avait été découverte près ou sur le cadavre.

— Bien entendu, messieurs, dit-il au jury, cette question est de la première importance. C'est, en fait, la principale conclusion qui est soumise à votre considération. Vous avez vu vous-mêmes le cadavre. Vous venez d'entendre la déposition du médecin. Pourtant, je crois que je ferai bien de vous lire les notes que j'ai prises à ce sujet, afin de vous bien remettre les faits en mémoire. Le docteur Stock vous a dit, — je vais omettre tous les termes techniques pour vous répéter sa déposition dans la langue courante,— qu'à son avis la mort avait eu lieu six ou huit heures avant la découverte du cadavre. Il a dit que la mort était causée par une blessure due à une balle de revolver, la balle étant entrée par l'œil gauche, qui fut crevé, et ayant poursuivi son chemin jusqu'au cerveau, qui fut sérieusement endommagé. L'aspect externe de la blessure, dit-il, ne permet pas l'hypothèse de la mort volontaire, rien n'indiquant que l'arme ait été pressée contre l'œil, ni même qu'elle en ait été fort rapprochée. Pourtant, il n'était pas physiquement impossible que la détente eût été pressée par le mort lui-même, à une petite distance de l'œil. Le docteur Stock nous dit aussi qu'il était impossible d'affirmer, d'après l'état du cadavre, s'il y eut ou non lutte au moment de la mort. Lorsqu'il vit le cadavre, le médecin reconnut qu'on ne l'avait pas touché depuis l'instant de la découverte. Manderson était couché dans une position écroulée, qui pourrait très bien avoir été celle d'un corps tombant après avoir reçu une balle de revolver. Mais les égratignures et les meurtrissures que l'on a relevées sur les poignets et les avant-bras semblent récentes, et le docteur Stock considère qu'elles sont dues à la violence.

— A ce même point de vue, je ne trouve pas que l'on puisse considérer la remarquable déposition de M. Bunner comme dénuée de signification. Peut-être certains d'entre vous ont-ils été surpris que des risques du genre que le témoin a décrit comme étant fréquent dans son pays, soient courus couramment par des personnes de la situation de la victime. D'autre part, peut-être certains d'entre vous n'ignorent-ils pas que, dans le monde industriel de l'Amérique, le mécontentement ouvrier atteint souvent une intensité que nous ne connaissons heureusement pas en Angleterre. J'ai interrogé le témoin très minutieusement sur ce point. Cependant, messieurs, je ne vous suggère nullement d'adopter la conjecture personnelle de M. Bunner à propos de la mort de M. Manderson. Il ne s'agit certainement pas de cela. Non. Sa déposition ne fait que proposer deux questions à vos réflexions : premièrement, peut-on dire que la victime fut, à un degré quelconque, plus menacée ou plus exposée au danger d'une attaque meurtrière qu'une personne ordinaire ? Deuxièmement, est-ce que le changement qui survint récemment dans son caractère, et qui a été décrit par un témoin, permet de croire que ses derniers jours furent assombris par quelque grande inquiétude ? Vous pouvez légitimement songer à ces deux points, afin d'arriver à une conclusion sur les autres témoignages.

Sur quoi, le procureur du roi, ayant nettement indiqué ses préférences pour la conclusion de M. Bunner, demanda au jury de délibérer sur son verdict.

CHAPITRE IX

— Entrez ! cria Trent.

M. Cupples pénétra dans le salon que Trent occupait à l'hôtel. C'était la fin de l'après-midi au cours de laquelle le jury avait décidé, séance tenante, qu'on était en présence d'un crime commis par un ou plusieurs inconnus. Trent jeta vers M. Cupples un regard rapide, puis il reprit l'examen minutieux d'un objet posé dans une cuve à développer en métal émaillé qu'il remuait doucement à la lumière de la fenêtre. Il était très pâle, et ne parvenait pas à contenir ses gestes nerveux.

— Asseyez-vous sur le sofa, dit-il. Les chaises ont été achetées d'occasion à la vente du matériel de l'Inquisition espagnole, après la suppression de cette sainte congrégation. Tenez, voici une assez bonne épreuve négative, dit-il en tenant le cliché vers la lumière, la tête penchée. Je crois qu'elle est lavée suffisamment comme ça. Laissons-la sécher et débarrassons-nous de tout ce fatras.

Comme Trent enlevait de la table un amas de cuvettes, de plats, de boîtes, de bouteilles, M. Cupples ramassa d'abord un des objets, puis un autre, et les examina avec une curiosité innocente.

— Ça s'appelle l'hypo-éliminateur, dit Trent,

comme M. Cupples débouchait une des bouteilles
et en flairait le contenu. C'est très utile quand on
est pressé pour tirer une épreuve négative. Tout
de même, je n'en boirais pas, à votre place. Cela
élimine l'hyposulfite de sodium, et je ne serais
guère surpris si cela éliminait aussi les êtres hu-
mains !

Il trouva le moyen de caser le dernier de ces
innombrables objets sur le marbre de la cheminée,
et puis il s'assit sur la table, devant M. Cupples.

— Voyez-vous, dit-il, ce qu'il y a de bien dans
un salon d'hôtel, c'est que la beauté de son agence-
ment ne distrait pas l'esprit et ne l'empêche point
de travailler. Ah ! ce n'est pas là le milieu où
un cerveau inoccupé se livrerait agréablement à
de folles rêveries. Avez-vous jamais vécu dans
cette chambre-ci, M. Cupples? Moi, je l'ai habitée
cent fois, toujours la même ! Elle m'a poursuivi,
et je l'ai rencontrée pendant des années à travers
toute l'Angleterre. Et je me sentirais absolument
dérouté si, par hasard, dans quelque hôtel fantastique et lointain, on me donnait un salon différent
de celui-ci. Tenez ! Regardez ce tapis de table.
Voilà la tache d'encre que j'y ai faite quand
j'occupais cette chambre à Halifax. Et j'ai brûlé
ce trou dans le tapis, en fumant à Ipswich. Mais
je vois qu'on a remplacé le verre recouvrant ce
tableau, « Sympathie Silencieuse » ; j'y avais
flanqué mes bottines à Banbury ! C'est dans cette
chambre que je travaille le mieux. Par exemple,
cet après-midi, après l'enquête, j'ai tiré plusieurs
épreuves négatives excellentes. Il y a en bas une
très bonne chambre noire.

— Ah ! l'enquête ! Cela me rappelle quelque
chose ! dit M. Cupples.

Il savait que chez Trent ce genre de digression

fantaisiste trahissait l'excitation de l'action, et il se demandait où son jeune ami voulait en venir.

— Je suis venu vous remercier, mon cher, de vous être chargé de Mabel ce matin. Je ne me doutais pas qu'elle se sentirait si lasse en quittant la cour. Elle avait l'air tout à fait calme. Et c'est une femme qui a généralement un si grand empire sur elle-même, que je croyais pouvoir la laisser seule ; je voulais entendre la fin des dépositions qui étaient assez importantes. Il est heureux qu'elle ait trouvé un ami qui ait pu lui venir en aide, et elle vous en est très reconnaissante. Elle va tout à fait bien, maintenant.

Trent, les mains dans ses poches, fronça légèrement les sourcils et ne répondit pas à cette tirade. Après un court silence :

— Je vais vous confier que j'étais arrivé à la partie la plus intéressante de mon travail lorsque vous êtes entré. Voyons : cela vous ennuierait-il d'assister un moment au travail tout particulier d'un policier ? C'est précisément ce que ce vieux Murch devrait être en train de faire en ce moment. Peut-être le fait-il ; mais, pour ma gloire, j'espère bien que non !

Il sauta de la table et courut à sa chambre à coucher. Il revint quelques instants plus tard, tenant une grande planche à dessiner sur laquelle était rangée une collection d'objets hétéroclites.

— D'abord, il faut que je vous présente à ces petites machines-là, dit-il en les posant sur la table. Voici un grand couteau à papier en ivoire ; voici deux feuilles coupées dans un agenda, — dans mon propre agenda. Voici une bouteille qui contient de l'eau dentifrice, et enfin une petite cassette de noyer ciré. La plupart de ces objets doivent être remis en place avant la nuit dans la chambre de quelqu'un aux White Gables, où je les ai pris. Voilà l'homme que je suis, Cupples. Rien ne m'arrête. J'ai emprunté ces objets ce matin, alors que tout le monde était à l'enquête, et sans doute, si elles le savaient, certaines personnes trouveraient-elles ma façon de procéder un peu étrange. Or, Cupples, il n'y a plus sur cette planche à dessin qu'un seul objet que je ne vous ai pas présenté. Pouvez-vous me dire ce que c'est, sans le toucher ?

— Mais certainement, répondit M. Cupples en considérant ledit objet avec le plus vif intérêt. C'est un bol ordinaire, en verre. On dirait un rince-doigts. Je ne vois rien de particulier dans ce bol, ajouta-t-il, après quelques instants d'un examen minutieux.

— Moi non plus, je n'y vois pas grand'chose de remarquable, répondit Trent. Et c'est précisément là que la farce commence. Maintenant, Cupples, prenez cette grosse bouteille et débouchez-la. Reconnaissez-vous la poudre qu'elle contient ? Vous avez dû en avaler des kilos dans votre jeunesse. On en donne aux bébés ! Cela s'appelle généralement de la poudre grise. Elle est faite de mercure et de chaux. C'est une fameuse invention. Or, pendant que je tiens le bol penché au-dessus de cette feuille de papier, voulez-vous verser un peu de la poudre sur cette partie du bol... ici même. Parfait ! Je vois que vous avez déjà fait cela, Cupples ! Vous êtes un expert !

— Je vous assure que non ! dit M. Cupples sérieusement, comme Trent remettait dans la bouteille la poudre renversée. Tout ceci est un mystère absolu pour moi. Qu'est-ce que j'ai fait ?

— Je brosse la partie poudrée du bol avec cette brosse en poil de chameau. Maintenant, regardez le bol de nouveau. Il y a un instant, vous n'aviez rien remarqué de particulier dans son aspect. Voyez-vous quelque chose, à présent ?

M. Cupples se pencha en avant.

— Oh ! Comme c'est curieux, dit-il. Oui, on discerne sur le bol deux grandes empreintes grises, — des empreintes de doigts. Elles n'y étaient pas auparavant.

— Je suis Hawkshaw le détective ! [1] remarqua Trent. Cela vous intéresserait-il d'entendre une courte conférence au sujet des bols de verre ? Lorsque vous prenez un de ces bols à la main, vous y laissez des empreintes qui sont généralement invisibles, mais qui peuvent pourtant y demeurer pendant des mois. Vous y laissez l'empreinte de vos doigts. La main, même lorsqu'elle est absolument propre, n'est jamais tout à fait sèche, et parfois, — par exemple dans les moments de grand trouble, Cupples, — la main est très moite. Elle laisse une marque sur toute surface froide et lisse qu'elle touche. Or, ce bol-là a été déplacé tout dernièrement par quelqu'un dont la main était assez moite.

Il saupoudra de nouveau le bol de poudre grise, et reprit :

— Tenez, de ce côté-ci, on voit la marque du pouce... Toutes ces empreintes donnent d'excellentes impressions !

Trent parlait sans élever la voix, mais M. Cupples remarqua qu'il était très animé, tout en examinant les légères marques grisâtres.

— Cette empreinte-là, continua-t-il, doit être celle de l'index. Je n'ai pas à apprendre à un homme qui connaît le monde comme vous, que

---

[1] Hawkshaw, personnage populaire du drame de Tom Taylor, « The Ticket of Leave Man ».

cette empreinte a la forme d'une spirale enroulée autour de deux deltas symétriquement disposés. Maintenant, l'empreinte du second doigt est une simple boucle dont les lignes se groupent autour d'un noyau, et il y a quinze lignes. Je sais, sans les compter, qu'il y en a quinze, parce que j'ai précisément les deux mêmes empreintes sur ce négatif que j'ai examiné avec soin. Tenez, ajouta-t-il, en levant une des épreuves négatives vers la clarté du soleil, et en suivant avec la pointe d'un crayon les lignes de l'empreinte, vous pouvez voir vous-même qu'ils sont pareils. Vous voyez la bifurcation des lignes sur cette protubérance ? La voilà dans l'autre. Il y a vingt protubérances caractéristiques qui feraient qu'un expert jurerait, devant la cour, que les empreintes que j'ai relevées sur le bol et celles qui se révèlent sur cette épreuve ont été faites par la même main.

— Mais où les avez-vous photographiées ? demanda M. Cupples, les yeux écarquillés. Qu'est-ce que tout cela veut dire ?

— J'ai trouvé ces empreintes-là à l'intérieur de la vitre gauche de la porte-fenêtre dans la chambre de Mme Manderson. Comme il m'aurait été difficile d'emporter la fenêtre sous le bras, je les ai photographiées, en collant un morceau de papier noir de l'autre côté de la vitre. Quant au bol, je l'ai trouvé dans la chambre de Manderson, qui s'en servait pour y faire tremper son râtelier pendant la nuit. Je l'ai emporté.

— Mais ces marques ne peuvent pas être les empreintes des doigts de Mabel !

— Naturellement non ! dit Trent nettement. Elles sont deux fois grandes comme les empreintes qu'auraient faites les doigts de Mme Manderson.

— Alors, elles ont été faites par Manderson ?

— C'est possible. Voulez-vous que nous essayions maintenant de retrouver les pareilles ? Je crois que nous allons y parvenir !

Très pâle, et sifflant doucement, Trent déboucha un autre petit flacon, qui contenait une épaisse poudre noire.

— C'est du noir de fumée, expliqua-t-il. Si vous tenez un morceau de papier blanc dans votre main pendant une ou deux secondes, et que vous y jetiez ensuite cette poudre, elle vous révélera l'empreinte de vos doigts.

Il prit soigneusement, avec l'aide de petites pincettes, une des feuilles coupées dans son agenda, et la tendit à M. Cupples qui l'examina. Aucune marque ne se voyait sur le papier blanc. Alors, Trent fit tomber un peu de poudre noire sur un côté de cette feuille, puis la retourna, et il saupoudra l'autre côté. Ensuite, il la secoua doucement, pour la débarrasser de toute la poudre superflue. Puis, silencieux, il tendit de nouveau la feuille vers M. Cupples. Sur un côté du papier on distinguait, très nettement imprimées en noir, les deux empreintes digitales qu'il avait déjà relevées sur le bol et sur l'épreuve négative. Il prit le bol et les compara. Trent retourna la feuille, et sur le verso il vit une réplique claire et nette de l'empreinte qui était imprimée sur le bol qu'il tenait à la main.

— Vous voyez, j'avais raison ! dit-il avec un rire nerveux. Toutes ces empreintes ont été faites par la main du même homme ! Je pressentais que cela devait être, et maintenant je sais que cela est.

Il alla jusqu'à la fenêtre et regarda au loin.

— Maintenant, je le sais, répéta-t-il à voix basse comme à lui-même.

Trent avait dit cela amèrement. M. Cupples, qui ne comprenait plus du tout ce qui se passait, regarda fixement pendant quelques instants le dos immobile de Trent.

— Je suis encore tout à fait dans l'obscurité, avoua-t-il enfin. J'ai souvent entendu parler de toute cette science des empreintes, et je me suis souvent demandé comment la police procédait. Cela m'intéresse beaucoup, mais, ma parole, je ne vois pas ce que les empreintes de Manderson viennent faire ici.

Mais Trent revint brusquement vers la table et interrompit ses réflexions.

— Je suis tout à fait désolé, Cupples, dit-il. Lorsque j'ai entrepris cette enquête, j'avais l'intention de la poursuivre pas à pas en votre compagnie. Ne croyez pas que je doute un instant de votre discrétion, mais à partir de maintenant je ne puis plus rien vous dire, au moins de quelque temps. Je vous dirai pourtant ceci : je viens d'établir un fait qui aura, je crois, des conséquences extrêmement graves, si quelqu'un d'autre le découvre.

Il regarda M. Cupples, le visage soudain durci, et donna un rude coup de poing sur la table.

— Je suis dans une situation fort pénible, terrible même. Jusqu'à présent, j'ai espéré, contre l'espoir, que je me trompais sur le fait même. Je puis encore me tromper dans les suppositions que je fais reposer sur le fait. Je n'ai qu'un moyen pour m'en assurer, et il faut que j'aie le courage de me servir de ce moyen.

Trent sourit tout à coup devant le visage consterné de M. Cupples.

— Allons, c'est fini ! Je rengaine le drame, et je vous raconterai tout dès que je le pourrai ! Tenez, je n'ai pas encore achevé mon petit jeu avec ces flacons de poudre !

Il tira une chaise vers la table, et s'assit pour examiner la lame d'ivoire du couteau à papier. Et M. Cupples, dissimulant son étonnement, se pencha en avant comme vivement intéressé, et passa à Trent le flacon contenant le noir de fumée.

CHAPITRE X

MADAME MANDERSON, de la fenêtre de son salon des White Gables, regardait le paysage incertain de pluie fine et de brouillard. Le temps avait changé brusquement, ce qui arrivait rarement au mois de juin dans cette partie de l'Angleterre. De blanches nuées montaient de la mer vers les champs ; le ciel était morne ; une désolation grise versait une humidité fine, que le vent envoyait parfois battre les vitres avec un crépitement sinistre. La jeune femme s'absorbait dans ce spectacle confus et triste ; elle semblait navrée. Quelle affreuse journée pour une femme seule et sans but dans la vie !

Tout à coup on frappa à la porte. En répondant « Entrez ! », elle se redressa du geste inconscient qu'elle avait toujours lorsqu'elle se rendait compte que la monotonie triste de sa vie avait un peu abattu son esprit. La femme de chambre lui annonça M. Trent. Il s'excusait de venir d'aussi bonne heure, mais il espérait que Mme Manderson voudrait le recevoir quand même. Il s'agissait d'une affaire d'une extrême importance. Mme Manderson dit à la domestique de faire entrer M. Trent. Cependant, elle se posa un moment devant son miroir où se refléta son visage très pâle, et elle fit une grimace mécontente. Elle se tourna vers la porte au moment où l'on annonçait Trent.

Elle remarqua que le jeune homme n'était plus le même. Il avait l'expression surmenée que donne l'insomnie et, au lieu de son sourire de bonne humeur habituel, un air de prudence et de réserve que l'intuition féminine de Mme Manderson reconnut peu favorable pour elle.

— Puis-je aller droit au but ? demanda Trent, lorsqu'elle lui eut tendu la main. Je dois prendre un train à Bishopsbridge à midi, mais je ne puis partir avant d'avoir réglé une affaire qui ne concerne que vous seule, Madame Manderson. J'ai travaillé pendant la moitié de la nuit, et, pendant l'autre moitié, j'ai réfléchi. Et maintenant, je sais ce que j'ai à faire.

— Vous avez l'air terriblement fatigué, dit-elle d'une voix bienveillante. Ne voulez-vous pas vous asseoir ? Prenez ce fauteuil, on y est fort bien. Bien entendu, il s'agit de cette affreuse affaire et de votre enquête, en tant que correspondant. Eh bien, Monsieur Trent, posez-moi toutes les questions auxquelles vous pensez que je pourrai répondre nettement. Je sais que tout en accomplissant le devoir qui vous a appelé ici, vous adoucirez les choses autant que possible... pour moi. Vous dites que vous avez absolument besoin de causer avec moi ; c'est sans doute parce que votre devoir l'exige.

— Madame Manderson, commença Trent lentement, et en mesurant ses paroles, je vous rendrai cette conversation le moins dure qu'il me le sera possible. Cependant, je crains bien qu'elle ne touche à des choses fort pénibles, mais qui ne seront, je pense, pénibles qu'un moment et entre nous. Quant à savoir si vous pouvez répondre utilement à mes questions, vous seule en jugerez. Mais je vous donne ma parole d'honneur de ne vous poser que les questions qui me permettront de décider si je dois publier ou non certains faits très graves que j'ai découverts à propos de l'assassinat de votre mari. Personne d'autre que moi ne soupçonne jusqu'ici ces faits et, sans doute, personne ne les soupçonnera jamais. Ce que j'ai découvert, ce que je crois avoir prouvé, vous donnera sûrement un très grand choc. Mais, peut-être, cela vous causera-t-il plus qu'un grand choc ? Et si vous me donnez lieu de croire que cela est, en effet, alors je détruirai ce manuscrit...

Et il posa une longue enveloppe sur une petite table qui se trouvait à sa portée. Puis il reprit :

— Et alors rien de ce que ce manuscrit contient ne sera jamais publié. Ce pli confirme une lettre personnelle adressée à mon directeur en chef, suivie d'une longue communication qui est destinée à être publiée dans le *Record*. Or, vous refuserez peut-être de me répondre. Si vous refusez, mon devoir envers mes chefs est de porter ceci aujourd'hui même à Londres, et de le laisser entre les mains de mon directeur pour qu'il s'en serve selon sa discrétion. Vous comprenez, je ne trouve pas que j'aurai le droit de supprimer ce manuscrit, simplement à cause d'une certaine possibilité qui s'est présentée à mon imagination. Mais si, d'après ce que vous me direz, et d'après ce que vous seule vous pouvez me dire, je comprends que cette possibilité imaginaire dont je parle peut prendre forme, alors en gentleman, et en homme qui veut votre bien, il ne me reste plus qu'une chose à faire : je ne ferai pas imprimer cette communication ; je refuserai à certains points de vue de prêter mon concours à la police. M'avez-vous suivi, jusqu'à présent ?

Il posa cette question d'une voix qui, malgré sa froideur étudiée, trahissait une certaine anxiété. Mais le pâle visage de la jeune femme ne laissa rien paraître. Elle le considérait dans une attitude presque figée, les mains jointes devant elle, les épaules bien redressées. Elle avait exactement la même expression que pendant l'enquête.

— Je vous comprends parfaitement, dit Mme Manderson à voix basse.

Elle respira longuement et reprit :

— Je ne sais pas ce que vous avez découvert de si terrible, ni ce que peut être la possibilité dont vous parlez. Mais vous avez agi avec bonté et très loyalement en venant me trouver ainsi. Et maintenant, dites-moi tout, s'il vous plaît.

— Cela est impossible, dit Trent. Le secret appartient à mon journal, s'il n'est pas le vôtre. Si je découvre qu'il est le vôtre, alors je vous laisserai ce manuscrit. Vous pourrez le lire, et ensuite le détruire. Croyez-moi ! s'écria-t-il avec un léger retour de son ancienne fougue, j'ai horreur de tous ces mystères, — mais ce n'est pas moi qui ai conçu ce mystère-là. Cette heure-ci est la plus pénible que j'aie jamais vécue. Vous me rendez mon devoir d'autant plus dur, en ne me traitant pas comme un goujat !

Puis il reprit avec effort son ton froid et indifférent.

— Voici ce que je vous demande de me dire d'abord. Est-il vrai, ainsi que vous l'avez affirmé pendant l'enquête, que vous ignorez absolument pourquoi votre mari avait changé d'attitude envers vous — pourquoi il était devenu réservé et méfiant pendant les derniers mois de sa vie ?

Mme Manderson se leva précipitamment. Ses sourcils sombres se froncèrent, et ses yeux brillèrent plus fort. Trent se leva en même temps, et reprit l'enveloppe posée sur la table. Son attitude disait qu'il comprenait que cette entrevue était finie.

Mais Mme Manderson leva la main, et ce fut en rougissant et en respirant très vite qu'elle demanda:

— Vous rendez-vous compte de ce que vous avez dit, Monsieur Trent ? Vous me demandez si je ne suis pas une parjure ?

— Précisément, répondit-il flegmatiquement.

Et après un silence il ajouta :

— Je vous ai prévenue que je vous parlerais sans respecter les conventions de l'usage et de la politesse, Madame Manderson. Et la théorie qui prétend qu'un honnête homme, après avoir prêté serment, ne saurait cacher une partie de la vérité dans n'importe quelles circonstances, est sûrement une convention de politesse.

Il attendit qu'elle le congédiât. Mais elle demeura silencieuse. Elle se dirigea vers la fenêtre, et lui, fort malheureux, regardait les légers mouvements qui agitaient les épaules de Mme Manderson. Enfin elle s'apaisa, et elle se mit à parler fort distinctement, mais le visage toujours détourné, le regard fixé sur le paysage triste et pluvieux.

— Monsieur Trent, dit-elle, vous m'inspirez confiance, et je sens que les choses dont je ne désire pas qu'on parle, ou que je ne désire pas qu'on sache, je puis vous les confier sans crainte. Et je sais que vous devez avoir une raison très sérieuse d'agir ainsi, bien que je ne devine pas quelle peut être cette raison. Je présume que cela faciliterait le cours de la justice si je vous disais la vérité à propos de ce que vous m'avez demandé. Pour comprendre cette vérité, il faut que vous sachiez ce qui l'a précédée ; je veux parler de mon mariage. Après tout, il y a bien des personnes qui vous diraient tout aussi bien que moi que ce n'était pas une union très heureuse. Je n'avais que vingt ans. J'admirais en mon mari sa force, son courage et son assurance ;

c'était le seul homme fort que j'avais rencontré
jusque-là. Mais bientôt je découvris qu'il aimait ses
affaires plus qu'il ne m'aimait, et je me rendis encore
plus vite compte que je m'étais déçue volontairement, que je m'étais promis des choses impossibles,
que je me méprenais sciemment sur mes propres
sentiments, parce que j'étais éblouie par l'idée que
je possédais plus d'argent à dépenser qu'une jeune
fille anglaise n'en rêve jamais. Il y a cinq ans que je
me méprise à cause de cela. Quant au sentiment que
mon mari éprouvait pour moi... Eh bien, je ne puis
en parler. Ce que je veux dire, c'est qu'à ce sentiment, il s'était toujours ajouté la croyance que
j'étais de l'espèce de femmes qui aiment à occuper
une place importante dans la société, et que je
participerais avec joie à la vie mondaine. Il croyait
que je deviendrais une personnalité dans les salons,
et que je lui ferais honneur. Voilà ce qu'il voulait,
et il le voulait encore même lorsqu'il se fut aperçu
qu'il s'était trompé. Je faisais partie de son ambition. Ce fut pour lui une amère déception. Je crois
qu'au fond il était trop fin pour ne pas se rendre
compte, en son for intérieur, qu'un homme comme
lui, de vingt ans mon aîné, ayant d'immenses
responsabilités financières qui occupaient chacune
des heures de sa vie, et qui n'aimait rien d'autre,
risquait d'être très malheureux en épousant l'enfant que j'étais, élevée dans l'amour de la musique
et de la littérature, toute férue d'idées très peu
pratiques, et habituée à s'amuser à sa façon. Mais
il avait vraiment compté trouver en moi une femme
capable de faire les honneurs de sa situation dans
le monde. Mais moi, je compris vite que jamais je
ne saurais faire cela.

Tout en parlant, Mme Manderson s'était animée.
Jamais Trent ne l'avait vue aussi émue. Ses paroles

venaient facilement, et sa voix vibrait et prenait des intonations qui avaient sans doute été assourdies, se disait Trent, par les émotions des derniers jours. Elle se détourna rapidement de la fenêtre, et lui fit face ; sa belle figure s'était animée, ses yeux brillaient, ses mains esquissaient de légers gestes, comme elle s'abandonnait à la joie de donner libre expression à ses sentiments longtemps réprimés.

— Et les gens, dit-elle. Oh ! ces gens ! Vous imaginez-vous ce que cela peut être que de vivre parmi ces gens, pour quelqu'un qui a toujours connu un milieu où l'on travaillait sans cesse à créer, où l'amour du travail s'environne toujours de dignité ? Les gens que j'avais l'habitude de voir étaient des hommes et des femmes qui travaillaient, soit à une profession libérale, soit aux arts, et qui s'acharnaient à la poursuite d'un idéal auquel ils croyaient et qu'ils défendaient ; certains étaient riches et d'autres pauvres. Et vous imaginez-vous ce que cela veut dire de quitter ce monde-là, pour entrer dans un autre monde où, pour exister un peu, il faut être riche, effroyablement riche, — où rien ne compte, sauf l'argent, où les hommes qui accumulent des millions sont si harassés par ce travail, qu'ils ne peuvent rien faire d'autre pendant leurs loisirs que du sport, et où les hommes qui ne travaillent pas sont encore plus abrutis que les autres, car ils sont vicieux par-dessus le marché. Les femmes de ce milieu-là ne vivent que pour la parade, pour de sots plaisirs et de sottes immoralités. Comprenez-vous ce que peut être une vie pareille ? Bien entendu, je sais qu'il se trouve beaucoup de gens de goût et de talent dans ce milieu, mais ils sont engloutis par les autres, ou bien ils se gâtent. Tout ça est vide, si vide ! Sans doute, j'exagère un peu, car je me suis fait pourtant quelques amis dans ce milieu-là, et j'y ai connu des moments heureux. Mais voilà, au fond, ce que j'en pense ! Et comme je détestais les « saisons » à New-York et à Londres ! Et la vie de château, les croisières sur le yacht, et tout le reste, toujours avec les mêmes gens ! — le même vide !

« Vous comprenez, n'est-ce pas, que mon mari ne pouvait pas soupçonner cela. Sa vie, à lui, n'était jamais vide. Il ne vivait pas continuellement dans le monde et, lorsqu'il y allait, son esprit était encore occupé par ses projets d'affaires et par des difficultés à résoudre. Il ne soupçonnait pas ce que je ressentais, et je ne le lui ai jamais laissé savoir. Je n'aurais pas pu le faire, car cela n'aurait pas été juste. Je lui devais bien quelque chose pour me justifier d'être sa femme, et de partager sa position et sa fortune. Et la seule chose que j'ai pu faire, c'était d'essayer, et d'essayer encore, de devenir ce qu'il voulait, une pure mondaine. Et j'ai essayé... Et tous les ans cela devenait plus dur ! Je n'ai jamais été ce qu'on appelle une maîtresse de maison populaire. Comment l'aurais-je été ! Mais j'essayais toujours. De temps à autre je volais des vacances. Et il me semblait que je ne remplissais pas ma partie du contrat quand j'emmenais une de mes anciennes amies de pension, trop pauvre pour voyager, passer un mois ou deux en Italie. Nous y allions toutes les deux seules, à peu de frais, et nous étions très heureuses. Et puis, une autre fois, j'allai passer quelque temps à Londres chez des amis qui m'avaient connue depuis ma naissance ; et j'y ai mené ma vie d'autrefois, quand on réfléchissait deux fois avant de se payer des places de théâtre, et quand on se donnait les adresses de petites couturières « pas cher ». Ces expéditions et d'autres du même genre furent les moments les plus heureux de ma vie de femme mariée, et elles m'aidèrent à supporter le reste du temps. Mais je devinais que mon mari aurait détesté savoir combien je jouissais de chacune des heures où je retrouvais ma vie d'autrefois.

« Enfin, un jour, malgré tout, il devina. Et je crois qu'une fois que son attention s'était portée sur un trait de caractère, il savait deviner même les mobiles les plus secrets. Il s'était toujours rendu à peu près compte que je ne remplissais pas l'idée qu'il s'était faite de moi, et sans doute croyait-il que c'était plutôt mon malheur que ma faute. Mais dès l'instant où il commença à deviner, malgré toute mon hypocrisie, que je ne jouais pas mon rôle avec entrain, il devina tout. Il comprit combien je haïssais le luxe et les masses d'argent, simplement à cause des gens qui vivaient parmi eux et qui étaient formés par ce luxe et cet argent.... La crise se produisit l'année dernière. Je ne me rappelle pas au juste ni où ni comment. Peut-être une femme le mit-elle sur la piste, car toutes les femmes me comprenaient, bien entendu. Mon mari ne me dit rien, et, au début je crois qu'il a essayé de ne pas changer d'attitude envers moi. Mais ces désaccords font du mal et nous nous en ressentîmes tous les deux. Je savais qu'il savait. Rapidement nous en étions arrivés à ne plus nous témoigner que de la politesse et de la prévenance. Avant qu'il ait découvert la vérité, nous étions tous les deux sur un pied de — comment dirais-je ? — d'amitié intelligente, si vous voulez. Nous parlions sans contrainte de beaucoup de sujets à propos desquels nous pouvions être, soit d'accord, soit en désaccord, sans que cela eût beaucoup d'importance... Me comprenez-vous ? Et puis ce fut fini. Je sentis se dérober sous mes pas la seule base sur laquelle nous pouvions vivre ensemble... Et enfin, cela même disparut aussi...

« Les choses en étaient arrivées à ce point plu-.ieurs mois avant sa mort, acheva la jeune femme simplement. »

Elle se laissa tomber dans un coin du sofa placé près de la fenêtre, comme si son corps se détendait après un grand effort. Pendant quelques instants, ils demeurèrent tous les deux silencieux. Trent essaya de classer rapidement une quantité d'impressions confuses. Il était profondément surpris par la franchise du récit de Mme Manderson. Et il était étonné par la force de caractère qu'elle y avait montrée. Dans cette créature brillante, emportée par le besoin de parler, et qui parlait avec tout elle-même, il vit la vraie femme dans son humeur active, comme il avait aperçu par hasard la vraie femme dans son humeur rêveuse et émue. Et elle ressemblait peu sous l'un et l'autre aspect à la créature majestueuse, pâle et volontairement réservée, qu'elle s'était montrée au monde. Et à l'étonnement de Trent venait s'ajouter presque la terreur de sa beauté brune, qui atteignait avec l'émotion un éclat presque surhumain. Un flot d'idées confuses se précipitèrent incongrûment dans son cerveau : elle était unique, non seulement à cause de sa beauté, mais parce que cette beauté s'unissait à une nature forte ; en Angleterre, toutes les très belles femmes sont placides, et toutes les femmes « vives » semblent avoir brûlé la meilleure partie de leur beauté. Voilà pourquoi jusqu'ici aucune femme n'avait exercé un pareil charme sur lui. Lorsqu'il ne s'était agi que de l'esprit, chez une femme, il avait toujours préféré la flamme la plus vive à la flamme la plus terne, sans prêter grande attention à la lampe.

— Tout cela est fort discutable, lui disait sa raison.

Et son instinct répondait :

— Oui, tout est discutable, sauf une chose : c'est que je suis ensorcelé.

Et un instinct encore plus profond lui conseillait :

— Écarte cet ensorcellement !

Trent s'efforça de songer au récit de Mme Manderson, et il se rendit compte qu'une certitude irrésistible grandissait en lui.

— Il me semble que je vous ai amenée à me dire plus que vous ne vouliez, ou même plus que je désirais savoir, dit-il lentement. Mais il y a encore une question brutale qui est le nœud de toute mon enquête.

Il se redressa comme celui qui se prépare à plonger dans l'eau glacée.

— Mme Manderson, m'affirmerez-vous que le changement qui s'est opéré dans la manière d'être de votre mari, à votre égard, n'a rien eu à voir avec la personne de John Marlowe ?

Alors il arriva précisément ce que Trent redoutait.

Mme Manderson poussa un cri d'angoisse, le visage bouleversé, les mains ouvertes tendues en avant comme pour implorer la pitié. Puis elle cacha sa figure brûlante dans ses deux mains, et elle se rejeta parmi les coussins. Et Trent ne vit plus que les lourdes masses de ses cheveux noirs, son corps secoué par des sanglots qui lui déchirèrent le cœur, et un petit pied retourné, sans grâce, dans un complet abandon de désespoir. Elle s'était écroulée, pleurant éperdument.

Trent se leva ; son visage était fort pâle, mais calme. Avec une minutie scrupuleuse, il plaça l'enveloppe qu'il tenait à la main, exactement au milieu de la petite table en bois poli. Il alla jusqu'à la porte, et sortit en la refermant avec soin. Quelques instants plus tard, il s'éloignait rapidement des White Gables à travers la pluie. Il ne savait où il allait ; il ne voyait rien. Son âme était encore toute tremblante de l'immense effort qu'il avait fait pour refouler le violent désir qui l'avait saisi devant la honte de la jeune femme. Un moment, il avait voulu se traîner à ses pieds, la supplier de le pardonner, lui dire des mots, — il ne savait pas lesquels, — mais des mots qui allaient échapper à ses lèvres. Pendant un instant, il avait voulu fouler aux pieds à tout jamais le respect qu'il avait de lui-même, en se laissant parler d'amour à une femme dont le mari n'était pas encore enterré, à une femme qui en aimait un autre.

Et c'était le charme de ces pleurs qui avait éveillé dans le cœur de Trent ce sentiment qu'il était de son devoir d'étouffer.

CHAPITRE XI

Mon cher Molloy,

Je vous écris pour le cas où je ne vous trouverais pas à votre bureau. J'ai découvert qui a tué Manderson. Cette dépêche vous le prouvera. C'est à vous de décider l'usage que vous ferez de ce récit. J'accuse nettement une personne encore insoupçonnée d'avoir participé au crime, et même d'être l'assassin. Donc, je ne suppose pas que vous publierez ceci avant son arrestation, et je crois qu'il est illégal de s'en servir après son inculpation, jusqu'à ce qu'il ait été jugé et prouvé coupable. Mais, il nous sera peut-être possible de faire un autre usage des faits que je vous ai communiqués. Cela vous regarde. En attendant, voulez-vous entrer en communication avec Scotland Yard, et leur montrer ce que je vous ai écrit. Je ne veux plus rien avoir à faire avec le mystère Manderson, et je regrette bien m'en être jamais mêlé. Voici mon secret. P. T.

Marlstone, ce 16 juin.

Je commence cette troisième lettre sur l'assassinat de Manderson avec des sentiments contradictoires. Je ressens un profond soulagement, parce que dans mes deux lettres précédentes je fus obligé, dans l'intérêt de la justice, de ne pas parler de certains faits que j'avais constatés, et qui, si on les avait publiés alors, eussent mis une certaine personne sur ses gardes, et l'eussent peut-être engagée à fuir. Car c'est un homme qui possède plus que la bravoure et les ressources ordinaires. Je vais maintenant révéler ces faits. Mais j'avoue que je n'aime guère l'histoire de trahison que j'ai à raconter. Cela laisse comme un mauvais goût dans la bouche, — comme l'arome de quelque chose de révoltant dans la profonde énigme du mobile qui soutient l'énigme du crime lui-même et que je crois que j'ai résolu.

On se rappellera que dans ma première dépêche j'ai décrit la situation telle que je l'avais trouvée en arrivant ici, mardi matin de très bonne heure. J'ai dit dans quelles circonstances et dans quel état on a découvert le cadavre ; j'ai décrit longuement le mystère qui entourait le crime, et j'ai même rapporté quelles étaient à ce sujet les théories locales. J'ai raconté quel était l'entourage domestique du mort, et j'ai donné une description détaillée de ses faits et gestes pendant la soirée qui précéda sa mort. J'ai même fait allusion à un fait qui a pu sembler étranger à la question : j'ai dit qu'une quantité de whisky, beaucoup plus grande que la dose que Manderson prenait habituellement le soir avant de se coucher, avait disparu du flacon destiné à son usage personnel, depuis la dernière fois où il avait été vu vivant.

Le lendemain, le jour de l'enquête, je n'ai guère télégraphié au *Record* qu'un simple résumé de ce qui s'était passé chez le procureur du roi, dont un rapport verbal me fut fourni par les autres représentants du *Record*. Or, ce jour-là n'est pas encore fini, et j'écris ces lignes. J'ai terminé une enquête qui m'a conduit directement à l'homme qui va devoir se justifier de l'assassinat de Manderson.

Sans compter le principal fait mystérieux de cette affaire, c'est-à-dire que Manderson s'était levé bien avant son heure habituelle pour aller à la mort, il y avait deux autres points étranges, qui ont sans doute frappé tout le monde. Ces deux points m'apparaissent très clairs, depuis le commencement.

D'abord, bien que le corps ait été découvert à moins de trente mètres de la maison, tous les habitants des White Gables ont affirmé n'avoir entendu ni un cri, ni un bruit quelconque. Manderson n'avait pas été bâillonné, les égratignures sur les poignets montraient qu'il avait dû soutenir une lutte contre ses assaillants, et puis, on avait tiré au moins un coup de revolver. Je dis au moins *un*, car il est reconnu que dans les crimes commis avec les armes à feu, et surtout s'il y a eu lutte, le meurtrier manque au moins une fois sa victime. Ce fait étrange me parut plus étrange encore, lorsque j'appris que le domestique Martin dormait fort mal, qu'il avait l'ouïe très fine, et que sa chambre à coucher, dont la fenêtre était restée ouverte, faisait presque face à la hutte près de laquelle on trouva le cadavre.

Le deuxième fait qui me sembla très bizarre était que Manderson avait oublié son râtelier près de son lit. Il se serait donc levé, habillé avec soin, en mettant même sa cravate, sa montre et sa chaîne, et il serait sorti en oubliant son râtelier qu'il portait tous les jours depuis des années, et qui soutenait toutes les dents visibles de la mâchoire supérieure. Il n'avait évidemment pas été extrêmement pressé, et même s'il l'avait été, il aurait sûrement oublié autre chose que son râtelier ! Tous ceux qui portent des fausses dents seront d'avis, avec moi, que cela devient une habitude de seconde nature de les mettre en place dès que l'on se lève le matin. Tout dépend du râtelier, — la possibilité de parler, de manger, sans compter les apparences.

Cependant, sur le moment, ni l'un ni l'autre de ces curieux petits détails ne parurent mener à grand'chose. Ils éveillèrent seulement un soupçon, — le soupçon de quelque chose se dissimulant dans l'ombre, et prêtant encore plus de mystère au problème déjà si mystérieux : comment, où et par qui Manderson avait-il été frappé ?

Après ce préambule, j'arrive immédiatement à la découverte qui, dès les premières heures de mon enquête, me mit directement sur la piste que l'on avait déployé tant d'ingéniosité à dissimuler.

J'ai déjà décrit la chambre à coucher de Manderson, la simplicité rigoureuse de son ameublement, qui s'opposait si étrangement à la quantité de souliers et de vêtements qui s'y trouvaient. J'ai dit aussi comment cette pièce communiquait avec la chambre de Mme Manderson. Sur la plus élevée des deux planches sur lesquelles étaient rangés les souliers, je trouvai, là où l'on m'avait dit que je les trouverais, une paire de souliers vernis que Manderson avait portés pendant la soirée qui précéda sa mort. J'ai jeté un coup d'œil sur tous ces souliers alignés, sans penser qu'ils pourraient me fournir une piste, mais simplement parce que je me connais assez bien en souliers, et que toutes les paires que je voyais devant moi étaient très finement faites. Cependant, presque tout de suite, mon attention fut attirée par une légère particularité dans cette paire de souliers vernis. Ils étaient très légers, de vraies chaussures de soirée, à lacets, à semelles très minces, et très bien faits, comme les autres. Ces souliers avaient été très souvent portés, et ils étaient fort usés. Mais comme ils étaient soigneusement entretenus, et tendus, comme tous les autres, sur des formes, ils avaient encore assez d'allure. Mais mon regard fut attiré par une légère déchirure dans le cuir, dans l'empeigne, une déchirure faite précisément à l'endroit où les deux tiges à lacets partent de la claque. C'est à cet endroit que se produit l'effort lorsqu'un soulier étroit de ce genre-là est forcé sur le pied, et on le protège donc en général par de forts points de couture au bout de l'ouverture. Or, dans les deux souliers que j'examinai, cette couture s'était rompue, et, au-dessous, le cuir était fendu. La fente était presque imperceptible, et comme les deux bords déchirés s'étaient rapprochés dès qu'ils n'avaient plus été soumis à la tension, personne, sauf un connaisseur en matière de chaussures, n'aurait remarqué cette particularité. Et, chose encore moins frappante, ou plutôt invisible pour quiconque ne le cherchait pas, les points rattachant la claque à la semelle étaient tendus légèrement. Et, au bout et sur le côté extérieur de chacun des souliers, je remarquai que les points de couture avaient été tirés si violemment que cela était visible en examinant minutieusement le joint. Tout cela indiquait clairement que ces souliers avaient été forcés par quelqu'un pour lesquels ils étaient beaucoup trop petits.

Or, il était évident, en regardant tous les autres souliers alignés, que Manderson était toujours fort bien chaussé, et qu'il devait prendre grand soin et avait une certaine vanité de ses petits pieds. Je m'assurai qu'aucun des autres souliers n'avait de marques semblables ; ils n'appartenaient certainement pas à un homme qui aurait porté une pointure trop petite. Donc, ces souliers avaient été portés tout récemment par un autre que Manderson, car les bords des déchirures étaient encore absolument frais.

Je ne supposai pas que quelqu'un eût porté ces souliers depuis la mort de Manderson. On n'avait découvert son cadavre que depuis vingt-six heures au moment où j'examinai les souliers. D'ailleurs, pourquoi les aurait-on portés? Il fallait aussi écarter l'hypothèse que quelqu'un eût emprunté et abîmé ces souliers du vivant de Manderson. D'ailleurs, les seuls hommes habitant aux White Gables étaient Martin et les deux secrétaires. Mais j'avoue que je n'ai même pas accordé à ces possibilités la considération qu'elles méritaient, car déjà mon imagination m'entraînait et, lorsqu'elle prenait ainsi le mors aux dents, je me suis toujours bien trouvé de lui lâcher tout à fait la bride. Depuis ma descente du train je m'étais en quelque sorte imprégné de tous les détails de l'affaire Manderson. Pas une seconde je n'avais pensé à autre chose. Et, tout à coup, le moment était arrivé où le démon s'éveille et se met à rugir.

Laissez-moi m'exprimer d'une façon moins fantaisiste. Après tout, c'est un détail psychologique bien connu de tous ceux que la carrière ou leur goût met aux prises avec des affaires difficiles de n'importe quel genre.

Lorsque dans un système de circonstances déconcertantes, la chance ou l'effort vous a mis en possession du fait qui est la clef de ce système, les idées se groupent spontanément et de façon toute nouvelle autour de ce fait, et sont ainsi presque ordonnées définitivement, avant qu'on ait saisi toute la signification du fait lui-même. Donc, au moment dont je parle, à peine mon cerveau avait-il formulé la pensée : « Quelqu'un qui n'était pas Manderson a porté ces chaussures », que surgit à mon esprit une foule d'idées, toutes du même caractère, et reposant toutes sur cette nouvelle conception.

Il était sans précédent que Manderson ait bu une pareille quantité de whisky, le soir. Cela n'était guère comme lui d'être dans l'état débraillé où on l'avait trouvé après sa mort, — les manchettes remontées dans les manches, les chaussures mal lacées ; il était fort surprenant qu'il n'eût pas fait sa toilette, en se levant, et qu'il eût revêtu la chemise et le caleçon qu'il avait portés le jour précédent. Et puis, il était bien étrange qu'il eût glissé sa montre dans une autre poche de son gilet que celle destinée à cet usage et qui était doublée de chamois. J'ai noté tous ces points dans ma première missive, mais moi, pas plus qu'un autre, je ne leur attribuais encore aucun sens au moment où l'on examina le cadavre. Il était curieux, vu les relations conjugales de Manderson et de sa femme, qu'il lui eût tant parlé de ses faits et gestes, surtout au moment de se coucher, alors qu'il était bien rare qu'il lui adressât la parole. Et puis, il était extraordinaire que Manderson eût quitté sa chambre sans son râtelier.

Donc, comme je l'ai déjà dit, toutes ces pensées affluèrent à mon esprit en même temps, ramenant des différents coins de ma mémoire tout ce que j'avais observé et recueilli pendant la matinée. Elles s'y présentèrent en bien moins de temps qu'il n'en faut pour le dire, pendant que je retournais les souliers, et que je confirmais ma certitude sur le point principal. Et cependant, lorsque je confrontai l'idée définie qui, tout à coup, s'était dressée devant moi, — « Ce n'est pas Manderson qui était dans la maison dimanche soir » — cela me parut, de prime abord, suprêmement absurde. C'était certainement Manderson qui avait dîné chez lui, et qui était sorti en auto avec Marlowe, car on l'avait vu de près. Mais était-ce lui qui était revenu à dix heures ? Cette question semblait aussi assez absurde. Pourtant, je ne pouvais l'écarter. J'eus l'impression qu'une lumière très faible se faisait sur toute l'étendue de mon esprit, et que bientôt le soleil se lèverait. Je me mis à examiner, un à un, les points qui m'étaient apparus, de façon à déterminer, si possible, pourquoi un homme se faisant passer pour Manderson eût fait ces choses que Manderson n'aurait certainement pas faites.

Je n'eus pas besoin de beaucoup de réflexion pour deviner le mobile auquel l'homme avait obéi en faisant entrer de force ses pieds dans les souliers de Manderson. La police sait procéder fort habilement à l'examen de l'empreinte des pas. Mais non seulement cet homme désirait ne laisser aucune empreinte à lui, mais il voulait, s'il en laissait, qu'elles fussent celles des pieds de Manderson. Si je devinais bien, tout son plan consistait à faire croire que Manderson se trouvait dans la maison, cette nuit. De plus, il ne se contenta pas de laisser ces empreintes, il laissa les souliers eux-mêmes, car la bonne les trouva le lendemain, devant la porte, comme Manderson avait l'habitude de les placer. Elle les cira, et les replaça sur la planche, plus tard dans la matinée, après la découverte du cadavre.

Quand je me mis à réfléchir à ce nouveau point de vue, l'oubli du râtelier, je devinai immédiatement l'explication de ce qui avait été le point le plus absurde de l'affaire. Un râtelier n'est pas inséparable de son propriétaire. Si je devinais juste, l'inconnu avait rapporté à la maison la dentition de Manderson, et l'avait placée dans la chambre à coucher, pour la même raison qu'il y avait laissé les souliers ; il voulait qu'il fût impossible qu'on doutât que Manderson était rentré chez lui et s'était couché. Ceci naturellement me conduisit à déduire que *Manderson était mort avant le moment où le faux Manderson revint aux White Gables.* Et d'autres points vinrent confirmer cette hypothèse.

Prenons d'abord les vêtements, vers lesquels je me tournai en passant en revue la situation. Si je ne me trompais pas, l'inconnu, chaussé des souliers de Manderson, avait certainement eu entre les mains les pantalons, le gilet et le veston de chasse de Manderson. Tous ces habits se trouvaient devant mes yeux dans la chambre à coucher. Et puis, Martin avait vu le veston de chasse, — que personne n'aurait pu confondre, — sur le dos de l'homme assis devant le téléphone dans la bibliothèque. Il était donc bien évident que ce vêtement jouait un rôle essentiel dans le plan de l'inconnu. Il savait que, dès le premier coup d'œil, Martin le prendrait pour Manderson.

Ici, mes réflexions furent interrompues par la vision soudaine d'une chose qui m'avait échappé jusque-là. Si puissante était l'influence de la supposition indiscutée que c'était bien Manderson qui était rentré cette nuit-là, qu'à ma connaissance ni moi ni personne d'autre n'avions noté ce point. Martin n'avait pas vu le visage de l'homme, ni Mme Manderson, suivant sa déposition à l'enquête, dont j'eus un rapport détaillé, grâce aux sténographes du *Record* qui assistaient aux délibérations. Mme Manderson n'avait pas vu l'homme du tout. Cela lui était à peu près impossible, comme je vais le montrer. Elle lui avait simplement dit quelques mots, tandis qu'elle était à moitié endormie, résumant une conversation qu'elle avait eue environ une heure auparavant avec son mari vivant. Je me rends compte que Martin n'avait vu que le dos de l'homme penché vers le téléphone, imitant sans doute ainsi une pose caractéristique de Manderson. Et l'homme portait un chapeau, — le feutre de Manderson aux larges bords ! Le cou et le derrière d'un crâne sont bien trop reconnaissables. En somme, l'inconnu, s'il était simplement à peu près de la même taille et de la même carrure que Manderson, n'avait pas besoin d'autres déguisements que le veston, le chapeau et ses dons de mimique.

Je m'arrêtai un instant pour admirer le sang-froid et l'ingéniosité de cet homme. Je me rendis compte combien l'affaire avait dû être simple et aisée, pourvu que sa mimique soit suffisamment bonne, et que ses nerfs ne se dérobent pas. Ces deux points acquis, seul un accident absolument improbable aurait pu le démasquer.

Revenons à la façon dont je débrouillai l'affaire, assis dans la chambre à coucher du mort, les souliers révélateurs posés devant moi. Toute personne ayant suivi mon récit aura déjà compris pourquoi l'inconnu préféra entrer par la fenêtre de la bibliothèque que par la porte d'entrée. S'il eût ouvert la porte d'entrée, l'homme aurait certainement été entendu par Martin assis dans l'office, du côté opposé de l'antichambre. Il l'aurait peut-être rencontré nez à nez.

Et puis, il y avait le problème du whisky. Je n'y avais pas attaché grande importance, car le whisky disparaît souvent de la façon la plus mystérieuse

du monde dans une maison de neuf ou dix personnes ! Cependant, il était étrange qu'il eût disparu précisément ce dimanche soir ! Martin en
avait été visiblement abasourdi. Maintenant, il
m'apparaissait très clairement qu'un homme qui
venait d'être mêlé, comme notre inconnu, à une
affaire sinistre, qui avait dévêtu un cadavre, et
qui avait encore à jouer une partie désespérée, se
fût retourné vers ce flacon de whisky comme vers
un ami. Il en but sans doute avant de sonner
Martin. Et, probablement, après avoir réussi dans
son jeu cette « levée », il dut boire encore un coup.

Mais il sut s'arrêter à temps. Il avait encore à
réussir la partie la plus périlleuse de son entreprise : il devait encore, — ce qui était évidemment
pour lui d'une importance capitale, — s'enfermer
dans la chambre de Manderson, et y établir
nombre de preuves irréfutables que cette chambre
avait été occupée par Manderson lui-même, et
tout cela avec le risque, sans doute fort léger,
mais bien troublant, que la femme dormant de
l'autre côté de la porte entr'ouverte s'éveillât tout
à coup, et le découvrît ! Il est vrai que s'il prenait
soin de se tenir hors du rayon visuel très limité
de la femme dans son lit, elle ne pourrait le voir
que si elle se levait et venait à la porte. Je me
suis assuré qu'une personne couchée sur le lit de
Mme Manderson, qui était placé la tête contre le
mur, un peu au delà de la porte, ne pouvait voir
quoi que ce soit de la pièce d'à côté, sauf un des
placards placés près de la tête du lit de Manderson.
De plus, l'inconnu était vraisemblablement au
courant des usages de la maison. Il supposa donc
sans doute que Mme Manderson dormait. Puis, son
projet était encore facilité par la brouille qui existait entre mari et femme, et qu'ils essayaient de

dissimuler, en continuant, selon leur habitude, de coucher dans des chambres contiguës. Cependant, cette brouille était bien connue par toutes les personnes qui les fréquentaient. L'inconnu compta sans doute que même si Mme Manderson l'entendait, elle ne ferait pas autrement attention à la présence supposée de son mari.

Poursuivant ainsi mon hypothèse, je suivis l'inconnu jusqu'à la chambre à coucher, et je le vis prendre toutes ses dispositions. Et j'éprouvai moi-même une légère angoisse en pensant à l'horrible choc qu'il dut éprouver en entendant le son qu'il redoutait précisément le plus : la voix endormie de Mme Manderson lui parlant de la chambre à côté.

Mme Manderson ne se rappela pas exactement, lors de l'enquête, ce qu'elle dit au juste. Elle croit qu'elle demanda à son mari présumé s'il avait fait une bonne promenade dans l'auto. Et alors, que fait l'inconnu ? Ici, nous arrivons, je crois, à un fait de la plus haute importance ! Je me l'imagine debout, figé devant la toilette, écoutant les battements effrénés de son propre cœur. Non seulement il répond à la jeune femme avec la voix de Manderson, mais il lui fournit volontairement une explication. Il lui dit qu'il a soudainement pensé à envoyer Marlowe à Southampton en auto, pour lui rapporter des renseignements importants concernant un homme qui part le lendemain pour Paris par le bateau. Pourquoi ces détails de la part d'un homme qui, depuis longtemps, se montre fort réservé vis-à-vis de sa femme ? Pourquoi tous ces détails qui ne pouvaient guère l'intéresser ? *Pourquoi tous ces détails sur Marlowe ?*

Étant arrivé à ce point de mon histoire, je vais maintenant proposer les solutions d'autres problèmes. Peut-être entre dix heures, moment où partit l'auto, et onze heures, Manderson a-t-il été tué d'un coup de revolver, sans doute à une distance assez éloignée de la maison, puisque personne n'a entendu la détonation ; le cadavre fut ramené, déposé près de la hutte, et dévêtu de ses vêtements de dessus ; puis, vers onze heures environ, un homme qui n'était pas Manderson, mais qui portait les souliers, le chapeau et le veston de Manderson, pénétra dans la bibliothèque par la fenêtre donnant sur le jardin. Il transportait les pantalons noirs de Manderson, le gilet, le paletot d'auto, le râtelier enlevé de la bouche de Manderson, et l'arme avec laquelle celui-ci venait d'être tué. Il les dissimula, et sonna le domestique. Alors, il s'assit au téléphone, ayant soin de conserver son chapeau et de tourner le dos à la porte. Il resta au téléphone tout le temps que Martin était dans la chambre. Puis, montant à l'étage supérieur, il entra tranquillement dans la chambre de Marlowe, et plaça le revolver qui avait servi à commettre le crime, — le revolver de Marlowe, — dans l'écrin placé sur la cheminée. Il alla ensuite dans la chambre de Manderson, posa les souliers de Manderson devant la porte, remit le râtelier dans un bol tout près du lit, et choisit un complet, une paire de chaussures et une cravate parmi ceux qui se trouvaient dans la chambre à coucher.

Ici, j'interromps un instant mon récit des actions de l'inconnu, pour poser une question indispensable :

Qui était le faux Manderson ?

En revoyant ce que je savais, et ce que l'on pouvait avancer presque certainement, j'arrivai à établir les cinq propositions suivantes :

1° Il avait été intimement lié avec le mort. Il

n'avait commis aucune erreur en jouant son rôle devant Martin, ni en parlant à Mme Manderson.

2° Il ressemblait beaucoup à Manderson physiquement, surtout quant à la taille et à la carrure des épaules, ce qui détermine surtout le caractère d'une silhouette vue de dos et assise, lorsque la tête est dissimulée et que le corps est vêtu d'amples habits. Cependant, ses pieds étaient plus grands que ceux de Manderson, quoique pas beaucoup plus grands.

3° Il était fort habile comme mime et comme acteur ; peut-être avait-il à ce point de vue l'expérience personnelle.

4° Il était absolument au courant des habitudes de la maison Manderson.

5° Il lui était indispensable de faire croire que Manderson était vivant et dans son home jusque bien après minuit dimanche soir.

Voilà ce que j'admis comme certain. Mais je ne pouvais aller plus loin. C'était déjà beaucoup.

Maintenant je vais donner, par ordre correspondant aux paragraphes numérotés placés ci-dessus, certaines données concluantes au sujet de M. John Marlowe, que je tenais, soit de lui-même, soit d'autres sources.

1° Il était le secrétaire particulier de M. Manderson, avec lequel il était sur un pied de très grande intimité depuis presque quatre ans.

2° Ils étaient tous les deux de la même taille, ayant presque six pieds de haut. Ils étaient tous les deux puissamment bâtis et lourds d'épaules. Marlowe, qui était environ une vingtaine d'années plus jeune que Manderson, était plus mince de corps, quoique Manderson fût dans un état de santé et de vigueur remarquable. Les souliers de Marlowe, dont j'ai examiné plusieurs paires, étaient d'environ une pointure au-dessus de ceux que portait Manderson.

3° L'après-midi de la première journée de mon enquête, après être arrivé aux résultats dont j'ai déjà parlé, j'envoyai un télégramme rédigé dans ces termes à un de mes amis personnels, membre d'un des collèges de l'Université d'Oxford, dont je connaissais l'intérêt pour le théâtre :

« Prière me dire quelle fut la réputation de John Marlowe comme acteur amateur à Oxford, pendant dernière décade. Très urgent et confidentiel. »

Mon ami me répondit par le télégramme suivant, qui me parvint le lendemain matin, le matin de l'enquête :

« Marlowe fut pendant trois ans membre du club dramatique de l'Université d'Oxford et président de ce club en 19... Il a joué des rôles shakespeariens ; il excellait dans les rôles à caractère et dans les imitations. Il avait beaucoup de succès dans les fumisteries et fut le héros de certaines mystifications historiques. »

J'avais eu l'idée d'envoyer la dépêche qui me valut cette très utile réponse, en apercevant sur la cheminée de Marlowe une photographie le représentant avec deux de ses amis dans les costumes des trois suivants de Falstaff, avec une citation des *Joyeuses Commères de Windsor*. J'avais noté que la photographie portait le nom d'un photographe d'Oxford.

4° Pendant ses rapports avec Manderson, Marlowe avait partagé la vie de la famille. Personne d'autre, sauf les domestiques, n'avait les occasions dont il jouissait pour connaître tous les détails de la vie conjugale des Manderson.

5° Je me suis assuré, sans qu'un doute soit possible à ce sujet, que Marlowe est arrivé à son hôtel à Southampton vers 6 h. 30 le lundi matin. Il se mit à exécuter la commission que, suivant l'affirmation faite à Mme Manderson par le faux Manderson, son patron lui avait confiée. Puis il revint en auto à Marlstone, où il apprit avec ahurissement et horreur la nouvelle de l'assassinat.

Tels sont, dis-je, les faits concluants au sujet de Marlowe. Examinons maintenant le fait numéro 5, par rapport à la conclusion 5 relative au faux Manderson.

D'abord, je veux attirer l'attention sur un fait important. La seule personne qui a dit avoir entendu Manderson parler de Southampton, avant d'être parti en auto, c'est Marlowe. D'après son histoire, confirmée jusqu'à un certain point par ce qu'a entendu le domestique, le voyage à Southampton aurait été arrangé pendant une conversation privée qu'il eut avec Manderson avant leur départ. Il ne put me dire, lorsque je l'interrogeai, pourquoi Manderson déguisa ses intentions en alléguant une promenade au clair de lune, en compagnie de Marlowe. Cependant, ce fait n'attira pas l'attention. Marlowe avait un alibi incontestable par le fait de sa présence à Southampton, à 6 h. 30. Personne ne songea à le soupçonner d'un assassinat qui dut être commis après minuit et demi, heure à laquelle Martin, le domestique, s'était couché. Mais ce fut le Manderson qui revint de la randonnée au clair de lune, qui se donna la peine de parler de Southampton à deux personnes. Il alla même jusqu'à demander au téléphone un hôtel de Southampton, et poser à la personne qui lui répondit certaines questions qui confirmaient l'histoire de la commission de Marlowe.

C'est à quoi il était occupé lorsque Martin entra dans la bibliothèque.

Maintenant, étudions l'alibi. Si Manderson était dans la maison cette nuit-là, et s'il ne l'a quittée que quelque temps après minuit et demi, il était impossible que Marlowe se trouvât directement mêlé au crime. Il s'agit pour cela de se rappeler la distance séparant Marlstone de Southampton. S'il est parti de Marlstone en auto à l'heure à laquelle on présume qu'il l'a fait — c'est-à-dire entre dix heures et dix heures trente — avec un mot de Manderson, il aurait pu très facilement franchir cette distance dans ce laps de temps. Mais, il aurait été à peu près impossible pour l'auto, une quatre cylindres d'une force moyenne, d'arriver à Southampton à six heures et demie, à moins qu'elle ne soit partie de Marlstone à minuit au plus tard. Les automobilistes qui examineront la carte routière, et qui se livreront aux petits calculs indispensables, comme je le fis moi-même l'autre jour dans la bibliothèque de Manderson, seront d'accord que, d'après les faits tels qu'ils apparaissaient, il n'y avait absolument rien contre Marlowe.

Cependant, même si les faits étaient autres qu'ils apparaissaient tout d'abord ; si Manderson était mort à onze heures, et si vers cette heure Marlowe le personnifiait aux White Gables ; si Marlowe se retira dans la chambre à coucher de Manderson, comment tout ceci peut-il s'accorder avec son apparition, le lendemain matin, à Southampton ? *Il dut sortir de la maison sans être vu ni entendu, et partir en auto vers minuit.*

Et Martin, à l'oreille fine, attendit à l'office jusqu'à minuit et demi, la porte ouverte, guettant la sonnerie du téléphone. En somme, Martin montait la garde au bas de l'escalier, — du seul escalier qui menait à l'étage supérieur.

Cette difficulté nous amène à la dernière phase, et à la phase la plus passionnante de mon enquête. Ayant les faits précités bien présents à la mémoire, je passai le reste de la journée qui précéda l'enquête à parler à diverses personnes, et à revoir ma théorie, en éprouvant chacun de ses chaînons. Je ne trouvais qu'un point faible : l'attente de Martin qui dura jusqu'à minuit et demi. Mais comme on lui avait ordonné de ne pas se coucher avant cette heure, je compris que cela faisait certainement partie du plan général destiné à confirmer l'alibi de Marlowe. Je savais donc qu'il fallait en trouver l'explication. Faute de cette explication, ma théorie était sans valeur aucune. Il me fallait démontrer qu'à l'heure où Martin se coucha, l'homme qui s'était enfermé dans la chambre de Manderson était déjà, selon toutes les probabilités, à bien des kilomètres de Marlstone sur la route de Southampton.

D'ailleurs, j'avais déjà formé une assez bonne hypothèse que le lecteur de ces lignes à dû former aussi de son côté, si je me suis clairement expliqué sur la manière dont le faux Manderson avait dû combiner sa fuite avant minuit. Mais je ne désirais pas que l'on sût ce que j'avais l'intention de faire. Si, par hasard, on m'avait découvert au travail, je n'aurais plus pu cacher sur qui se portaient mes soupçons. Donc, je résolus de ne les mettre à l'épreuve que le lendemain, pendant les délibérations d'ouverture de l'enquête. Je savais qu'elle devait avoir lieu à l'hôtel, et je comptais

que les principaux habitants des White Gables
seraient absents et que je pourrais agir à ma
guise.

C'est ce qui arriva. Lorsque la cour fut en train
de délibérer à l'hôtel, j'étais à l'ouvrage aux
White Gables. J'avais un appareil photographique.
Je recherchai certaines indications d'après des
principes bien connus de la police, et dont elle se
sert souvent. Sans décrire mes recherches, je
dirai simplement que je découvris et photographiai
deux empreintes digitales tout à fait fraîches, très
grandes et très distinctes, sur la face polie du
tiroir supérieur, du côté droit de la commode,
meublant la chambre à coucher de Manderson ; je
trouvai aussi cinq autres empreintes, parmi
plusieurs autres faites par d'autres doigts, sur
les vitres de la porte-fenêtre de la chambre de
Mme Manderson : cette fenêtre, dissimulée par
un rideau, demeurait toujours ouverte la nuit. Je
relevai de plus trois autres empreintes sur le bol
en verre dans lequel était placé le râtelier de
Manderson.

J'emportai le bol dans ma chambre à l'hôtel,
ainsi que plusieurs objets que je choisis chez
Marlowe, comme devant porter les plus distinctes
des innombrables empreintes que l'on trouve
toujours sur des objets de toilette d'un usage
journalier. Je possédais déjà, sur deux feuillets
coupés dans mon propre agenda, d'excellentes
empreintes digitales de Marlowe, qu'il y avait
laissées devant moi, sans s'en rendre compte. Je
lui avais montré ces feuillets, en lui demandant
s'il les reconnaissait, et les quelques secondes
où il les tint entre les doigts suffirent à y laisser
des impressions, qu'il me fut ensuite possible de
renforcer.

Vers six heures du soir, deux heures après que le jury eut rendu son verdict contre un assassin inconnu, j'avais achevé mon travail. J'aurais pu affirmer que deux des cinq grandes empreintes laissées sur les vitres et les trois autres relevées sur le bol avaient été faites par la main gauche de Marlowe ; les trois autres marques sur la vitre et les deux sur la commode avaient été faites par sa main droite.

A huit heures, j'avais terminé chez M. H. T. Copper, photographe à Bishopsbridge, et avec son aide, une douzaine d'agrandissements photographiques des empreintes de Marlowe, qui prouvaient clairement l'identité existant entre celles qu'il avait faites inconsciemment devant moi, celles laissées sur certains objets de sa chambre à coucher et celles que j'avais relevées ainsi que je l'ai déjà dit. Donc, il était évident que Marlowe s'était trouvé récemment dans la chambre de Manderson, où il n'avait rien à faire d'ordinaire, et dans la chambre de Mme Manderson, où il avait encore moins à faire. J'espère que l'on pourra reproduire certaines de ces empreintes lorsque l'on publiera ce récit.

A cinq heures, j'étais rentré à l'hôtel et je commençai à écrire ce récit. Ma théorie était maintenant complète.

Je termine ces pages en faisant les quelques propositions suivantes :

La nuit de l'assassinat, celui qui personnifia Manderson, étant dans la chambre de ce dernier, dit à Mme Manderson — comme il l'avait déjà dit à Martin — que Marlowe était déjà en route pour Southampton. Alors, ayant pris toutes ses dispositions, il éteignit l'électricité et se coucha sur le lit, tout habillé. Il attendit jusqu'à ce qu'il fût sûr que Mme Manderson se fût rendormie. Puis, il traversa en chaussettes la chambre de Mme Manderson, portant sous le bras le paquet d'habits et les souliers qu'il destinait au cadavre. Il se dissimula derrière le rideau, ouvrit davantage la fenêtre avec ses mains, sauta par-dessus la balustrade de fer du balcon, et se laissa glisser jusqu'à ce qu'il ne fût plus qu'à quelques pieds de la pelouse.

Tout ceci aurait très bïen pu être accompli une demi-heure après qu'il pénétra dans la chambre à coucher de Manderson, c'est-à-dire, suivant Martin, vers onze heures et demie.

Vos lecteurs et les autorités compétentes s'imagineront facilement ce qui s'est passé alors. Le cadavre fut découvert le lendemain matin tout habillé, mais sans grand soin. Marlowe fit son entrée en auto à Southampton à six heures et demie.

Je termine ce manuscrit, assis dans mon salon, à l'hôtel de Marlstone. Il est quatre heures du matin. Je pars pour Londres par le train qui quitte Bishopsbridge à midi, et dès mon arrivée je vous remettrai ces pages. Je vous demande d'en communiquer le résumé au Bureau des Recherches.

PHILIPPE TRENT.

CHAPITRE XII

COMMENT ON FUIT L'AMOUR

TRENT s'était rendu à Munich, immédiatement après avoir déposé dans les bureaux du *Record* un récit qui terminait d'une façon très banale sur le *Mystère de Marlstone*. Et c'est de cette ville qu'il écrivit à Sir James Molloy :

« Je vous retourne le chèque que vous m'avez fait parvenir comme rémunération de mes recherches sur l'affaire Manderson. La copie que je vous ai envoyée ne valait pas un dixième de cette somme. Mais je n'aurais pas de scrupule à l'empocher si je ne m'étais pas mis en tête — qu'importe la raison — que cette affaire ne me rapporterait pas un penny. J'aimerais, — si vous n'y voyez pas d'objection, — que vous me payiez au tarif habituel, et que vous versiez l'argent à quelque œuvre de charité. Je suis venu à Munich pour voir de vieux amis et débrouiller mes idées, et je m'aperçois que mon idée dominante est que j'aimerais bien trouver un travail actif qui m'occuperait quelque temps. Je vois qu'il m'est tout à fait impossible de peindre : je ne saurais même pas peindre une grille. Voulez-vous m'engager comme correspondant et m'envoyer quelque part ? Si vous pouvez dénicher quelque bonne aventure à suivre, je vous enverrai des récits épatants !

Ensuite, je me rangerai et je me remettrai au travail ! »

Sir James lui envoya aussitôt par dépêche des instructions, le priant de se rendre immédiatement en Courlande et en Livonie, où le « citoyen Browning » faisait une fois de plus parler de lui, et où la révolte enflammait villes et campagnes. C'était une affaire qui nécessitait des déplacements continuels, et pendant deux mois Trent suivit sa chance, qui ne le servit pas moins bien qu'à l'ordinaire. Il fut le seul des correspondants étrangers qui assista à l'assassinat, en pleine rue, du général Dragilen par une jeune fille de dix-huit ans. Il vit des incendies, des lynchages, des fusillades, des pendaisons, et tous les jours il se dégoûtait un peu plus des néfastes conséquences d'un mauvais gouvernement. Souvent, il risqua sa vie avant de se coucher ; souvent, il jeûna. Pourtant il ne passait pas une matinée, ni une soirée, sans que son imagination lui fît voir le visage de la femme qu'il aimait en vain.

Et, devant la persistance de cette douce obsession, il se découvrit un orgueil malheureux. Son amour l'intéressait comme un phénomène et l'étonnait, et en même temps l'éclairait sur bien des côtés de son caractère. Jamais encore il n'avait rien éprouvé de pareil. Mais cette expérience nouvelle venait confirmer tant de choses qui, jusque-là, malgré son expérience des hommes, lui avaient paru douteuses !

Ce n'est pas qu'à trente-deux ans il ignorât absolument ce monde de l'émotion. Ce qu'il en savait lui était venu sans qu'il le cherchât, et il n'en gardait pas des souvenirs insupportables. Habitué aux réalités du sexe, il était pourtant encore troublé devant son impénétrable mystère.

Il traversait la vie en éprouvant un étrange respect pour la faiblesse des femmes, et une très simple terreur pour leur force. Il avait confiance qu'un côté de sa nature ne s'était pas encore manifesté, et que la voix qui le forcerait à se révéler se ferait entendre au moment voulu, sans qu'il eût besoin de l'appeler. Il n'avait pourtant pas prévu que cette révélation se produirait d'une façon presque tragique. Deux choses l'avaient pris absolument au dépourvu dans son sentiment pour Mabel Manderson : d'abord sa folle soudaineté, puis sa désespérante inutilité ! Avant qu'il l'éprouvât, il avait coutume de se moquer de l'obstination des sentiments non partagés, comme d'une généreuse illusion de jeunesse. Maintenant, il savait combien il s'était trompé, et il vivait amèrement en partageant l'illusion dont il s'était moqué.

Il revoyait toujours la jeune femme ainsi qu'il l'avait vue pour la première fois, esquissant le geste qu'il avait surpris au passage, sans être vu d'elle, sur le bord de la falaise. Ce grand geste de joie passionnée devant sa liberté nouvelle lui avait appris, plus clairement que des paroles, à quel point le veuvage délivrait Mabel d'un tourment. C'était ce geste aussi qui avait confirmé avec une force terrible, chez Trent, le soupçon que son veuvage lui donnait son droit au bonheur avec l'homme qu'elle aimait. Trent n'arrivait pas à se préciser l'instant exact où ce soupçon lui était d'abord venu à l'esprit. Il croyait que le germe en avait été jeté pendant sa première entrevue avec Marlowe. Il avait noté machinalement que la vigueur et la grâce du jeune homme, comme aussi ses traits et ses jolies manières, étaient capables de séduire toute femme dont les affections n'étaient point fixées. Et puis il avait dû inconsciemment rattacher ce fait à ce que M. Cupples lui avait dit de la vie conjugale de Manderson. Certainement cette idée était déjà bien formée en lui, lorsque, après avoir établi l'identité de l'assassin, il essaya de découvrir le mobile du crime. Le mobile ! Comme il avait cherché ardemment un mobile autre que celui qui se dressait devant lui ! Marlowe, obsédé par la passion comme lui-même, et peut-être au courant de tous les chagrins de cette femme, la débarrassait de celui qui la rendait malheureuse. Cependant, malgré toutes les recherches qu'il fit au moment même, et bien qu'il eût plus tard réfléchi de longues heures sur ce point, Trent n'arriva pas à découvrir ce qui aurait pu dicter à Marlowe une pareille action, — sauf cette tentation, dont il ne devinait pas la force mais qui, si elle exista, dut peser lourdement sur un esprit hardi chez qui tout scrupule était paralysé. Marlowe n'était ni fou ni mauvais. Mais cela ne suffisait pas à le disculper. Certes, se disait Trent, il n'est pas rare de voir un homme tuer par amour d'une femme ! Si, dans les classes aisées, la faiblesse du caractère moderne et le respect qu'inspire l'organisation de la police rendaient le crime passionnel plus rare, il n'est cependant pas impossible. Pour concevoir et accomplir un pareil acte, il fallait seulement un homme dont l'audace égale l'intelligence, et dont l'âme soit engourdie par les vapeurs d'une enivrante intrigue sentimentale.

Mille fois, le cœur rempli d'angoisse, Trent avait essayé de dissiper par le raisonnement la crainte qu'il éprouvait que Mabel Manderson fût au courant de l'attentat dirigé contre la vie de son mari. Il ne doutait pas qu'elle avait su toute la vérité une fois le crime accompli. Et l'évanouissement de celle-ci, lorsqu'il lui avait brutalement posé sa question au sujet de Marlowe, avait balayé son dernier espoir qu'il voulait garder qu'elle n'aimait pas le jeune homme. Il y avait bien eu aussi un peu la crainte d'être découverte. En tous les cas, elle avait su la vérité après avoir lu le manuscrit qu'il lui avait laissé, et il était certain que, depuis, Marlowe n'avait pas été publiquement soupçonné. Donc, Mme Manderson avait détruit le manuscrit ; elle avait eu confiance dans la parole de Trent de garder le secret qui menaçait la vie de son amant.

Mais ce qui hantait surtout l'esprit de Trent, c'était la pensée monstrueuse qu'elle avait peut-être connu le projet d'assassinat. Peut-être avait-elle soupçonné ou deviné quelque chose ? Était-ce concevable qu'elle eût connu le complot, qu'elle y eût pris part ? Trent n'oubliait pas que son premier soupçon sur le mobile de Marlowe lui était venu en constatant que le jeune homme s'était enfui par la chambre de Mme Manderson. A ce moment, Trent n'avait pas encore vu celle-ci, mais il s'était senti assez enclin à croire à sa culpabilité et à sa participation au forfait. Il se l'était représentée comme une hystérique passionnée, impitoyable dans sa haine comme dans son amour. Et peut-être même, avait-elle été l'instigatrice du crime.

Et puis il l'avait vue, il lui avait parlé, il l'avait secourue dans sa faiblesse. Et, depuis leur première rencontre, ses soupçons lui parurent infâmes. Il avait vu ses yeux, sa bouche ; il avait respiré l'atmosphère qui environnait la jeune femme. Et Trent était de ceux qui se flattaient de pouvoir discerner la véritable méchanceté de loin. En pré-

sence de Mme Manderson, il avait éprouvé, à part
lui, la certitude de sa bonté de cœur, et il n'était
pas incompatible avec cette bonté qu'elle se fût
abandonnée un instant, sur la falaise, au soulagement que lui apportait la fin de sa servitude. Il
croyait fermement que dans sa tristesse elle s'était
tournée vers Marlowe, mais il ne pensait plus
qu'elle avait eu connaissance du projet criminel
de celui-ci.

Et cependant, tous les matins et tous les soirs,
ces doutes atroces le tourmentaient ; il se rappelait que Marlowe avait fait tous ses préparatifs
dans la chambre de Manderson, presque en présence de Mabel, la porte des deux chambres étant
grande ouverte. Et puis, c'était par la fenêtre de
Mme Manderson que Marlowe s'était échappé !
Avait-il alors dédaigné toute habileté, et pris le
parti de tout confier à celle-ci ? Ou bien, comme
Trent le croyait plus probable, avait-il continué à
jouer son rôle, et avait-il escaladé le balcon pendant qu'elle dormait ? Trent ne croyait pas que
Mme Manderson eût été au courant du déguisement de Marlowe, au moment où elle déposa
devant le procureur du roi. Sa déposition sonnait
vrai, ou bien, et il ne pouvait pas ne plus penser
à ce problème, Mme Manderson s'était-elle couchée,
guettant dans la pièce voisine le bruit des pas
qui lui dirait que le forfait était accompli ?
Parmi toutes les infamies dont la nature humaine
se montre capable, était-il possible qu'il existât de
l'hypocrisie et de la cruauté sous des dehors si
doux et si honnêtes ?

Et, lorsque Trent était seul, ces pensées ne le
quittaient pas.

Trent servit donc Sir James, peinant durement

pour son salaire pendant six mois. Il retourna ensuite à Paris, où il se mit à l'ouvrage d'un meilleur cœur. Il avait retrouvé toutes ses facultés, et il se remettait à vivre, avec plus de plaisir qu'il n'aurait cru, au milieu d'une bande d'amis, fort bizarrement assortis : Français, Anglais, Américains, artistes, poètes, journalistes, policiers, soldats, avocats, hommes d'affaires et autres. Son naturel ouvert et sympathique lui valut, comme lorsqu'il était étudiant, certains privilèges dont les Anglais jouissent rarement. Il eut la faveur très rare d'être accueilli par une famille essentiellement française. Il fut admis à recevoir les graves confidences de jeunes gens aussi convaincus d'avoir surpris les secrets de l'art et de la vie, que l'avaient été, dix ans auparavant, les jeunes gens contemporains de Trent. La famille française était identique à celles qu'il avait connues autrefois. Il y revit jusqu'aux mêmes papiers et jusqu'aux mêmes meubles. Mais il s'aperçut avec regret que les jeunes gens différaient absolument de leurs prédécesseurs. Ils étaient beaucoup plus superficiels et légers et moins bien doués sous le rapport de la vraie intelligence. Les secrets qu'ils arrachaient à l'univers n'étaient pas des secrets aussi importants ni aussi intéressants que ceux que poursuivaient les jeunes de naguère.

Trent croyait à ce changement et le déplorait, lorsqu'un jour il se trouva, au restaurant, le voisin d'un homme trop bien nourri, en qui, malgré les ravages de la vie confortable, il reconnut un des jeunes gens de son temps. Cet homme avait fait partie, avec trois ou quatre camarades, des Ermites du Nouveau Parnasse. Lui et son école avaient bavardé aux terrasses des cafés et dans d'autres lieux, plus que les solitaires n'ont en règle générale coutume de le faire. Mais précisément ils avaient formé les vœux de renverser toutes les règles. Ils proclamèrent, en particulier, que la poésie était libre. Maintenant, l'ermite du Nouveau Parnasse était fonctionnaire au ministère de l'Intérieur, et décoré. Il déclara à Trent que ce dont la France avait le plus besoin, c'était une main de fer !

Ce fut ainsi que Trent put reconnaître, une fois de plus, que c'était lui qui avait changé, comme son ami de l'administration, mais que les jeunes étaient toujours les mêmes ! Cependant, il lui fut difficile de déterminer au juste ce qui s'était effacé et éteint en lui, à moins que ce ne fût tout bonnement sa fougue d'autrefois.

Un matin, au mois de juin, comme il descendait la rue des Martyrs, il vit venir à lui une silhouette qu'il crut reconnaître. Il détourna les yeux, car il ne pouvait supporter l'idée de rencontrer M. Bunner. Depuis quelque temps, il sentait que sa blessure se cicatrisait dans l'enchantement du travail créateur. Il songeait moins souvent à la femme aimée, et avec moins de douleur. Il ne souffrirait pas qu'on lui rappelât en rien le souvenir des trois jours passés à Marlstone. Mais l'étroitesse de la rue ne lui permit pas d'échapper à l'Américain, qui l'avait aperçu.

La franche cordialité de M. Bunner lui fit honte, car il avait de la sympathie pour le jeune homme. Ils déjeunèrent ensemble, s'attardèrent longuement, et M. Bunner parla. Trent l'écoutait avec un véritable plaisir ; de temps en temps, il lui posait une question, ou bien il formulait une remarque. Il avait une vraie sympathie pour son compagnon, et il aimait à écouter ses propos, à cause des incessantes surprises verbales qu'il y découvrait.

M. Bunner habitait Paris. Il y était le principal représentant continental de la maison Manderson ; il se montrait fort satisfait de sa situation et de l'avenir qu'il en espérait. Il en parla même pendant près de vingt minutes. Ce sujet épuisé, il raconta à Trent, qui lui avoua qu'il était absent d'Angleterre depuis plus d'un an, que peu de temps après la mort de Manderson, Marlowe s'était mis à la tête des affaires de son père, affaires qui étaient devenues fort importantes. M. Bunner et Marlowe étaient toujours en relation de bonne camaraderie, et ils avaient même projeté de passer les vacances ensemble. M. Bunner exprima la plus généreuse admiration pour les talents de son ami en tant qu'homme d'affaires.

— John Marlowe est une forte tête ! affirma-t-il. Et s'il avait un peu plus d'expérience, je n'aimerais guère l'avoir pour concurrent. Il me...

Trent écoutait l'intarissable flot de conversation de l'Américain, et, comme il écoutait, il éprouvait une perplexité grandissante. Il lui paraissait de plus en plus évident qu'il y avait une erreur absolue dans sa théorie de la situation. M. Bunner ne faisait pas allusion à la personne qui l'intéressait particulièrement. Mais il ajouta par hasard que Marlowe était fiancé à une jeune Irlandaise, dont il célébra les charmes avec l'enthousiasme caractéristique de sa race.

Les mains de Trent se crispèrent sous la table.

Qu'était-il donc arrivé ? Toutes ses idées glissaient et s'embrouillaient. Il se décida pourtant enfin à poser une question directe.

M. Bunner n'était pas très bien informé des faits et gestes de Mme Manderson. Il savait qu'elle avait quitté l'Angleterre, dès que toutes les affaires de son mari avaient été réglées, et qu'elle avait vécu pendant quelque temps en Italie. Elle était rentrée à Londres depuis peu, et elle avait décidé de ne plus vivre dans sa maison de Mayfair, mais elle avait acheté une demeure plus modeste dans le voisinage de Hampstead. M. Bunner croyait qu'elle avait aussi acheté une propriété à la campagne. Elle était peu mondaine et sortait rarement.

— Et dire qu'il y a des tas de bons dollars qui attendent que quelqu'un veuille bien les dépenser, dit M. Bunner d'une voix triste. Mme Manderson a de l'argent à jeter par les fenêtres; elle pourrait en nourrir les oiseaux! Et elle n'en fait rien. Le patron lui a laissé plus de la moitié de sa fortune. Et pensez à la place qu'elle pourrait occuper dans le monde si elle voulait! Elle est belle, et c'est la meilleure femme que j'aie jamais rencontrée! Mais elle n'a jamais pu apprendre à dépenser l'argent comme il faut le dépenser.

Il continua son soliloque, car l'attention de Trent était entièrement fixée sur ses propres pensées. Bientôt il prétexta un rendez-vous d'affaires et ils se séparèrent cordialement.

Une demi-heure plus tard, Trent était dans son atelier, où il «rangeait» rapidement tous ses bagages. A tout prix, il voulait savoir ce qui était arrivé, et il le saurait n'importe comment. Il ne se rapprocherait jamais de Mme Manderson, car il ne voudrait pas lui rappeler l'état dans lequel il l'avait vue lors de leur dernière entrevue. Il ne la reverrait peut-être même pas. Mais il fallait qu'il sache! Cupples était à Londres, et Marlowe! Et puis, il avait assez de Paris.

Toutes ces pensées se pressaient dans son esprit, et sous ces pensées se tendaient les fibres d'une corde invisible qui tirait impitoyablement sur son cœur, et qu'il maudissait amèrement ; mais il ne pouvait pas nier les tiraillements de ce cœur. Ah ! quelle folie inutile et impitoyable !

En vingt-quatre heures, il avait arraché toutes les racines légères qui l'avaient retenu au sol de Paris. Et il voyait se dresser le mur de forteresse, les blanches et dures falaises de Douvres dominant une mer de plomb.

Mais, bien qu'il se fût instinctivement tracé les lignes de la conduite qu'il voulait suivre, il avait résolu de voir d'abord M. Cupples, qui serait sûrement en mesure de lui raconter plus de choses que l'Américain. Mais M. Cupples était en voyage, et ne devait rentrer qu'un mois après. Et Trent n'avait pas de prétexte assez plausible pour lui faire hâter son retour. Par contre, il ne voulait voir Marlowe qu'après s'être soigneusement informé auprès d'un autre. Il se retint pour ne pas commettre l'insigne folie de rechercher la maison de Mme Manderson à Hampstead. Il s'installa dans un hôtel, loua un atelier, et essaya vainement de se perdre dans le travail, en attendant le retour de M. Cupples.

Mais au bout d'une semaine, il eut une idée qu'il réalisa immédiatement. La dernière fois qu'il avait vu Mme Manderson, elle avait dit quelques mots qui prouvaient qu'elle aimait la musique. Trent se rendit donc ce soir-là à l'Opéra et, dorénavant, il y fut régulièrement. Il l'apercevrait peut-être et, si malgré toute sa prudence elle le voyait, chacun des deux pourrait ignorer la présence de l'autre. Car, après tout, l'Opéra est ouvert à tout le monde.

Il y alla donc seul. Tous les soirs il se frayait aussi vite que possible un passage à travers la foule qui encombrait le vestibule, et tous les soirs il sortait, convaincu qu'elle n'y était pas encore venue. Cela devint une habitude qui lui donnait une certaine satisfaction en plus de la coupable excitation que lui procurait sa recherche. Car lui aussi, il aimait la musique, et tant que durait sa magie, rien ne lui donnait autant de calme.

Un soir qu'il se faufilait à travers l'élégante cohue, il sentit quelqu'un le toucher au bras. Il se retourna, éprouvant à ce contact une certitude.

C'était elle, mais délivrée de tout chagrin et de tout tourment, et si radieusement belle par son sourire, et le charme de sa toilette de soirée, qu'il ne put lui parler. Elle aussi, elle respirait plus vite que de coutume, et lorsqu'elle l'aborda, il y avait dans ses yeux une lueur de témérité.

Elle ne dit que ces mots :

— Je ne veux pas perdre un accord de *Tristan*, et vous non plus. Venez me voir pendant l'entr'acte.

Et elle lui donna le numéro de sa loge.

CHAPITRE XIII

Trent durant toute sa vie ne se rappela jamais sans frissonner les deux mois qui suivirent. Il revit Mme Manderson plusieurs fois, et chaque fois l'amabilité si simple de celle-ci le déroutait et l'arrêtait. A l'Opéra, il avait été surpris de la trouver en compagnie d'une certaine Mme Wallace, une accorte matrone qu'il connaissait depuis son enfance. Il apprit que Mme Manderson, à son retour d'Italie, avait fréquenté certains milieux auxquels Trent appartenait par sa culture et par ses goûts. Et Trent se rappelait vaguement, mais avec confusion, d'avoir été très à son désavantage ce soir-là. Il était mal à l'aise, le visage congestionné, et il parlait avec une sorte de loquacité de ses aventures dans les provinces Baltiques. De temps à autre, il se rendait compte qu'il s'adressait exclusivement à Mme Wallace. Mme Manderson, elle, s'était tout à fait remise de la légère émotion qui l'avait agitée dans le vestibule du théâtre. Elle lui parla tranquillement de ses voyages, de son installation à Londres et d'amis communs.

Pendant la dernière moitié de l'opéra qu'il entendit de la loge de Mme Manderson, il n'eut conscience de rien, sauf de la ligne d'une joue et d'une masse de beaux cheveux, — il ne vit que les épaules de Mme Manderson, et ses bras, et sa main reposant sur le rebord de la loge. Et, enfin, les cheveux noirs lui firent l'effet d'une forêt enchantée incommensurable, sans chemins, qui l'attirait vers une aventure fatale... Vers la fin du spectacle, Trent était pâle et silencieux, et il prit congé des deux femmes d'une façon assez formaliste.

Lorsqu'il la revit à la campagne, chez des amis communs, il s'était bien repris. Il imita la manière d'être de Mme Manderson, et s'en tira fort bien, tout compte fait, étant donné qu'il vivait dans une atmosphère d'anxiété, d'étonnement, de remords et de désir. Il ne comprenait absolument rien à son attitude à elle. Sans aucun doute elle avait parcouru son manuscrit et elle avait dû comprendre le soupçon impliqué dans la dernière question qu'il lui avait posée aux White Gables. Comment alors pouvait-elle lui témoigner la même amabilité et franchise qu'elle en témoignait aux autres hommes du monde qui ne lui avaient point fait injure ?

Car il sentait intuitivement que bien qu'elle ne marquât aucune nuance dans sa manière d'être envers lui, elle avait dû ressentir l'injure qu'il lui avait faite. Plusieurs fois, pendant les rares et trop courts moments où ils se parlaient en particulier, cette même intuition lui avait révélé qu'elle allait effleurer ce sujet, et toutes les fois, il avait détourné la conversation avec toute l'ingéniosité de la crainte. Il prit deux résolutions. La première était de quitter Londres dès qu'il aurait achevé une commande qu'il avait en train. Il vivait dans un état de trop grande tension. Il ne brûlait plus de connaître la vérité ; il désirait seulement se confirmer dans sa conviction qu'il s'était trompé, qu'il avait mal compris la situation et les larmes de la jeune femme,

et qu'il s'était montré dans son écrit un calomnia-
teur et un imbécile. Il renonça à essayer de s'expliquer pourquoi Marlowe s'était soudain résolu
à assassiner Manderson. M. Cupples revint à
Londres, mais Trent ne l'interrogea pas. Il savait
maintenant que le vieillard avait eu raison
lorsqu'il avait prononcé ces mots, que Trent se
rappelait maintenant à cause de la violence avec
laquelle ils avaient été dits :

— Tant qu'elle se considérait comme liée à lui,
rien au monde n'aurait pu la persuader...

Il rencontra Mme Manderson à dîner dans la
grande maison sépulcrale de M. Cupples, à
Bloomsbury, et il passa la soirée presque entière
à parler avec un archéologue berlinois.

Sa deuxième résolution était de ne jamais se
trouver seul avec Mme Manderson.

Mais lorsqu'elle lui écrivit quelques jours plus
tard pour lui demander d'aller la voir, le lendemain
après-midi, il n'essaya même pas de s'excuser.
N'était-ce pas un défi formel ?

Tandis qu'elle célébrait les rites du thé, elle prit
part, avec toute son aisance naturelle, à la conversation légèrement enfiévrée de Trent sur les dernières nouvelles du jour. Il espéra même qu'elle
avait renoncé au projet qu'elle avait dû sûrement
former de lui parler sérieusement ce jour-là. A
juger sur les apparences, elle était insouciante, et
elle souriait. Et il se rappela, — et pas pour la
première fois depuis la soirée de l'Opéra, — ce
qu'on écrivit, il y a très longtemps, à propos d'une
princesse de Brunswick : « Sa bouche a dix mille
charmes qui enchantent l'âme. » Elle fit le tour de
la belle pièce où elle le reçut, choisissant tel ou tel
bibelot, trésor ravi aux marchands de bric-à-
brac, riant de ses découvertes et du souvenir de

ses marchandages. Et lorsqu'il lui demanda si elle lui ferait la joie de jouer un de ses morceaux favoris qu'il lui avait déjà entendu jouer chez des amis, elle consentit tout de suite.

Elle joua avec une perfection d'exécution et de sentiment qui l'émut comme la première fois.

— Vous êtes une vraie musicienne, lui dit-il, lorsqu'elle eut achevé, et que le dernier frisson de la mélodie se fut évanoui. Mais je le savais avant de vous avoir entendue.

— J'ai toujours beaucoup joué. La musique m'a toujours fait grand bien, dit-elle simplement, en se tournant vers lui avec un demi-sourire. Quand avez-vous deviné pour la première fois que j'aimais la musique ? Oh ! mais oui ! J'étais à l'Opéra. Mais cela ne prouverait pas grand'chose, n'est-ce pas ?

— Non, répondit-il distraitement, songeant encore à la musique qu'il venait d'entendre. Je crois que je l'ai deviné la première fois que je vous ai vue.

Puis comprenant tout à coup toute la portée de ses paroles, il se tut comme figé. C'était la première fois que le passé avait été évoqué entre eux.

Il y eut un court silence. Mme Manderson jeta un coup d'œil vers Trent, mais elle détourna aussitôt son regard. Ses joues rougirent, et elle avança les lèvres comme si elle allait siffler. Puis, avec ce geste défiant des épaules qu'il se rappelait si bien, elle quitta tout à coup le piano, et vint s'asseoir en face de lui.

— La phrase que vous venez de prononcer, dit-elle lentement, en examinant le bout de son soulier, servira très bien de prétexte à ce que je voulais vous dire. Je vous ai demandé de venir ici aujourd'hui exprès, Monsieur Trent, car je ne pouvais plus attendre davantage. Depuis le jour où vous m'avez quittée, je ne fais que me répéter que peu m'importe ce que vous pensiez de moi, car vous n'étiez certainement pas homme à aller répéter à d'autres votre opinion. J'en étais sûre après ce que vous m'aviez dit de vos raisons pour supprimer le manuscrit. Je me demandais ce que cela pouvait me faire. Et pourtant, je vous l'avoue, cela me faisait quelque chose. Cela me faisait horriblement de peine, car ce que vous croyiez n'était pas.

D'un regard tranquille, elle leva la tête et rencontra les yeux de Trent, dont le visage n'exprimait aucune émotion.

— Depuis que j'ai commencé à vous connaître, dit-il, j'ai cessé de croire ce que j'avais cru un moment.

— Merci, dit Mme Manderson, en rougissant violemment.

Mais elle ajouta plus bas, en jouant avec un gant :

— Je veux que vous sachiez la vérité. J'ignorais si je vous reverrais, reprit-elle à voix basse. Mais je savais que si cela arrivait, je ne pourrais pas ne pas vous parler de tout cela. Je croyais que cela ne me serait pas très difficile, car vous me paraissiez comprendre les choses. Et puis, une femme mariée n'éprouve pas la même sorte de difficulté à parler de ces sujets-là lorsque c'est nécessaire. Mais nous nous sommes revus, et alors j'ai découvert qu'il était, au contraire, très difficile d'aborder ce sujet. Et c'était vous qui le rendiez si difficile.

— Comment cela ? demanda-t-il tranquillement.

— Je ne sais, ou plutôt si, je sais très bien. Voyez-vous, c'était parce que vous me traitiez absolument comme si vous n'aviez jamais eu de pareils soupçons sur moi. Je m'étais imaginé que, lorsque je vous reverrais, vous vous tourneriez vers moi avec ce regard dur et terrible que vous aviez eu en me posant cette dernière question, aux White Gables. Vous vous rappelez ? Mais au lieu de cela, vous avez été comme tous mes autres amis. Vous avez été simplement gentil. Vous me comprenez. Lorsque je vous ai quitté, le premier soir, à l'Opéra, je suis rentrée chez moi, en me demandant si vous m'aviez vraiment reconnue. C'est-à-dire, je croyais que vous aviez peut-être reconnu mon visage, sans vous rappeler qui j'étais.

Trent ne put s'empêcher de rire. Elle sourit :

— Eh bien, je ne me rappelais pas si vous aviez prononcé mon nom. Mais la seconde fois, lorsque nous nous sommes retrouvés chez les Iretons, vous l'avez prononcé, et alors j'ai compris. Plusieurs fois, pendant ces quelques jours, je me suis presque décidée à vous parler, mais jamais je n'ai osé. Il me semblait que vous ne me le permettriez pas, que dès que j'aborderais ce sujet vous sauriez détourner la conversation. N'avais-je pas raison ? Dites !

Et, comme Trent acquiesçait d'un signe de tête, elle ajouta :

— Mais pourquoi ?

Et Trent demeura silencieux.

— Eh bien, reprit-elle, je vais vous dire tout ce que j'ai à vous dire, et puis j'espère que vous m'expliquerez pourquoi vous avez rendu ma tâche si difficile ! Quand j'ai compris que vous ne me permettriez pas de parler, je m'enfonçai bien plus encore dans ma résolution de le faire. Sans doute, n'aviez-vous pas compris que j'insisterais pour parler, même si vous y étiez absolument opposé. Sans doute, je ne l'aurais pas fait si j'avais été coupable, comme vous le croyiez. Aujourd'hui, vous êtes entré dans mon salon sans soupçonner que j'oserais. Eh bien, maintenant, vous voilà fixé.

Mme Manderson n'hésitait plus ; elle s'était échauffée en parlant, et dans l'ardeur de sa volonté d'effacer le malentendu qui la troublait depuis si longtemps, elle se sentait maîtresse de la situation.

— Je vais vous raconter l'histoire de votre méprise, dit-elle à Trent, qui, les mains crispées sur les genoux, continuait à la considérer d'un regard énigmatique. Vous devrez me croire, Monsieur Trent, c'est une histoire absolument vraie, avec ces confusions, ces dissimulations et ces erreurs absolument naturelles auxquelles personne ne réfléchit deux fois avant de les prendre pour des faits. Comprenez bien que je ne vous blâme pas, — que je ne vous ai jamais blâmé, — d'avoir formulé trop vite votre conclusion : vous me saviez en désaccord avec mon mari, et vous saviez aussi ce qu'une pareille situation signifie trop souvent. Vous avez compris, même avant que je ne vous l'aie dit, qu'il avait adopté vis-à-vis de moi une attitude d'homme lésé ; j'eus le tort, la sottise, d'essayer de démontrer par des explications quelle erreur était la sienne. Je vous ai donné l'explication que je me donnais à moi-même, avant d'avoir compris la vérité. Je vous ai dit que mon mari était déçu parce que je ne brillais pas dans le monde, — parce que je n'étais pas une des « étoiles » mondaines. C'était vrai ; il en était profondément vexé. Pourtant, je vis bien que vous n'étiez guère convaincu. Vous aviez deviné déjà ce qu'il me fallut beaucoup plus longtemps pour comprendre, parce que je savais combien absurde était pareille supposition. Oui, mon mari était jaloux de John Marlowe. Et vous l'aviez deviné.

« Alors, lorsque vous m'avez fait comprendre que

vous aviez deviné cela, j'ai agi comme une sotte. Vous comprenez, c'était un coup très dur, et j'espérais tant n'avoir plus à subir d'humiliation, j'espérais que l'erreur de mon mari était morte avec lui. En somme, Monsieur Trent, vous m'avez demandé si le secrétaire de mon mari n'était pas mon amant, — oui, il faut que je le dise, parce que je veux que vous compreniez pourquoi j'ai perdu tout à coup mon sang-froid, pourquoi je me suis mise à pleurer. Et vous avez pris ces larmes pour un aveu, vous avez cru que j'étais capable de cela, — et vous avez même cru peut-être que j'étais de connivence dans le crime, — que j'y avais consenti... oui, cela m'a fait bien du mal ; mais peut-être était-il tout naturel que vous ayez cru cela. »

Trent, dont le regard n'avait pas quitté le visage de Mme Manderson, baissa la tête à ces paroles. Il ne la releva pas, lorsque la jeune femme reprit :

— C'est vrai, ce furent simplement le choc et le chagrin qui me firent pleurer, et aussi le souvenir de toute la misère que m'avait valu ce soupçon insensé. Et lorsque je parvins à me ressaisir, vous étiez parti.

Elle se leva, alla à un secrétaire placé près de la fenêtre, ouvrit un tiroir, et en retira une longue enveloppe cachetée.

— Voici le manuscrit que vous m'aviez laissé, dit-elle. Je l'ai relu plusieurs fois. J'ai toujours été émerveillée, comme tout le monde, de votre intuition dans les affaires de ce genre.

Elle eut un sourire malicieux qui disparut aussitôt.

— En lisant ceci, Monsieur Trent, j'ai presque oublié que l'histoire était la mienne, tant j'ai été intéressée. Et maintenant, en tenant ce manuscrit

à la main, je veux vous dire combien je vous re-
mercie de votre générosité chevaleresque. Vous
avez renoncé à un triomphe, plutôt que de mettre
en péril la réputation d'une femme. Si tout s'était
passé comme vous l'aviez supposé, les faits seraient
forcément venus en plein jour, lorsque la police
s'est occupée de l'affaire que vous lui aviez remise.
Croyez-moi, je me suis pleinement rendu compte
de ce que vous aviez fait, et je n'ai jamais cessé de
vous en être reconnaissante, même lorsque je me
sentais le plus écrasée par votre soupçon.

Tout en exprimant sa reconnaissance, sa voix
trembla un peu, et ses yeux brillèrent comme
mouillés de larmes. Mais Trent ne le vit pas. Tête
baissée, il paraissait ne pas l'entendre. Elle glissa
l'enveloppe dans la main ouverte du jeune homme.
Et, dans ce geste, il y avait une douceur qui lui fit
lever la tête.

— Pouvez-vous... commença-t-il lentement.

Mais elle lui fit signe de se taire, tout en se
tenant droite devant lui.

— Non, Monsieur Trent. Laissez-moi dire tout ce
que j'ai à dire, avant de me parler. Cela m'est un
tel soulagement d'avoir enfin rompu le silence, et je
désire terminer mon histoire tandis que je ressens
encore la satisfaction d'avoir osé la commencer.

Elle se laissa retomber sur le sofa.

— Je vais vous dire ce que tout le monde ignore.
Sans doute, on devinait qu'il y avait bien quelque
désaccord entre mon mari et moi, bien que j'aie
fait tous mes efforts pour le cacher. Mais je ne crois
pas que personne eût deviné l'idée que mon mari
s'était mise en tête. Je sais que les gens qui me
connaissent me savent bien incapable de cela. Et
puis l'idée de mon mari était si absurdement contraire aux faits ! Voici quelle était la situation.

J'avais toujours été en bons termes d'amitié avec
M. Marlowe depuis le jour où il était entré au
service de mon mari. Malgré toute son intelligence,
car mon mari disait qu'il possédait l'esprit le plus
vif qu'il connût, je le considérais comme un jeune
garçon. Vous savez que je suis un peu son aînée ;
de plus, il avait un aimable manque d'ambition qui
me faisait d'autant plus sentir la légère différence
d'âge. Un jour, mon mari me demanda quelle
était la qualité que j'appréciais le plus dans Marlowe. Et je répondis sans réfléchir : « Ses bonnes
manières. » A ces mots, je fus très surprise de voir
mon mari s'assombrir. Après un silence il me
répondit, sans me regarder : « Oui, c'est juste,
Marlowe est un gentleman. »

« Il ne fut plus question de cela jusqu'à il y a à peu
près un an, lorsque je découvris que M. Marlowe
avait fait précisément ce que j'étais certaine qu'il
ferait. Il était tombé amoureux fou d'une jeune
fille américaine. Mais, à mon grand regret, il avait
choisi la jeune fille la moins digne de son amour de
toutes celles que nous rencontrions. Ses parents
étaient fort riches, et elle en faisait ce qu'elle voulait.
Elle était fort belle, instruite, très sportive, et
n'aimait qu'une chose au monde, son propre
plaisir. C'était une des « flirts » les plus achevées que
j'eusse jamais vues, et aussi la plus fine. Tout le
monde le savait ; M. Marlowe devait connaître sa
réputation, mais elle le faisait tourner autour de
son petit doigt. Je ne sais comment elle s'y prit,
mais je me l'imagine. Elle avait certainement de
la sympathie pour lui, mais il était aussi évident
qu'elle ne faisait que se jouer de lui. Tout cela était
si bête, que cela me mit en rage. Un jour, je demandai à Marlowe de me faire faire une promenade en
barque sur le lac, — car j'ai oublié de vous dire que

tout ceci se passait dans notre propriété du lac George. Jamais auparavant nous ne nous étions trouvés seuls ensemble pendant un temps aussi long. Dans la barque, je lui parlai. Je crois que je me montrai bonne pour lui, et il m'écouta avec beaucoup de complaisance, mais il ne crut pas un mot de ce que je lui disais. Il eut l'audace de m'affirmer que je ne comprenais pas la nature d'Alice. Lorsque je fis très discrètement allusion à son avenir, car je savais qu'il ne possédait presque rien, il me répondit que si Alice l'aimait, il ferait vite son chemin ; ce qui sans doute était vrai, avec ses facultés et les amis qu'il a, — car il a de très bonnes relations, vous savez, et il était fort sympathique. Mais il comprit bientôt que j'avais eu raison.

« Lorsque nous atterrîmes, ce fut mon mari qui m'aida à sortir de la barque. Je me rappelle qu'il se mit à plaisanter avec M. Marlowe. Du reste, pendant tout le temps qui suivit, il ne changea pas une fois d'attitude vis-à-vis de lui, et ce fut même une des raisons pour lesquelles il me fallut si longtemps avant de comprendre ce qu'il pensait de moi et de son jeune secrétaire. Cependant, ce soir-là, il se montra froid et réservé vis-à-vis de moi, — mais pas fâché. Du reste, dès l'instant où il se mit cette idée en tête, il se montra toujours froid et indifférent pour moi. Après dîner, il ne m'adressa plus la parole qu'une fois ; M. Marlowe lui parlait d'un cheval qu'il avait acheté pour la maison de Kentucky, et mon mari me regarda et me dit : « Marlowe est peut-être un gentleman, mais il se laisse rarement rouler dans une affaire de cheval. » Ces paroles m'étonnèrent, mais ni cette fois-là, ni la fois suivante où il nous trouva ensemble, je ne compris ce qu'il avait en tête. Peu de temps après, M. Marlowe reçut un petit mot très gracieux de la jeune fille en question, qui lui demandait de la féliciter de ses fiançailles. Nous étions revenus à New-York. A déjeuner, il avait si mauvaise mine que je crus qu'il était malade. Le déjeuner achevé, j'allai le rejoindre dans la pièce où il travaillait, et lui demandai ce qu'il avait. Il ne me répondit rien, mais me tendit la lettre, et se tourna vers la fenêtre. J'étais heureuse que cette affaire fût terminée. Cependant, je prenais part à son chagrin. Je ne me rappelle plus ce que je lui dis, mais je me rappelle avoir posé ma main sur son bras, tandis qu'il se tenait près de la fenêtre, regardant fixement le jardin. A ce moment, mon mari parut dans l'entre-bâillement de la porte, tenant des papiers à la main. Il nous jeta un coup d'œil, puis il se détourna et regagna son bureau. Je crus qu'il avait entendu ce que je disais à M. Marlowe, et je trouvai très discret de sa part de s'éloigner ainsi. M. Marlowe ne l'avait ni vu ni même entendu. Mon mari quitta New-York le matin même pour l'Ouest, tandis que j'étais sortie. Et même alors je ne compris pas. Car il partait souvent comme cela à l'improviste, si quelque affaire l'appelait.

«Ce ne fut qu'à son retour, une semaine plus tard, que je compris la situation. Il était très pâle, et avait une expression bizarre. Dès qu'il me vit, il me demanda où était M. Marlowe. Et le ton dont il me posa cette question me révéla ce qu'il pensait.

« J'en fus suffoquée et folle d'indignation. Je ne crois pas que j'eusse été si fâchée si l'on m'avait soupçonnée de vouloir rompre ouvertement avec mon mari, et de le quitter pour quelqu'un d'autre. Sans doute j'aurais pu faire cela. Mais ce soupçon commun, grossier... un homme auquel il se fiait... et puis la pensée de toute cette dissimulation... Je vis rouge. Tout mon orgueil se tendit au point que j'en tremblais. Je me jurai à moi-même que je ne lui montrerais jamais, ni par une parole ni par un acte, que je savais qu'il avait pu avoir pareil soupçon de moi. Je continuerais à agir comme d'habitude... et cela je l'ai fait et jusqu'à la fin... et je ne lui ai jamais une seule fois montré que j'avais remarqué son changement d'attitude vis-à-vis de moi... quoique au fond je savais qu'un mur, que rien ne saurait détruire, avait été élevé entre nous pour toujours, même s'il me demandait de lui pardonner, même si je lui accordais mon pardon.

« Ainsi continua notre vie. Je ne pourrais jamais plus supporter pareille épreuve, s'il fallait la recommencer. Lorsque nous étions seuls, — ce qui n'arrivait que lorsque nous ne pouvions l'éviter, — mon mari me témoignait une politesse silencieuse. Jamais il ne fit allusion à l'idée qu'il s'était mise en tête ; mais je sentais qu'elle était toujours là, et il savait que je le sentais. Nous étions tous les deux aussi obstinés l'un que l'autre. Il se montra encore plus amical pour M. Marlowe qu'auparavant, — Dieu sait pourquoi. Je crus que peut-être il projetait quelque vengeance, mais ce n'était là qu'une imagination de ma part. M. Marlowe ne se douta certainement jamais de ce dont on le soupçonnait. Nous restâmes de bons amis, mais après sa déception nous ne parlâmes jamais plus de quoi que ce fût d'intime. Pourtant, j'adoptai la règle de ne pas le voir moins souvent qu'auparavant. Puis, nous sommes venus en Angleterre nous installer aux White Gables, — et alors survint la fin affreuse de mon mari. »

Elle fit un geste de la main droite, et ajouta, en le regardant avec une expression bizarre :

— Et sur ce qui suivit, vous êtes mieux renseigné que quiconque.

Trent ne suivit pas très bien sa pensée, mais il ne s'y arrêta pas. Au fond, tout son être se réjouissait. Son visage avait repris sa vivacité coutumière ; bien avant que la jeune femme eût terminé son récit, il était persuadé de la vérité, de même que dès les premiers jours où il l'avait vue aux White Gables, il avait douté de l'histoire que son imagination avait créée sur des bases qui lui avaient paru si solides.

Il dit :

— Je ne sais comment vous exprimer toutes les excuses que je vous dois. Nulle parole ne saurait vous dire à quel point je me sens honteux et humilié, quand je me rends compte de l'erreur grossière que fut mon soupçon ! Oui, je vous ai soupçonnée, vous ! J'avais presque oublié que j'étais capable d'une pareille imbécillité ! Presque, — pas tout à fait. Parfois, lorsque j'ai été seul, je me suis rappelé cette folie et je m'en suis voulu — combien ! J'ai essayé de m'imaginer quels furent les faits, — j'essayai de m'excuser.

Elle l'interrompit vivement :

— Quel enfantillage ! Voyons, Monsieur Trent, soyez raisonnable ! Vous ne m'aviez vue que deux fois dans votre vie, lorsque vous êtes venu me trouver avec votre solution du mystère.

De nouveau son visage prit l'expression bizarre et fugitive que Trent y avait déjà remarquée.

— Si vous parlez de folie, continua-t-elle, c'est vraiment de la folie pour l'homme que vous êtes de vouloir faire croire à la femme que je suis, que je portais le mot innocence écrit sur moi en gros caractères ! — en caractères si gros qu'après m'avoir vue deux fois, vous n'avez pas pu admettre toutes les accusations assez violentes portées contre moi !

— Que voulez-vous dire par « l'homme que je suis » ? demanda Trent d'un air rébarbatif. Me croyez-vous dénué d'instincts normaux ? Je ne dis pas que vous fassiez aux gens l'impression d'avoir un caractère simple et transparent, ce que M. C. Bunner appelle un panier à claire-voie ! Je ne dis pas non plus qu'un étranger vous croirait incapable de méchanceté, s'il y avait des preuves suffisantes. Mais je soutiens que l'homme qui, après vous avoir vue, après avoir vécu dans votre atmosphère, pourrait vous associer au genre d'abomination que j'avais imaginé, n'est qu'un imbécile qui a peur de se fier à ses sens... C'est vrai que j'ai tout fait pour vous empêcher de me parler de ce sujet. C'était une lâcheté morale de ma part. Je devinais que vous désiriez dissiper le malentendu, et j'étais révolté à l'idée que mon abominable erreur pût être discutée par nous. J'essayai de vous montrer par mes actions que je considérais que cela n'avait jamais existé. J'espérais que vous me pardonneriez silencieusement. Moi, je ne puis me pardonner, — et je ne me pardonnerai jamais ! Et, cependant, si seulement vous saviez...

Il s'interrompit brusquement, et puis ajouta d'une voix redevenue calme :

— Eh bien, acceptez-vous tout ce que je viens de vous dire comme des excuses ? Je revêts la bure la plus rude qui soit, et je me couvre des cendres les plus... Je vous assure que je ne voulais pas me laisser aller à ce point, finit-il un peu mollement.

Mme Manderson se mit à rire, et son rire contagieux gagna Trent. Il connaissait bien l'égrènement spontané de ces notes joyeuses, qui étaient comme l'expression de la gaieté parfaite. Il avait souvent essayé de l'amuser, simplement pour le plaisir que lui donnait le son de son rire.

— Mais j'aime vous voir ainsi, dit-elle. Le choc que vous venez d'éprouver en retombant à terre, après votre voyage dans les airs, est très amusant. Tiens, nous rions tous les deux. Quelle jolie conclusion pour nos explications ! Dire que j'ai tant redouté l'instant où je vous parlerais franchement ! Et, maintenant, c'est fini, vous savez, et plus jamais nous n'en reparlerons !

— Je l'espère bien, dit Trent sincèrement soulagé. Et puisque vous êtes tout à fait décidée à vous montrer si bonne envers moi, j'avoue que je n'ai pas des principes assez élevés pour insister pour que vous me foudroyiez de vos éclairs ! Et maintenant, Mme Manderson, il vaut mieux que je parte. Changer de sujet après la conversation que nous venons d'avoir, ce serait jouer au chat perché après un tremblement de terre.

Et il se leva.

— Vous avez raison, dit-elle. Pourtant, non ! Il y a encore autre chose qui fait partie du même sujet, et il vaut mieux en réunir tous les lambeaux, pendant que nous y sommes. Asseyez-vous, s'il vous plaît.

Elle prit l'enveloppe qui contenait le manuscrit de Trent de la table où il l'avait posée.

— Je veux vous parler de ceci, ajouta-t-elle.

Trent fronça les sourcils et lui jeta un regard interrogateur.

— Eh bien, moi aussi, puisque cela ne vous ennuie pas, dit-il lentement. Je désire beaucoup savoir une chose.

— Dites.

— Puisque la raison que j'avais de supprimer

tous ces renseignements était purement imaginaire, pourquoi n'en avez-vous jamais fait usage ? Quand j'ai commencé à comprendre l'erreur que j'avais faite sur votre compte, je me suis expliqué votre silence, en me disant que vous ne pouviez vous décider à faire une action qui ferait glisser un nœud coulant autour du cou d'un homme, quoi qu'il ait fait. Je comprends fort bien ce sentiment. Est-ce cela qui vous a retenue de faire usage de ce manuscrit ? J'ai aussi envisagé une autre possibilité : je me suis dit que vous aviez connaissance d'un fait quelconque qui pouvait, soit justifier, soit excuser l'acte de Marlowe. Et je me dis encore que vous éprouviez peut-être une répulsion à vous mêler publiquement d'un procès criminel. Souvent on a dû user de la contrainte pour obliger des témoins importants à déposer dans des cas semblables. Il leur semble qu'il y a comme une souillure dans l'ombre même du gibet.

Mme Manderson caressait ses lèvres avec l'enveloppe, sans dissimuler tout à fait un sourire.

— Je présume que vous n'avez pas songé à une autre hypothèse, Monsieur Trent ? dit-elle.

— Non, répondit-il comme surpris.

— Je veux dire l'hypothèse que vous vous êtes autant trompé sur le compte de M. Marlowe que sur le mien. Non, non ! Ne me dites pas que la chaîne des preuves est complète. Je le sais fort bien. Mais, preuves de quoi ? Que M. Marlowe ait personnifié mon mari ce soir-là, qu'il se soit échappé par ma fenêtre et qu'il ait fabriqué un alibi ? J'ai relu plusieurs fois votre récit, Monsieur Trent, et je ne vois guère comment on peut douter de ces choses-là.

Trent regardait la jeune femme fixement. Il

n'essaya pas de remplir le court silence qui s'ensuivit. Mme Manderson avait l'air préoccupé d'une personne qui concentre sa pensée.

Enfin elle dit très lentement :

— Si je ne me suis pas servie des faits que vous avez découverts, c'est parce qu'il m'a semblé qu'ils seraient sans doute fatals pour M. Marlowe.

— Je suis de votre avis, répondit Trent d'une voix incolore.

— Et, continua la jeune femme, en levant vers lui un regard pensif, comme je savais qu'il était innocent, je n'allais pas l'exposer.

Il y eut de nouveau un court silence. Trent se frotta le menton, affectant de considérer cette assertion ; mais il se répétait en son for intérieur, sans grande conviction, que tout cela était très bien, très juste, très féminin, et il aimait que Mabel se montrât féminine. Il lui était plus que permis de placer sa foi loyale dans le caractère d'un ami au-dessus des plus claires démonstrations de l'intelligence. Néanmoins cela l'irritait. Il eût préféré que l'affirmation de sa confiance en Marlowe eût été un peu moins absolue. C'était vraiment par trop déraisonnable de dire qu'elle « savait ». Il se dit que cela ne lui ressemblait guère. Si d'être déraisonnable lorsque la raison menait au désagrément était un trait particulièrement féminin, et si Mme Manderson possédait ce trait, alors elle savait l'envelopper mieux que nulle autre femme.

— Vous voulez me faire croire, dit-il enfin, que Marlowe s'est ménagé un alibi, par des moyens dont seul un homme à bout de ressources aurait usé, afin de se disculper d'un crime qu'il n'a pas commis ? Vous a-t-il dit qu'il était innocent ?

La jeune femme eut un petit rire d'impatience.

— Ah ! vous croyez qu'il m'a influencée ! Non, ce n'est pas ça. Je suis tout simplement convaincue qu'il n'a pas commis ce crime ! Ah ! je vois que vous trouvez cela absurde. Mais voyez comme vous êtes déraisonnable, Monsieur Trent. Vous m'expliquiez à l'instant même, et très sincèrement, qu'il serait fou de votre part d'avoir eu certain soupçon sur moi, après m'avoir vue et, pour employer vos propres paroles, après avoir vécu dans mon atmosphère.

Trent tressaillit, et elle reprit, après lui avoir jeté un regard :

— Or, moi et mon atmosphère, nous vous sommes toutes deux très obligées. Mais il nous faut défendre les droits d'autres atmosphères. J'en sais beaucoup plus au sujet de l'atmosphère de M. Marlowe que vous n'en savez sur la mienne, même à présent. Je l'ai vu constamment, pendant plusieurs années. Je ne prétends pas le connaître à fond, mais je sais qu'il est incapable de commettre un crime, — de verser le sang d'autrui. L'idée qu'il ait pu former le projet d'un assassinat m'est aussi inconcevable que celle que vous seriez capable de voler la bourse d'une pauvre femme, Monsieur Trent. Je m'imagine fort bien que vous tueriez quelqu'un si ce quelqu'un le méritait, et s'il avait une chance égale de vous tuer. Moi-même, je tuerais parfaitement bien dans certaines circonstances. Mais M. Marlowe en était incapable, quelle que fut la provocation dont il eût été l'objet. Il avait un caractère que rien n'ébranlait et il considérait la nature humaine avec une espèce de magnanimité froide qui trouvait des excuses pour tout. Ce n'était pas une pose. Cela faisait partie de lui-même. Il n'en faisait jamais parade, mais il était constamment ainsi. C'était même parfois très irritant. De temps

en temps, en Amérique, je me rappelle avoir
entendu certaines gens parler du lynchage devant
Marlowe. Il demeurait silencieux, le visage fermé,
faisant semblant de ne pas entendre. Mais le mot
dégoût se trahissait dans toute sa contenance.
Il avait une rare répulsion pour toute violence
physique. Marlowe avait des côtés bien étranges,
Monsieur Trent. Il donnait l'impression d'être capable de faire des choses imprévues ; vous connaissez
ce sentiment qu'on éprouve à propos de certaines
gens. Je n'ai jamais deviné absolument le rôle
qu'il a joué dans les événements de cette nuit.
Mais personne le connaissant tant soit peu ne
le soupçonnerait un instant d'avoir tué un
homme.

Elle eut un geste décidé de la tête, qui n'admet-
tait pas de réplique, et se pencha en arrière parmi
les coussins du sofa, tout en regardant Trent
avec calme.

— Alors, dit celui-ci qui avait écouté ses paroles
très attentivement, nous sommes obligés d'envisager deux autres éventualités que je ne croyais
pas sérieuses jusqu'à ce moment. En acceptant
vos affirmations, Marlowe a pu tuer pour se défendre, ou bien par accident.

La jeune femme acquiesça.

— J'avais bien pensé à ces deux explications,
en lisant votre manuscrit, dit-elle.

— Mais avez-vous pensé comme moi que, dans
l'une ou l'autre de ces possibilités, le parti le plus
sûr qu'il eût à prendre c'eût été de déclarer publiquement la vérité, au lieu de bâtir un système
qui, si on le découvrait, le rendait irrémédiable-
ment coupable aux yeux de la loi.

— Oui, dit-elle d'une voix lasse. J'ai pensé à
tout cela jusqu'à m'en donner mal à la tête. Et

puis, je me suis dit que c'était peut-être un inconnu qui avait accompli le crime, et que Marlowe essayait de le sauver. Mais cela paraissait bien improbable. Je ne pouvais arriver à percer le mystère, et, après un temps, j'y ai renoncé. J'étais simplement certaine que M. Marlowe n'était pas l'assassin, et que si je révélais ce que vous aviez découvert, le juge et le jury le considéreraient sûrement comme étant l'assassin. Mais je me promis de vous en parler, si jamais nous nous retrouvions, et j'ai tenu ma parole.

Trent regardait fixement le tapis, le menton appuyé sur la main. L'excitation de la poursuite de la vérité grandissait en lui lentement, mais sûrement. Il n'avait pas accepté comme indiscutable la description que Mme Manderson lui avait faite du caractère de Marlowe, mais elle avait parlé avec tant de conviction qu'il ne pouvait écarter absolument sa manière de voir. Et il sentit que sa théorie était profondément ébranlée.

— Il n'y a qu'une chose à faire, dit-il enfin, en relevant la tête. Il faut que je voie Marlowe. Je ne peux pas laisser cette affaire en panne. Je veux découvrir la vérité. Pouvez-vous me dire quelle fut l'attitude de Marlowe lorsque j'ai quitté les White Gables ?

— Je ne l'ai plus revu, dit Mme Manderson simplement. Après votre départ, j'ai été malade pendant plusieurs jours, et je n'ai pas quitté la chambre. Lorsque je descendis, il était parti pour Londres où il arrangeait les affaires avec les avoués. Il n'est pas revenu pour l'enterrement. Je suis presque aussitôt partie pour l'étranger. Quelques semaines plus tard, je reçus une lettre de lui, me disant qu'il avait achevé la liquidation des affaires, et qu'il avait aidé les avocats autant que cela lui était possible. Il me remerciait gracieusement de ce qu'il appelait ma bonté, et me disait adieu. Il ne parlait pas de ses projets pour l'avenir, et je trouvai très étrange qu'il ne dît pas un mot de la mort de mon mari. Je ne lui ai pas répondu. Cela m'eût été impossible sachant ce que je savais. En ce temps-là je frissonnais chaque fois que je songeais à cette mascarade sinistre dans la nuit. Je ne voulais plus ni le revoir ni entendre parler de lui.

— Alors vous ignorez ce qu'il est devenu ?

— Oui. Mais sans doute mon oncle Burton,— M. Cupples, — vous renseignera à ce sujet. Il m'a dit, il y a quelque temps, avoir rencontré M. Marlowe à Londres, et lui avoir parlé. J'ai vite changé de sujet.

Elle s'interrompit, puis ajouta avec un malicieux sourire :

— Je me demande ce que vous aviez supposé que M. Marlowe était devenu ?

Trent rougit :

— Désirez-vous maintenant le savoir ?

— Je vous le demande, dit-elle tranquillement.

— Vous me demandez de m'humilier de nouveau, Madame Manderson, dit-il. Très bien. Voici ce que je m'attendais à apprendre à mon retour à Londres : je croyais que vous aviez épousé Marlowe, et que vous viviez à l'étranger.

Elle l'écouta sans broncher.

— Nous n'aurions certainement pas pu vivre très confortablement en Angleterre, avec ses ressources et les miennes, dit-elle songeuse. Il n'avait presque rien alors.

Trent la regarda « bouche bée », comme elle le lui apprit plus tard. Elle se mit à rire, légèrement embarrassée.

— Mon Dieu, Monsieur Trent, ai-je dit quelque chose d'inconvenant ? Sûrement vous savez... Je croyais que personne ne l'ignorait maintenant ! Je l'ai pourtant expliqué assez souvent : si je me remarie, je perds tout ce que mon mari m'a laissé.

Ces paroles produisirent un curieux effet sur Trent. Son visage s'empourpra d'abord avec l'émotion de la surprise. Puis comme le sang reflua à sa figure, il se redressa, dans une attitude de profonde tension. Et Mme Manderson se dit, en voyant les articulations de ses mains, crispées sur la chaise, se blanchir peu à peu, qu'il ressemblait à un homme préparé à endurer une douleur aiguë sous le bistouri du chirurgien.

Mais il dit seulement de sa voix ordinaire :

— Je n'avais pas idée de cela.

— C'est pourtant ainsi, répondit-elle, avec calme, en jouant avec une de ses bagues. Et en somme, Monsieur Trent, ce n'est pas si extraordinaire. Pour ma part, je crois que j'en suis heureuse. Cela m'a protégée, du moins depuis que la nouvelle s'en est répandue, de bien des attentions du genre que celles qu'une femme dans ma situation doit subir en général.

— Sans doute, dit-il gravement... Et les attentions d'un autre genre ?

Elle lui jeta un regard interrogateur.

— Ah ! dit-elle en riant. Les attentions d'un autre genre me troublent encore bien moins. Je n'ai pas encore rencontré d'homme assez insensé pour vouloir épouser une veuve, de tendance égoïste, ayant des goûts et des habitudes luxueuses, et pour tout avoir l'argent que mon père m'a laissé.

Elle secoua la tête, et quelque chose dans son geste fit s'évanouir les derniers vestiges de sang-froid de Trent :

— Ah ! vous n'avez jamais rencontré cet homme-là ! s'écria-t-il, en se levant vivement et en allant vers elle. Eh bien, je vais vous prouver que la passion humaine n'est pas toujours étouffée par l'ardeur de l'argent. Je vais finir mon affaire. Je vais vous dire ce que sans doute beaucoup d'hommes meilleurs que moi ont désiré vous dire, sans réussir à avoir l'audace insensée de le faire. Mais moi, j'ose cela. Ils avaient peur de se rendre ridicules. Moi, je ne crains pas cela : vous m'avez habitué à ce sentiment cet après-midi.

Il se mit à rire bruyamment, tout en parlant, et étendit les mains.

— Regardez-moi, dit-il. Contemplez le plus beau spectacle du siècle ! Vous voyez un homme qui vous dit qu'il vous aime, et qui ose vous demander de renoncer à votre grande fortune pour vivre à ses côtés.

La jeune femme s'était caché le visage, mais il l'entendit dire d'une voix entrecoupée.

— Je vous en prie, ne parlez pas ainsi.

Il répondit :

— Permettez-moi de dire tout ce que j'ai à dire avant que de vous quitter. Peut-être est-ce de mauvais goût, mais je m'y risquerai. J'ai besoin de soulager mon âme, de me confesser pleinement. Voici la vérité. Vous m'avez troublé depuis la première fois que je vous ai aperçue, sans que vous vous en doutiez, alors que vous étiez assise au bord de la falaise à Marlstone, vos bras étendus vers la mer. Il me sembla alors que la nature entière vous envoyait son chant d'amour, et ce chant est resté dans mes oreilles ; mais s'il n'y avait rien eu d'autre, votre beauté même ne me serait plus qu'un souvenir. Mais lorsque je vous eus ramenée de l'hôtel jusque chez vous, votre main reposant sur mon bras, alors je sus seulement que votre charme m'avait touché, et que jamais je n'oublierai ce jour. Jusqu'à présent j'avais admiré les femmes comme on admire la beauté d'un lac ; mais ce jour-là je compris tout le charme et la divinité de la Femme. Et le lendemain, c'était le matin où je vous ai interrogée. J'étais harassé de doutes amers comme des chagrins. Et, lorsque je vous vis dépouillée de votre masque mondain, lorsque je vous vis émue et vibrante, les yeux brillants, et lorsque vous m'avez fait comprendre que vous aviez connu si longtemps la solitude, — que vous aviez gâché tant de votre vie, — alors je suis devenu comme fou, et mon âme aurait voulu s'ouvrir pour vous dire ce que je vous dis enfin aujourd'hui : que jamais plus l'existence ne me paraîtrait bonne, parce que je savais que vous ne pourriez jamais m'aimer ; que j'étais à tout jamais pris par la beauté de vous cheveux noirs et par l'enchantement de votre voix.

— Taisez-vous, taisez-vous, s'écria-t-elle en rejetant la tête en arrière, le visage bouleversé, les mains s'agrippant aux coussins du sofa.

Elle parlait vite, par secousses, en respirant vivement.

— Ne parlez pas ainsi pour me faire perdre la tête. Qu'est-ce que tout cela veut dire ? Je ne vous reconnais plus — vous êtes devenu un autre homme ! Avez-vous oublié que nous ne sommes plus des enfants ? Vous parlez comme un adolescent amoureux pour la première fois de sa vie. C'est insensé, invraisemblable... Moi, je le sais, si vous ne vous en rendez pas compte. Je ne vous écouterai pas davantage. Qu'est-ce qui vous est arrivé ?

Elle pleurait presque en ajoutant :

— Comment un homme comme vous peut-il débiter de pareilles sentimentalités ? Où est votre sang-froid ?

— Disparu ! s'écria Trent, avec un rire brusque. Il a pris la clef des champs ! Et je vais le suivre dans un instant.

Il la fixa dans les yeux d'un air grave.

— Maintenant, la vie m'importe moins. Jamais je n'aurais osé vous dire mon amour, à cause de votre immense fortune. Il n'y a rien de méritoire dans ce sentiment, à mon point de vue. Au fond, c'était simplement une forme de lâcheté, — la crainte de ce que vous penseriez et de ce que vous m'auriez sans doute répondu ; et puis aussi, je crois, la crainte des potins. Mais j'ai parlé, et j'ai moins de crainte. Je puis envisager les choses d'un esprit calme, maintenant que je vous ai dit nettement la vérité. Appelez cela sentimentalité, ou tout ce que vous voudrez. Ce genre de chose n'a pas de prétention scientifique. Mais puisque cela vous agace, oubliez-le. Croyez, je vous prie, que pour moi c'était aussi sérieux que c'était comique pour vous. Je vous ai dit que je vous aime, que je vous respecte et que je vous chéris plus que tout au monde. Permettez-moi de me retirer.

Mais pour toute réponse elle lui tendit les deux mains.

CHAPITRE XIV

— Sans doute, dit Trent, si vous insistez, vous
arriverez à vos fins. Mais j'aurais préféré infiniment écrire cette lettre loin de vous. Cependant,
puisqu'il le faut, donnez-moi une tablette plus
blanche qu'une étoile ou que la main d'un ange.
En langage courant, une feuille de papier qui ne
porte pas votre adresse. Et estimez à sa juste valeur
le sacrifice que je vous fais. Je ne me suis jamais
senti moins en veine de correspondance.

Mme Manderson lui donna aussitôt ce qu'il
demandait.

— Que vais-je dire? demanda-t-il, la plume
suspendue au-dessus du papier. Vais-je le com-
parer à un jour d'été? Allons, que dois-je lui
dire?

— Dites-lui ce que vous voulez lui dire, suggéra Mabel.

— Non. Ce que je veux dire, ce que j'ai voulu
dire depuis vingt-quatre heures à tous les hommes,
à toutes les femmes ou à tous les enfants que j'ai
rencontrés, c'est : « Mabel et moi, nous sommes
fiancés et je suis heureux. » Mais ce ne serait pas
un très bon début pour une lettre de ce genre.
Enfin, je suis arrivé à écrire « Cher Monsieur ».
Que vais-je ajouter?

— Dites : « Je vous envoie un manuscrit qui, je crois, devra vous intéresser », lui souffla Mabel.

— Vous rendez-vous compte, dit-il, que dans cette lettre, destinée à impressionner Marlowe, et non à le mettre à l'aise, il faudrait employer de longs mots ?

— Je ne vois pas pourquoi, protesta-t-elle. Je sais que c'est habituel, mais d'où vient cette habitude ? J'ai reçu des quantités de lettres d'avoués ou d'hommes d'affaires, et elles commencent toutes par des phrases dans le genre de : « En ce qui concerne notre dernière communication, » et cela continue ainsi jusqu'à la fin. Cependant, lorsque je les vois, ils ne me parlent pas comme cela. Ça me semble ridicule.

— Mais cela n'est pas du tout ridicule pour eux, dit Trent, en posant la plume, d'un air de soulagement, et en se levant. Laissez-moi vous expliquer. Un peuple comme le nôtre, qui n'aime guère se servir de son cerveau, se tire assez bien d'affaire, comme règle générale, avec un vocabulaire très simple et très limité. Chez nous les longs mots sont anormaux ; ils sont ou très drôles ou terriblement solennels. Que nous voulions être comiques ou sérieux, nous nous servons de longs mots. Et, lorsqu'un avoué commence une phrase par : « Suivant les instructions communiquées à notre représentant », il a l'impression de gagner ses six shillings et huit pence. Ne riez pas. C'est absolument vrai. Or les gens du continent n'ont pas ce sentiment. Ils s'inquiètent toujours des idées, et en conséquence tous les boutiquiers et tous les paysans emploient tous les jours un vocabulaire, qui, pour la plupart des Anglais, est aussi inintelligible que du grec.

Il y a quelque temps je dînais avec un de mes amis qui est cocher de fiacre à Paris. Nous avons dîné dans un infâme petit caboulot près des Halles, où tous les consommateurs étaient soit des cochers, soit des porteurs. La conversation était générale, et j'eus l'impression qu'elle aurait de beaucoup dépassé la compréhension d'un cocher de fiacre de Londres, qui y aurait assisté. Des mots comme « fonctionnaire », « inoubliable », « exterminer » et « indépendance » volaient à tout instant par-dessus la table. Et ceux qui parlaient étaient de vulgaires et rubiconds automédons. Remarquez, dit-il vivement, en voyant Mme Manderson prendre la plume, que je ne vous raconte cela que pour mieux illustrer mon point de vue. Je ne dis pas qu'il est indispensable que des cochers de fiacre soient des intellectuels ! Au contraire, je partage l'avis de Keats. L'Angleterre est heureuse, ses naïfs cochers de fiacre sont délicieux, et leur charme simple me suffit. Mais lorsqu'on en arrive aux gens qui constituent la collectivité de la puissance cérébrale industrielle du pays, alors savez-vous ?

— Oh ! non, non, non, cria Mme Manderson. Je ne sais rien, pour le moment, sauf qu'il faut à tout prix faire taire votre bavardage, si nous voulons terminer cette lettre à M. Marlowe. Vous n'y échapperez pas. Allons.

Et elle lui mit de force la plume entre les doigts. Trent fit une grimace.

— Je vous conseille de ne pas décourager mon bavardage, dit-il. Il est plus difficile de vivre avec les hommes qui ne parlent pas qu'avec ceux qui parlent. Oh ! méfiez-vous des natures muettes ! J'avoue que j'aimerais bien ne pas écrire cette lettre. C'est presque une indélicatesse. C'est mélanger deux états d'esprit bien différents que de désirer écrire la lettre que je veux écrire, et d'être dans la même pièce que vous.

Elle le mena jusqu'à la chaise placée devant le bureau, et le força doucement à s'asseoir.

— Eh bien, essayez toujours. Je veux voir ce que vous écrivez, et j'aimerais que M. Marlowe reçoive cette lettre aussi vite que possible. Voyez-vous, moi, je me contenterais de laisser les choses comme elles sont, mais vous affirmez qu'il faut absolument que vous sachiez la vérité ; alors j'aimerais autant que vous la sachiez aussi tôt que possible. Écrivez cette lettre maintenant, vous le pouvez si vous voulez ! Et je la ferai partir dès qu'elle sera cachetée. N'éprouvez-vous jamais le désir d'avoir déjà expédié une lettre qui vous agace, afin qu'il soit impossible de la reprendre, même si on le voulait, et afin de pouvoir se dire qu'il est inutile de s'en inquiéter davantage ?

— Je ferai ce que vous voulez, dit-il.

Et il se mit à dater la feuille de papier placée devant lui, comme s'il écrivait de son hôtel.

Mme Manderson considéra sa tête inclinée d'un regard très doux et elle esquissa le geste de caresser ses cheveux. Mais elle n'en fit rien. Elle alla au piano, et se mit à jouer très doucement. Dix minutes s'écoulèrent avant que Trent parlât.

— Et si Marlowe me répond qu'il ne veut rien dire ?

Mme Manderson lui jeta un coup d'œil par-dessus son épaule.

— Oh ! il n'osera pas. Il parlera, afin de vous empêcher de le dénoncer.

— De toute façon, je ne compte pas le dénoncer. Vous m'avez dit que vous ne me le permettriez pas. D'ailleurs, même si vous y consentiez, je ne le ferais pas. Aujourd'hui, l'affaire est trop incertaine.

— Mais, dit-elle en riant, ce pauvre M. Marlowe ignore que vous ne voulez pas le dénoncer.

Trent soupira.

— Quelle chose extraordinaire que le code d'honneur ! observa-t-il. Il y a certaines choses que je ferais sans y penser deux fois, qui vous rempliraient de honte, — comme, par exemple, de pocher l'œil de quelqu'un qui m'insulterait grossièrement, ou de jurer violemment lorsque je m'écorche la jambe dans une chambre obscure. Cependant, vous me recommandez avec le plus grand sang-froid de bluffer Marlowe par une menace que je ne veux pas exécuter. Voilà — eh bien, je ne le ferai pas.

Il reprit sa plume, et la jeune femme, avec un sourire indulgent, se remit à jouer très doucement. Au bout de quelques instants, Trent dit :

— Enfin je lui envoie mes salutations distinguées. Voulez-vous lire ce que j'ai écrit ?

Mabel traversa en courant la chambre assombrie par le crépuscule, et tourna le commutateur d'une lampe posée sur le bureau. Puis, penchée au-dessus de l'épaule de Trent, elle lut ce qui suit :

« Cher M. Marlowe,

« Peut-être vous rappellerez-vous que nous nous sommes rencontrés en de bien tristes circonstances, à Marlstone, au mois de juin de l'année dernière.

« C'était mon devoir alors, en tant que représentant un journal, de faire une enquête sur les circonstances dans lesquelles se produisit la mort de Sigsbee Manderson. C'est ce que je fis, et j'arrivai à certaines conclusions. Vous apprendrez, en parcourant ce manuscrit qui fut primitivement destiné à être publié dans mon journal, quelles étaient ces conclusions. Au dernier moment, pour certaines raisons qu'il est inutile de vous apprendre, je ne les ai communiquées ni au public ni à vous, et à part moi-même deux personnes seulement en ont connaissance. »

Arrivée à ce point de sa lecture, Mme Manderson leva vivement les yeux, ses sourcils froncés.

— Deux personnes ? dit-elle d'un ton d'interrogation.

— Votre oncle est la deuxième personne. Hier soir, je suis allé le trouver et je lui ai raconté toute l'histoire. Y voyez-vous un inconvénient ? Je me suis toujours reproché de m'être montré si peu communicatif avec lui, car je lui avais promis de lui faire part de toutes mes découvertes. Mon silence lui aurait permis de se figurer que je faisais des mystères. Maintenant que tout va être définitivement éclairci et qu'il n'y a plus lieu de vous protéger, je désirais qu'il sache tout. Et puis il est d'un très bon conseil, et lorsque je verrai Marlowe j'aimerais assez qu'il assiste à l'entrevue. J'ai comme une idée que nous ne serons pas trop de deux pendant cet entretien.

Elle soupira et lui serra les mains.

— Oui, sans doute, il faut que mon oncle sache la vérité. Je voudrais tant que toute cette horreur soit enterrée très profondément ! Je suis très heureuse à présent, mon cher ami, mais je le serai encore bien davantage lorsque vous aurez enfin contenté votre curiosité, lorsque vous saurez tout, et que vous l'oublierez aussitôt.

Et elle se remit à lire :

« Cependant, tout dernièrement j'ai appris certains faits qui m'ont amené à changer d'avis. Je ne veux pas dire que je publierai ce que j'ai découvert. Non. Mais je me suis résolu à vous écrire et à vous demander une entrevue absolument privée. Si vous savez à propos du crime quoi que ce soit qui mettrait l'affaire dans un tout autre jour, je ne puis m'imaginer pourquoi vous vous refuseriez à me le dire.

« J'attends un mot de vous pour me faire savoir où et quand je puis aller vous voir, à moins que vous ne préfériez que l'entrevue ait lieu à mon hôtel. En tout cas, je désire que M. Cupples, que vous vous rappelez sans doute, et qui a parcouru le document ci-inclus, assiste aussi à cette entrevue.

« Recevez mes salutations les plus distinguées,

« PHILIPPE TRENT ».

— Quelle lettre raide ! dit-elle. Je commence à croire que vous ne l'auriez pas rédigée plus durement, seul, dans votre chambre d'hôtel.

Trent mit la lettre et le manuscrit dans une longue enveloppe.

— Oui, dit-il. Je crois que ça va lui faire dresser les cheveux sur la tête. Or, il ne faut pas que cette lettre courre le risque de s'égarer. Mieux vaudrait l'envoyer par un porteur chargé de la lui remettre en mains propres. Si Marlowe est absent, il ne faut pas la laisser à son bureau.

Mme Manderson fit un geste d'acquiescement.

— Je vais arranger tout cela. Attendez quelques instants.

Lorsqu'elle revint, elle trouva Trent occupé à fourrager dans un tiroir à partitions. Elle se laissa glisser sur le tapis à ses côtés.

— Dites-moi une chose, Philippe ! demanda-t-elle.

— Je veux bien, si cette chose fait partie des quelques choses que je sais.

— Hier soir, lorsque vous avez vu mon oncle, lui avez-vous parlé de nous ?

— Non ! Je me suis rappelé que vous m'aviez recommandé de n'en parler à personne. N'est-ce pas à vous de décider si vous désirez mettre le monde dans notre confidence maintenant, ou seulement plus tard ?

— Alors, voulez-vous le lui dire ?

Elle baissa les yeux.

— Je veux que vous le lui disiez, reprit-elle. Peut-être, si vous y réfléchissez un peu, devinerez-vous pourquoi. Voilà qui est arrangé.

Elle leva ses yeux vers Trent, et pendant quelques instants tout se fit silencieux dans la chambre.

Enfin, Trent s'enfonça dans le fauteuil.,

— Que le monde est bizarre ! s'écria-t-il. Mabel, voulez-vous me jouer quelque chose qui exprime la joie pure et simple.

Mme Manderson alla au piano, et y plaqua quelques accords. Puis elle se mit à improviser, à faire des variations passionnées au thème du dernier mouvement de la Neuvième Symphonie, qui est quelque chose comme le bruit délicieux que doivent faire, en s'ouvrant, les portes du paradis.

CHAPITRE XV

LA chambre dominait St James's Park ; c'était une grande chambre meublée et décorée avec un certain goût. Mais partout on y reconnaissait la marque du célibataire. Près de la fenêtre, John Marlowe ouvrit un vieux bureau de chêne et en tira une épaisse enveloppe.

— Si je ne me trompe, dit-il à M. Cupples, vous avez lu ce manuscrit.

— Je l'ai parcouru pour la première fois, il y a deux jours, répliqua M. Cupples, qui, assis sur le sofa, examinait la pièce d'un regard bénin. Nous l'avons discuté en détail.

Marlowe se tourna vers Trent.

— Voici votre manuscrit, dit-il en posant l'enveloppe sur une table. Je l'ai relu trois fois. Je crois que personne n'aurait pu approcher de la vérité comme vous l'avez fait dans ce récit.

Trent ne parut pas prendre garde au compliment. Il était assis près de la table, regardant le feu d'un air imperturbable, ses longues jambes repliées sous la chaise.

— Vous voulez dire, observa-t-il en attirant l'enveloppe vers lui, que vous avez encore bien des choses à nous apprendre pour que nous connaissions la vérité tout entière. Nous sommes prêts à vous entendre quand vous voudrez. Je crois que ce sera une longue histoire, et en ce qui vous concerne, je crois que plus elle sera longue, mieux cela vaudra. Je suis prêt à tout comprendre. Voulez-vous nous dire d'abord ce que vous pensez de Manderson, et nous raconter vos relations avec lui ? Il m'a toujours semblé que le caractère de Manderson était un des facteurs essentiels de toute l'affaire.

— Vous avez raison, dit Marlowe amèrement.

Il traversa la chambre et s'assit sur le garde-feu en cuir rembourré.

— Je vais commencer comme vous me le conseillez.

— Laissez-moi d'abord vous dire, remarqua Trent en le regardant bien en face, que bien que je sois ici pour vous écouter, je n'ai encore aucune raison de douter des conclusions que j'ai notées dans ce manuscrit. Vous comprenez bien, n'est-ce pas, que c'est votre défense que vous allez exposer ?

— Parfaitement.

Marlowe était très calme et avait tout son sang-froid. Il était bien différent de l'être nerveux et harassé que Trent se rappelait avoir vu à Marlstone un an et demi auparavant. Son maintien souple, mais droit, était celui d'un homme sain et très en forme ; ses yeux bleus étaient parfaitement clairs, bien qu'on y pût retrouver encore ce regard qui avait tant intrigué Trent à leur première rencontre. Seules les rides qui se crispaient autour de sa bouche montraient qu'il se savait dans une situation difficile, et qu'il était résolu à y faire face.

— Sigsbee Manderson n'était pas un cerveau normal, commença Marlowe, d'une voix tranquille. La plupart des hommes très riches que j'ai rencontrés en Amérique ont amassé leur fortune soit grâce à une rapacité anormale, soit par un travail anormal, par une force personnelle anormale, ou par une chance anormale ! Aucun d'entre eux n'avait un cerveau puissant. Manderson, lui aussi, se complaisait à amasser de l'argent ; il y travaillait incessamment ; c'était un homme d'une volonté dominatrice, mais ce qui le singularisait, c'était sa vigueur d'esprit. Peut-être en Amérique, vous dirait-on que le trait essentiel de son caractère était surtout son obstination dans la poursuite du but qu'il se proposait. Mais il y a des centaines d'autres hommes qui eussent accompli leurs plans avec tout aussi peu de considération pour autrui, s'ils avaient pu concevoir ces plans.

« Je ne dis pas que les Américains ne soient pas intelligents. Comme nation, ils sont dix fois plus intelligents que nous. Mais je n'ai jamais rencontré un Américain qui montrât une telle sagacité, une telle prévoyance, qui eût de tels dons de mémoire et de ténacité, ni une telle vigueur d'intelligence. Manderson fit preuve de toutes ces qualités dans chacune de ses actions, au cours de sa carrière de financier. Les journaux l'ont souvent appelé le Napoléon de Wall Street, mais peu de gens savaient comme moi à quel point ce surnom était exact. D'abord, il n'oubliait jamais un fait qui pouvait un jour ou l'autre lui être utile. Et il traitait les affaires avec la même méthode que Napoléon employait à la guerre. Il les étudiait dans les rapports spéciaux qu'on lui rédigeait à de courts intervalles et qu'il avait toujours sous la main. Dès qu'il avait un instant de loisir, il reprenait les rapports sur le blé, le charbon ou les chemins de fer. Ensuite, il concevait un plan plus hardi et plus fin que ceux de tous les autres hommes d'affaires. Au bout d'un certain temps, tout le monde savait que Manderson ne prendrait jamais dans une affaire la décision qui, aux yeux de tous les autres, paraissait évidemment la meilleure. Mais personne n'arriva jamais à comprendre davantage ce véritable génie. Il agissait toujours d'une façon imprévue, et c'est ce qui lui valut la plupart de ses succès. Wall Street s'alarmait dès que l'on apprenait que le patron partait en guerre, et souvent ses adversaires cédaient avec une facilité merveilleuse. Le projet que je vais vous décrire aurait occupé la plupart des hommes pendant très longtemps. Mais Manderson l'a peut-être combiné entièrement, jusqu'au moindre détail, pendant le temps qu'il mit un matin à faire sa barbe.

« J'ai toujours cru que les quelques gouttes de sang indien qu'il avait dans les veines expliquaient en grande partie son astuce et sa férocité. Chose étrange, personne ne soupçonnait cela, à part moi et lui. Je fis cette découverte de la façon suivante. Il me demanda un jour d'appliquer mon goût pour les travaux généalogiques, à faire des recherches sur l'histoire très obscure de sa famille. Ce fut alors que je trouvai qu'il avait en lui du sang du chef iroquois Montour et de la femme de celui-ci, une Française terrible, qui avait dirigé la sauvage politique des tribus du Wilderness, il y a deux siècles de cela. En ce temps-là il y avait des Manderson qui faisaient le commerce des fourrures sur les confins de la Pensylvanie, et plus d'un a épousé des femmes indiennes. Peut-être Manderson avait-il aussi dans ses veines le sang d'autres ancêtres indiens que Montour. Je n'ai pu retracer les antécédents de certaines femmes des Manderson, et il y eut tant de générations de pionniers avant que le pays soit arrivé à une civilisation complète? Mes recherches m'ont confirmé dans l'idée qu'il y a beaucoup de sang aborigène chez un grand nombre d'Américains d'aujourd'hui. Il y a eu constamment des mariages entre les familles arrivées plus récemment et les plus anciennes, et chez celles-ci il y avait souvent des traces de sang peau-rouge, dont elles étaient du reste très fières. Mais Manderson avait plutôt honte de son sang mêlé et ce sentiment augmenta, je crois, lorsque la question nègre se posa après la guerre de sécession. Il fut atterré par ce que je lui appris sur son ascendance, et il prit grand soin de le cacher à tout le monde. Bien entendu, je n'en ai jamais parlé à personne tant qu'il a vécu, et je crois qu'il avait confiance en moi. Mais j'ai soupçonné que c'est à partir de ce moment que je lui suis devenu antipathique. Tout cela se produisait à peu près un an avant sa mort. »

Alors M. Cupples posa une question, et cela si brusquement que Trent et Marlowe tressaillirent tous les deux.

— Manderson avait-il une conviction religieuse définie ?

Marlowe réfléchit un instant.

— Je ne lui en ai pas connu, dit-il. La méditation et la prière lui étaient toutes deux inconnues, et je ne l'ai jamais entendu parler de religion. Je doute qu'il ait jamais eu de véritable sentiment de Dieu, ou qu'aucune émotion ne le lui ait révélé. Mais j'ai cru comprendre que, tout enfant, il avait eu une instruction religieuse et morale très soignée. Sa vie privée était irréprochable au sens qu'on attache généralement à ce mot. C'était presque un ascète ; il n'avait qu'une habitude : fumer. J'ai vécu auprès de lui quatre ans, et pendant tout ce temps je ne l'ai jamais surpris disant un mensonge direct, bien qu'il pratiquât constamment la prétérition sous toutes les autres formes. Pouvez-vous comprendre quelle fut l'âme de cet homme, qui jamais n'a hésité à se servir de n'importe quel moyen pour duper les gens, qui avait recours à tous les trucs du marché pour les ruiner, et qui avait cependant des scrupules à prononcer un mensonge direct, même lorsqu'il s'agissait de l'affaire la plus insignifiante ? Eh bien, Manderson était ainsi, et il n'était pas le seul ! Je présume que cet état d'esprit est comparable à celui d'un soldat qui, personnellement, est très véridique, mais qui n'aura aucune hésitation à tromper l'ennemi. Les règles du jeu autorisent cette conduite, et elles peuvent s'appliquer aux affaires, du moins au point de vue de certains hommes d'affaires. Seulement la plupart de ces derniers se considèrent constamment comme en état de guerre.

— C'est un bien triste monde, remarqua M. Cupples.

— Vous avez raison, dit Marlowe. Je dirais donc qu'on pouvait toujours se fier à la parole de Manderson lorsqu'il la donnait d'une façon formelle. La première fois que je lui ai entendu dire un mensonge direct, ce fut le soir de sa mort. Et, sans doute, est-ce parce que j'ai entendu ce mensonge que j'ai pu ne pas être accusé d'être son assassin, et que j'ai échappé à la pendaison.

Marlowe regarda un instant fixement l'ampoule électrique suspendue au-dessus de lui, et Trent fit un geste d'impatience.

— Avant d'en arriver à ce point, dit-il, ditesnous exactement quels furent vos rapports avec Manderson, pendant les quatre années que vous avez passées chez lui.

— Nous avons toujours été en très bons termes, du commencement à la fin, dit Marlowe. Il n'y avait pas d'amitié entre nous, car il n'était pas homme à se faire des amis. Mais nos relations étaient excellentes en tant que d'employé de confiance à chef. Après avoir conquis mes diplômes à Oxford, j'entrai chez lui en qualité de secrétaire particulier. J'aurais dû entrer dans la maison de mon père, mais mon père me conseilla de voir le monde pendant un an ou deux. J'acceptai donc cette place de secrétaire qui devait me promettre de voir et d'apprendre grand nombre de choses diverses, et au lieu de rester un an chez lui, j'y demeurai quatre années. Et je dus l'offre de Manderson à la dernière chose sur laquelle j'aurais pu compter pour trouver une situation : au jeu d'échecs !

A cette dernière phrase, Trent se frappa les mains avec une sourde exclamation. Ses compagnons le regardèrent, surpris.

— Les échecs ! répéta Trent. Eh bien, savez-vous, M. Marlowe, ce qui m'a tout d'abord frappé, lorsque je vous ai rencontré pour la première fois ? Ce furent vos yeux. Sur le moment même, je ne me rappelai pas où j'avais déjà vu vos yeux. Mais, maintenant, je sais. Ils étaient dans la tête du célèbre Nicolaï Korchagin, avec qui j'ai fait un voyage de six jours, dans le même compartiment de chemin de fer. Je m'étais dit qu'après cela je n'oublierais jamais l'œil du joueur d'échecs, et cependant, je ne le reconnus pas lorsque je vous aperçus. Pardonnez-moi de vous interrompre ainsi, acheva-t-il brusquement, en se rasseyant et en reprenant son attitude marmoréenne

— J'ai joué aux échecs depuis mon enfance et avec de forts joueurs, dit Marlowe simplement. C'est un don héréditaire, si on peut l'appeler ainsi. A l'Université, j'étais aussi fort que n'importe qui. Et pendant mon séjour, je consacrai le meilleur de mon temps aux échecs et à la société dramatique de l'Université d'Oxford. Comme vous le savez, sans doute, on trouve à Oxford d'innombrables occasions de s'amuser aux dépens de son instruction, et ces occasions y sont même fournies aux étudiants par leurs professeurs. Eh bien, un jour pendant ma dernière année scolaire, le Dr Munro, du Queen's College, que je n'avais jamais battu aux échecs, m'envoya chercher. Il me dit que je savais jouer un jeu d'échecs d'une façon assez sortable. Je lui répondis qu'il était bien aimable de me le dire. Alors il reprit : « Il paraît que vous chassez aussi ». Je dis : « Oui, de temps en temps ». Alors il me demanda : « Ne savez-vous rien faire d'autre ? » — « Non », répondis-je. Le ton de la conversation me déplaisait, car le vieillard réussissait en général fort bien à mettre les jeunes gens hors de leurs gonds. Il grogna et me dit que l'on prenait des renseignements pour le compte d'un riche Américain qui désirait un secrétaire anglais. L'Américain s'appelait Manderson. Dr Munro ne semblait jamais avoir entendu prononcer ce nom et, après tout, c'était bien possible, car il n'ouvrait jamais un journal, et depuis trente ans il n'avait pas passé une nuit hors de l'enceinte du collège. Il m'informa que si je parvenais à perfectionner mon orthographe, j'aurais des chances d'obtenir cette place, car les seules qualités indispensables exigées par Manderson, c'était de jouer aux échecs, d'être bon cavalier et d'avoir passé les examens de l'Université d'Oxford.

« C'est ainsi que je devins le secrétaire de Manderson. Pendant longtemps j'aimai beaucoup ma place. On ne connaît pas beaucoup de moments ennuyeux lorsqu'on est au service d'un plutocrate américain très actif et dans la fleur de l'âge. De plus, j'étais indépendant. Mon père éprouva à cette époque des revers de fortune assez sérieux, et j'étais très heureux de pouvoir me passer d'une pension. A la fin de la première année, Manderson doubla mes appointements. « C'est beaucoup d'argent, me dit-il. Mais je ne crois pas que j'y perde. » Vous comprenez, je faisais déjà bien autre chose que de l'accompagner à cheval ou faire sa partie d'échecs après dîner. Je m'occupais de ses maisons, de sa ferme dans l'État d'Ohio, de ses chasses dans le Maine, de ses chevaux, de ses autos et de son yacht. J'étais devenu un horaire de chemin de fer ambulant, et je me connaissais fort bien en cigares. J'apprenais sans cesse quelque chose de nouveau.

« Et bien, maintenant, vous comprenez quels furent mes rapports avec Manderson pendant les trois dernières années où je fus à son service. En somme, j'avais une vie heureuse. J'étais occupé, mon travail m'intéressait, et puis j'avais aussi le temps de m'amuser, et de l'argent à dépenser. A un certain moment, j'agis comme un imbécile à propos d'une jeune Américaine, et alors je connus quelques moments très durs. Mais cela me permit aussi d'apprécier toute la bonté de Mme Manderson.»

En prononçant ces paroles, Marlowe fit un léger signe de tête dans la direction de M. Cupples.

— Peut-être vous en parlera-t-elle. Quant à Manderson, il ne varia jamais d'attitude envers moi, malgré le changement survenu en lui pendant les derniers mois de sa vie, et dont vous êtes au courant. Il me traita bien, il se montra généreux à sa façon peu sympathique, et je n'eus jamais un instant l'impression qu'il était mécontent du contrat passé entre nous. Voilà exactement le pied sur lequel nous étions l'un et l'autre. Et ce fut précisément par le fait que son attitude n'avait jamais varié jusqu'à sa mort, que fut rendu infiniment plus dure la révélation que j'eus tout à coup de la profondeur de la haine que nourrissait Manderson contre moi.

Les regards de Trent et de M. Cupples se heurtèrent un instant.

— Avant cela, vous n'aviez jamais soupçonné qu'il vous détestait ? demanda Trent.

Et M. Cupples ajouta :

— A quoi attribuez-vous cette haine ?

— Je n'ai pas deviné jusqu'à ce soir qu'il nourrissait le moindre mauvais sentiment contre moi, dit Marlowe. Je ne sais à combien de temps cela remontait. Et je ne m'imagine pas ce qui a pu le causer. Je fus amené à croire, lorsque je songeais à cela pendant les terribles journées qui suivirent sa mort, que c'était l'illusion d'un fou, et qu'il croyait que je complotais contre lui ; cette folie-là est très courante chez les déments. Sûrement, le dessous de cette affaire est une idée fixe absolument insensée. Mais qui peut sonder les abîmes de l'imagination d'un fou ? Pouvez-vous concevoir l'état d'âme dans lequel un homme se condamne à la mort, afin de livrer l'individu qu'il hait au bourreau ?

M. Cupples eut un mouvement brusque.

— Vous voulez dire que c'est Manderson lui-même qui fut responsable de sa propre mort ? demanda-t-il.

Trent lui jeta un coup d'œil d'impatience, puis se remit à examiner profondément le visage de Marlowe, qui se détendait, tant était visible le soulagement qu'il éprouvait à parler enfin.

— Oui, je le dis, répliqua Marlowe très nettement, et il regarda son interlocuteur droit dans les yeux.

— Avant d'établir la preuve de votre affirmation, dit M. Cupples, du ton duquel il eût discuté quelque point de science abstraite, il faudrait observer que l'état d'esprit que vous prêtez à Manderson était...

Mais Trent l'interrompit en lui posant doucement la main sur le bras.

— Si nous écoutions d'abord son récit ? dit-il. Vous nous avez expliqué vos relations avec Manderson, ajouta-t-il en se tournant vers Marlowe. Voulez-vous nous dire maintenant les faits qui se sont produits le soir du crime ?

Marlowe rougit un peu, en percevant l'accentuation que Trent porta sur le mot « faits ». Puis, il se redressa.

— Le dimanche soir, Bunner et moi avons dîné avec M. et Mme Manderson, dit-il, en pesant ses paroles. Le repas ressembla exactement aux autres repas auxquels nous avons participé tous les quatre. Manderson était sombre et taciturne comme d'habitude depuis un certain temps. C'est nous seuls qui avons fait les frais de la conversation. Nous nous sommes levés de table vers neuf heures. Mme Manderson se retira dans le salon ; Bunner alla à l'hôtel retrouver un ami. Manderson me demanda de l'accompagner jusqu'au verger situé derrière la maison, disant qu'il avait à me parler. Nous marchâmes de long en large. Il fumait son cigare avec son flegme ordinaire. Manderson me parla. Jamais il n'avait paru aussi sain d'esprit, ni mieux disposé envers moi. Il me dit qu'il allait me prier de lui rendre un service important. Il s'agissait d'une grande spéculation à propos de laquelle il fallait garder le secret le plus absolu. Bunner n'en savait rien, et moins je serais au courant de l'affaire, mieux cela vaudrait. Il voulait que je suive exactement les instructions qu'il me donnerait, et sans essayer d'en deviner les raisons.

«Tout cela était caractéristique de la façon dont Manderson travaillait. Si parfois il avait besoin qu'un homme ne fût qu'un simple outil entre ses mains, il le lui disait très clairement. Il s'était servi de moi ainsi bien des fois. Je l'assurai qu'il pouvait compter sur moi, et lui dis que je me tenais à sa disposition. «Tout de suite?», me demandat-il. Et je lui répondis : «Oui».

«Alors il hocha la tête et me dit (je vous rapporte ses paroles aussi bien que je me les rappelle) : «Eh bien, écoutez. Il y a en ce moment en Angleterre un homme qui est engagé dans cette affaire avec moi. Il devait partir demain pour Paris par le bateau qui quitte Southampton lundi pour le Havre. Il s'appelle Georges Harris, du moins c'est le nom sous lequel il voyage. Vous rappellerez-vous ce nom ? » J'acquiesçai. «Oui, dis-je, lorsque je suis allé à Londres, il y a une semaine, vous m'avez demandé de retenir une cabine à son nom, sur le bateau qui part demain. Je vous ai remis le billet. » — «Le voici », dit-il, en le tirant de sa poche. — «Maintenant, dit Manderson en ponctuant chaque parole d'un geste avec le bout de son cigare, suivant un tic qu'il avait, «Georges Harris ne doit pas quitter l'Angleterre demain. Je viens de m'apercevoir qu'il est indispensable pour la réussite de mon plan qu'il demeure là où il est. D'autre part, il faut que Bunner demeure ici. Mais il faut que quelqu'un parte par ce bateau pour porter d'importants papiers d'affaires à Paris, sans quoi, tout mon projet va tomber à

l'eau. Voulez-vous y aller ? » « Je lui répondis :
« Certainement, je suis ici pour obéir à vos ordres. »

« Il mordit son cigare, et dit : « C'est bien, mais
c'est que précisément il ne s'agit pas d'ordres
ordinaires. Ce n'est pas ce que l'on pourrait en
général exiger d'un employé. Voilà ce dont il
s'agit. Ni moi, ni personne qui soit connu pour
être de mon entourage ne doit paraître encore
dans l'affaire dont je m'occupe. C'est essentiel.
Mais les gens contre lesquels je lutte vous connaissent comme ils me connaissent. Si l'on sait
dans certains milieux que mon secrétaire s'est
rendu à Paris, et qu'il y a eu des entrevues avec
certaines personnes, — et on le saurait presque
immédiatement, — alors tout est flambé. »

« Il jeta son cigare, et me lança un regard scrutateur. Je n'aimais guère cette affaire de la façon
dont elle se présentait à moi, mais j'aimais encore
moins faire faux bond à Manderson, à la dernière
minute. Je parlai d'un ton dégagé. Je lui demandai
s'il fallait essayer de dissimuler mon identité, et
je l'assurai que je ferais de mon mieux, car autrefois, je savais fort bien me grimer. Il approuva d'un
signe de tête et me dit : « C'est bien. Je savais
que vous me tireriez de ce mauvais pas. » Il me
donna ensuite mes instructions. « Prenez immédiatement l'auto, me dit-il, et partez pour Southampton, car il n'y a plus de train en temps utile.
Vous voyagerez toute la nuit. Sauf accident, vous
arriverez sans doute vers six heures. Mais quelle
que soit l'heure à laquelle vous arriverez, allez
directement au Bedford Hotel, et demandez
Georges Harris. S'il est là, expliquez-lui que c'est
vous qui partez pour Paris à sa place, et dites-
lui qu'il me téléphone. Il est extrêmement important qu'il sache cela aussi tôt que possible. Mais s'il

n'est pas là, cela signifiera qu'il a reçu les instructions que je lui ai télégraphiées aujourd'hui même, et qu'il n'est pas parti pour Southampton. Dans ce cas, vous ne vous inquiéterez plus de lui. Vous attendrez simplement le bateau. Laissez l'auto dans un garage sous un nom d'emprunt, et surtout ne donnez pas le mien. Ayez soin de vous grimer, — peu m'importe comment, pourvu que cela soit bien fait. Sur le bateau, voyagez sous le nom de Harris. Mais prenez garde et parlez peu. Lorsque vous arriverez, prenez une chambre à l'hôtel Saint-Petersbourg. Vous y recevrez soit un mot, soit un message, adressé à Georges Harris, qui vous dira où porter la sacoche que je vais vous remettre. La sacoche est fermée à clef, et il faudra en prendre bien soin. Avez-vous bien compris tout cela ? »

« Je répétai ses instructions. Je lui demandai si, après avoir remis la sacoche, je pouvais revenir en Angleterre. « Aussi tôt que vous voudrez, me répondit-il. Et rappelez-vous que, quoi qu'il arrive, il ne faut ni m'écrire ni me télégraphier pendant tout le voyage. Si vous ne recevez pas le message dès votre arrivée à Paris, attendez jusqu'à ce que vous le receviez, plusieurs jours, si c'est nécessaire. Mais surtout ne m'écrivez rien ! Vous me comprenez ? Bon ! Alors, préparez-vous aussi vite que possible. Je vous accompagnerai un bout de chemin en auto. Dépêchez-vous. »

« Voici, autant que je me le rappelle, exactement ce que Manderson m'a dit ce soir-là. Je montai dans ma chambre, je revêtis un complet veston, et je jetai précipitamment les quelques objets dont j'avais besoin dans une valise. J'étais comme ahuri, plus par la hâte que par le caractère étrange de ma mission. Je crois me rappeler vous avoir dit, la dernière fois que je vous ai rencontré, ajouta Marlowe en se tournant vers Trent, que Manderson avait le goût qu'ont ses compatriotes de tout faire comme dans un roman. Il était ravi de faire parfois du mystère et du drame, et je me dis que la mise en scène de cette nouvelle affaire était bien caractéristique de Manderson. Je descendis vite, ma valise à la main, et je le rejoignis dans la bibliothèque. Il me tendit un épais portefeuille en cuir ayant près de huit pouces de long sur six de large, et fermé par une courroie à serrure. Je pus tout juste le faire entrer dans ma poche de côté. Puis j'allai au garage mettre l'auto en marche. J'amenai la voiture devant le perron de la maison, lorsque j'eus tout à coup une pensée qui me déconcerta quelque peu. Je me rappelai que je n'avais que quelques shillings en poche.

« Depuis quelque temps, j'étais par ma faute à court d'argent. Je m'en vais vous en dire la raison, car c'est le point capital de l'affaire. Je vivais momentanément d'argent emprunté. Depuis que j'étais au service de Manderson, je dépensais sans compter, et comme j'aimais la société de mes contemporains j'avais beaucoup d'amis, qui pour la plupart appartenaient à cette catégorie de charmants jeunes gens qui n'ont d'autre occupation que de se débarrasser des gros revenus que leur ont laissés leurs parents. Mais enfin j'étais très bien payé, et j'étais trop occupé pour les suivre bien loin. Je pus inscrire plusieurs chiffres du côté avoir de mon registre, jusqu'au jour ou je me mis à spéculer, par pure curiosité. Je crus que c'était facile, et au début je fus heureux. Je me dis que je serais toujours prudent. Or, il advint un jour que je m'aventurai plus loin que ne me permettaient mes moyens. En une semaine, non seulement j'avais dépassé mon crédit, mais je devais de l'argent. J'avais reçu une fameuse leçon. Pour me tirer de cette impasse, j'allai trouver Manderson, je lui racontai ce que j'avais fait et quelle était ma situation. Il m'écouta avec un sourire, et puis il m'avança une somme sur mon traitement qui me permit de me libérer. « Ne jouez plus à la Bourse », me dit-il. Il me montra, en cette circonstance, plus de sympathie que je n'en avais jamais trouvé chez lui.

« Or, ce dimanche soir, Manderson n'ignorait pas que je n'avais presque plus le sou. Et il savait que Bunner le savait. Peut-être savait-il aussi que j'avais emprunté quelques livres à Bunner, pour me permettre d'attendre mon prochain chèque qui était fort réduit, à cause de l'avance que j'avais touchée. Rappelez-vous bien que Manderson était au courant de tout cela !

« Dès que j'eus amené l'auto devant le perron, j'allai trouver Manderson dans la bibliothèque et lui expliquai ma situation.

« Ce fut ce qui suivit, tout peu important que cela puisse paraître, qui me donna la première impression que Manderson ne jouait pas franc jeu avec moi. Dès que je prononçai le mot « dépenses », il porta machinalement la main à sa poche de pantalon gauche, où il portait toujours un petit portefeuille dans lequel il gardait environ cent livres en billets de banque. C'était une habitude tellement ancrée chez lui que je fus très étonné de le voir arrêter brusquement le geste qu'il avait esquissé, et je fus encore plus surpris de l'entendre jurer violemment à voix basse. C'était la première fois qu'il jurait devant moi, mais Bunner m'avait dit que Manderson se montrait souvent irritable lorsqu'ils étaient seuls ensemble. Aussitôt je me demandai : « A-t-il égaré son portefeuille ? » Mais pourtant il me semblait que même la perte de ces cent livres ne pouvait guère modifier son plan. Et je vais vous dire pourquoi. La semaine précédente, lorsque j'étais allé à Londres pour exécuter plusieurs commissions, et entre autres choses pour retenir la cabine de M. Georges Harris, j'avais retiré mille livres pour Manderson chez ses banquiers. Et suivant ses recommandations, je m'étais fait payer en coupures représentant de petites sommes. Je ne savais à quel usage il destinait cette importante somme en argent liquide, mais je savais que les billets de banque étaient placés dans un tiroir fermé à clef dans son bureau, dans la bibliothèque. Du moins ils y avaient été l'après-midi, car j'avais vu Manderson en train de les compter, assis à son bureau.

« Mais au lieu de se tourner vers ce meuble, Manderson continuait à me dévisager. Son visage avait une expression furieuse, qu'il maîtrisa peu à peu, jusqu'à ce que son regard se fît calme de nouveau. « Attendez-moi dans l'auto, dit-il lentement. Je vais chercher de l'argent. » Nous sortîmes tous les deux, et comme je passais mon manteau dans le hall, je le vis entrer dans le salon, qui, si vous vous le rappelez, s'ouvrait de l'autre côté de l'antichambre.

« Je me mis à arpenter la pelouse, en fumant une cigarette. Je me demandai ce qu'avaient bien pu devenir les mille livres ; peut-être Manderson les avait-il enfermées dans le salon, mais pourquoi ? Puis, au moment où je passais devant une des fenêtres du salon, je remarquai l'ombre de Mme Manderson qui se dessinait contre le mince rideau de soie. Elle se tenait près de son bureau. La fenêtre était entr'ouverte, et en passant devant je l'entendis dire : « Je n'ai pas tout à fait trente livres dans ma bourse. Cela vous suffit-il ? » Je n'entendis pas la réponse, mais je vis la silhouette de Manderson se profiler à son tour, et j'entendis le bruit de pièces d'or qu'on maniait. Puis, j'étais sur le point de m'éloigner, lorsque je perçus la voix du patron. Et ses paroles me surprirent à un tel point qu'elles se sont gravées dans ma mémoire : « Je vais sortir. Marlowe m'a persuadé de faire une randonnée au clair de lune dans l'auto. Il me l'a vivement conseillé, car il croit que cela me fera mieux dormir. Peut-être a-t-il raison. »

« Je vous ai dit qu'en quatre années jamais je n'avais surpris Manderson prononçant un mensonge direct. Je croyais comprendre la très superficielle moralité de cet homme, et j'aurais juré que si on lui avait posé une question pressante qu'il ne pouvait éviter, il aurait soit refusé de répondre, soit dit la vérité. Alors, que venais-je d'entendre ? Ce n'était même pas une réponse à une question, c'était une affirmation volontaire, exprimée en termes précis, et qui était absolument fausse. C'était inimaginable. J'éprouvais presque l'impression que quelqu'un que je connaissais bien venait de me souffleter en pleine figure au moment où nous éprouvions le plus de sympathie l'un pour l'autre. Le sang me monta au visage et je m'arrêtai net, sur la pelouse. Je demeurai ainsi immobile jusqu'au moment où j'entendis des pas résonner dans l'antichambre. Alors, je gagnai précipitamment l'auto, en essayant de me ressaisir. Il me tendit un sac de banquier contenant quelques billets et de l'or. « Vous n'aurez pas besoin d'autant que cela », me dit-il, comme j'empochais machinalement le sac.

« Pendant quelques instants je demeurai là, à discuter avec Manderson sur la meilleure route à suivre. Je le fis par un de ces tours de force dont l'esprit est capable lorsqu'il est soumis à une grande tension ou à une grande excitation. J'avais suivi plusieurs fois la route de Southampton le jour, et je crois que j'en ai parlé d'une façon tout à fait calme et tout à fait naturelle. Mais pendant que je parlais, mon esprit se débattait contre des craintes et des soupçons insurmontables. Je ne savais pas ce que je redoutais. Je ressentais simplement une crainte indescriptible qui se rattachait à Manderson. Une fois que mon âme se fut ouverte, la crainte s'y engouffra comme une armée à l'assaut. Je sentais, je savais qu'il se passait quelque chose d'étrange dont j'étais l'objet. Cependant, Manderson n'était pas mon ennemi. Puis, j'essayais en vain de m'expliquer pourquoi il avait dit ce mensonge. Et tout le temps mon sang qui battait rythmait l'interrogation suivante : « Où sont ces mille livres ? » Ma raison lutta en vain pour me prouver que les deux faits ne se tenaient pas. Mais mon instinct d'homme menacé refusa de l'écouter. Lorsque nous démarrâmes et que l'auto suivit le tournant de la route, ce fut seulement mon moi inconscient qui tenait le volant, et qui faisait de temps à autre quelque observation, pendant que nous glissions sous le clair de lune. En moi, je ressentais la confusion et une vague alarme, bien plus angoissante que la plus grande terreur véritable que j'aie jamais ressentie.

« A environ un mille de la maison, vous vous rappelez sans doute que l'on passait une grille à gauche : l'entrée du golf. Manderson me dit d'arrêter là, car il allait me quitter. Je lui obéis. « Vous n'avez rien oublié ? » me demanda-t-il. Et je me forçai par un terrible effort à répéter toutes les recommandations qu'il m'avait faites. « Parfait, me dit-il alors. Au revoir. Ne lâchez pas la sacoche. » Telles furent les dernières paroles que je lui ai entendu prononcer, tandis que l'auto s'éloignait lentement. »

Marlowe se leva, et se passa la main sur les yeux. Il était congestionné par l'excitation que lui causait son propre récit, et ses deux compagnons demeurèrent silencieux devant le souvenir d'horreur qu'ils lurent dans son regard. Il se secoua d'un geste qui ressemblait un peu à celui d'un chien, et puis, les mains croisées derrière lui, il se tint droit devant la cheminée.

— Sans doute, vous savez tous les deux ce que c'est que le rétroviseur d'une auto.

Trent acquiesça d'un geste, mais Cupples, qui nourrissait une antipathie douce mais obstinée contre les autos, confessa volontiers son ignorance.

— C'est un petit miroir, expliqua Marlowe, qui est parfois rond, mais souvent rectangulaire, qui est vissé à la glace placée devant le conducteur de la voiture, et ajusté de façon qu'il puisse y voir, sans tourner la tête, si d'autres voitures vont le dépasser. C'est d'un usage courant, et, sur l'auto de Manderson, on avait installé un de ces rétroviseurs. Or, lorsque l'auto se remit en marche, au moment où Manderson venait de me parler, j'aperçus dans le miroir une vision que je donnerais tout au monde pour oublier.

Marlowe se tut un instant, regardant fixement le mur.

— J'y aperçus le visage de Manderson, reprit-il enfin à voix basse. Manderson se tenait sur la route, à quelques mètres derrière l'auto. Il me regardait, et le clair de lune tombait en plein sur son visage.

L'habitude physique est vraiment une chose merveilleuse. Je ne bougeais ni mains ni pieds sur le mécanisme qui contrôlait la voiture. Sans doute, l'habitude de conduire me fortifia-t-elle contre le choc. Peut-être avez-vous lu, dans des romans, que l'on aperçoit parfois l'enfer qui vous regarde dans les yeux d'un homme. Mais vous n'appréciez sûrement pas la justesse de cette métaphore. Si je n'avais pas su que c'était bien Manderson qui était sur la route derrière moi, je ne l'aurais pas reconnu. C'était le visage d'un fou, tout tordu, rendu hideux par la haine imbécile, les babines retroussées sur les dents, dans un rictus simiesque de férocité et de triomphe... Et les yeux... Je n'aperçus que ce visage, dans le petit miroir placé devant moi. Je ne vis rien du geste qui soulignait peut-être ce masque blafard et tordu qui me regardait m'éloigner. Je n'aperçus cette vision qu'un instant. L'auto continuait sa route, gagnant en vitesse, et, comme elle s'élançait, mon esprit, purgé tout à coup du doute et de la perplexité, était aussi occupé que le moteur qui trépidait à mes pieds.

« Je savais.

« Dans votre manuscrit, Monsieur Trent, vous avez fait allusion à la rapidité automatique avec laquelle les idées se groupent autour d'une pensée nouvelle qui vous éclaire tout à coup. C'est tout à fait vrai. La terrible intensité de la rancune que ces deux yeux fixes avaient lancée après moi avait inondé mon esprit comme un phare à feux tournants. Je réfléchissais très clairement, et presque calmement. Je savais maintenant ce que j'avais à redouter ou plutôt ce que je devais craindre. Mon instinct m'avertit que ce n'était pas le moment de céder aux émotions qui m'assaillaient. Manderson me haïssait avec une intensité de fou. Je compris tout à coup cela, tout incroyable que cela parût. Mais son visage m'avait révélé encore bien autre chose que sa haine. Car j'y avais lu le triomphe de la haine, quelque infâme satisfaction. Ce visage s'était réjoui en me voyant m'éloigner vers ma destinée. Cela aussi m'apparaissait nettement. Mais quelle était cette destinée ?

« J'arrêtai l'auto. J'avais fait environ deux cent cinquante mètres et un tournant brusque de la route me cachait l'endroit où j'avais déposé Manderson. Je me penchai en arrière, dans le siège, et je me mis à réfléchir. Evidemment, quelque chose allait m'arriver. A Paris ? Probablement. Pourquoi autrement m'y aurait-il envoyé, pourvu d'argent, et d'un billet ? Mais pourquoi Paris ? Cela m'intriguait, car je n'avais pas d'idées mélodramatiques sur Paris. Je n'essayai pas d'élucider ce point immédiatement, et je réfléchis à d'autres faits qui avaient attiré mon attention pendant la soirée. Pourquoi avait-il prononcé le mensonge à propos du tour en auto, au clair de lune, — de la promenade que je lui avais conseillé de faire ? Et puis, je me dis que Manderson allait rentrer chez lui, pendant que je suivais la route de Southampton. Que dira-t-il de moi ? Comment expliquera-t-il son retour, seul, sans l'auto ? Et, au même instant où je me posai cette question, je me demandai aussi : « Où sont les mille livres ? » Et je formulai immédiatement la réponse. « Les mille livres sont dans ma poche. »

« Je descendis d'auto. Mes genoux tremblaient, et je me sentais comme sur le point de m'évanouir. Maintenant, je croyais voir tout le complot. L'histoire des papiers qu'il fallait porter à Paris avait été combinée pour me tromper. Porteur des mille livres de Manderson, qu'il affirmerait que je lui avais volées, selon toutes les apparences, je fuyais l'Angleterre, ayant pris toutes les précautions possibles. Il préviendrait immédiatement la police, et saurait comment la mettre sur mes traces. Si j'arrivais à Paris, je serais arrêté, vivant sous un faux nom, après avoir laissé l'auto à Southampton, également sous un faux nom, après m'être déguisé, et après avoir voyagé dans une cabine que j'avais retenue d'avance, toujours sous un faux nom. Mon crime serait bien ainsi le crime d'un homme qui a perdu de l'argent, et qui en a un besoin absolu. Et tout ce que je raconterais de l'affaire semblerait absolument incroyable et impossible.

« Comme toutes ces sinistres accusations se dressaient contre moi, je tirai le gros portefeuille de ma poche. Je ne doutais pas un instant que j'étais dans le vrai, et que l'argent s'y trouvait. Le portefeuille pouvait facilement contenir un rouleau de billets de banque. Mais tandis que je le soupesais, il me semblait qu'il contenait autre chose. S'il ne renfermait que les billets, il ne serait pas aussi volumineux. Qu'est-ce que Manderson avait encore projeté de mettre à ma charge ? Après tout, mille livres, ce n'était pas beaucoup pour qu'un homme comme moi se décide à risquer le bagne ! Et dans la nouvelle agitation qui m'étreignit, je saisis la courroie un peu au-dessus de la fermeture, et j'arrachai la gâchette de la serrure. Car vous savez, en général, ces serrures-là ne sont pas très solides.»

Marlowe s'interrompit un instant, et alla jusqu'au bureau de chêne placé devant la fenêtre. Il ouvrit un tiroir plein d'objets hétéroclites, et il en tira une boîte contenant des clefs dépareillées parmi lesquelles il en choisit une qui se distinguait des autres par un bout de ruban rose.

Il tendit cette clef à Trent :

— Je conserve cette clef comme une sorte de souvenir funèbre, dit-il. C'est la clef de la serrure que j'ai forcée. J'aurais pu m'éviter cette peine, mais j'ignorais que cette clef était à ce moment même dans la poche gauche de mon pardessus. Manderson l'y avait sans doute glissée, soit lorsque le pardessus était suspendu dans le hall, soit pendant qu'il était assis à mes côtés dans l'auto. J'aurais très bien pu ne la trouver que plusieurs semaines après ; en fait, je ne découvris cette clef que deux jours après la mort de Manderson. Mais en perquisitionnant, la police l'aurait trouvée en cinq minutes ! Et alors, muni de mon déguisement, de mon faux nom et du portefeuille, je n'aurais pu fournir que l'explication, — si probable ! — que j'ignorais la présence de cette clef !

Trent joua un instant avec la clef pendue au bout de son ruban rose, puis il demanda vivement :

— Comment savez-vous que cette clef est celle du portefeuille ?

— Je l'ai essayée. Dès que je l'ai trouvée, je suis monté et l'ai essayée dans la serrure. Je savais où j'avais laissé le portefeuille. Et je crois que vous le savez aussi, Monsieur Trent ? N'est-ce pas ? Et la voix de Marlowe se fit légèrement moqueuse.

— Touché ! répliqua Trent avec un sourire amer. J'ai, en effet, trouvé un grand portefeuille, dont la serrure était forcée, sur la table de toilette dans la chambre de Manderson, parmi plusieurs autres objets. Vous m'apprenez que c'est vous qui l'avez posé là. Moi, je n'y ai rien compris.

— Il n'y avait pas de raison pour le cacher, dit Marlowe. Mais revenons à mon histoire. Je fis sauter la serrure. J'ouvris le portefeuille à la lumière d'une des lanternes de l'auto. Et j'aurais dû prévoir ce que fut le premier objet que j'y trouvai.

Il s'arrêta et jeta un regard vers Trent.

— C'était... commença Trent machinalement.

Puis il se ressaisit.

— N'essayez plus de me faire intervenir dans tout cela, dit-il, en rencontrant le regard de l'autre. Je vous ai déjà félicité dans ce manuscrit sur votre intelligence. Vous n'avez pas besoin de la prouver en amenant le juge que je suis à vous aider dans votre témoignage.

— Fort bien ! dit Marlowe. Mais je n'ai pu y résister. Si *vous* aviez été à ma place, vous auriez deviné bien plus vite que moi que la sacoche contenait le petit portefeuille de Manderson. Dès que je l'aperçus, je me rappelai qu'il ne l'avait pas sur lui au moment où je lui avais demandé de l'argent, et je me souvins de sa colère inexplicable. Il avait fait un faux pas. Il avait enfermé son portefeuille avec l'autre somme qui devait figurer comme mon butin ! J'ouvris ce portefeuille, et y trouvai quelques billets, que je ne comptai pas.

« Serrés dans les poches de la sacoche, je vis les autres paquets de billets de banque — ils étaient tels que je les avais rapportés de Londres. Et je vis aussi deux petits sacs en peau de chamois, que je reconnus fort bien. Mon cœur se mit à battre très fort sous ce nouveau coup absolument imprévu. C'était dans ces sacs que Manderson gardait les diamants qu'il achetait depuis quelque temps comme placement. Sous la pression de mes doigts, je sentais les pierres minuscules qui fuyaient. Je n'ai pas la moindre idée du nombre de milliers de livres que ces diamants représentaient. Nous avions cru que Manderson n'achetait des diamants que par une marotte spéculative. Maintenant, je crois que ce fut le premier mouvement de tout le complot qu'il avait imaginé pour me perdre. Car afin qu'un homme tel que moi pût être accusé de vol, il fallait qu'il y eût un puissant appât. Et l'appât, Manderson l'avait prévu.

« Alors je me dis que je savais tout, et que je devais agir. Je vis instantanément ce qu'il me restait à faire. J'avais laissé Manderson à un mille environ des White Gables. Il lui aurait fallu vingt minutes — peut-être un quart d'heure, s'il marchait vite, — pour rentrer chez lui. Il y ferait sans doute immédiatement sa version du vol, et téléphonerait au poste de police à Bishopsbridge. Il n'y avait guère que cinq ou six minutes que je l'avais quitté. Je le rattraperais facilement, grâce à l'auto, avant qu'il fût rentré chez lui. Il y aurait forcément entre nous une entrevue pénible. Mais j'étais résolu, et toutes mes craintes s'évanouirent pendant que je savourais d'avance la joie que j'aurais à lui dire tout ce que je pensais de lui. Peu de personnes ont ainsi formé le projet d'aller faire une scène à Sigsbee Manderson. Mais j'étais fou de rage. Il avait comploté contre mon honneur et ma liberté avec une détestable traîtrise. Je ne songeais pas à ce qui suivrait l'entrevue. Cela s'arrangerait tout seul.

« J'avais fait tourner la voiture et je roulais déjà vers les White Gables, lorsque tout à coup j'entendis le bruit d'un coup de revolver, tiré devant moi, sur la droite. Je mis immédiatement l'auto au point mort. Ma première pensée fut que Manderson m'avait visé. Puis, je compris que le bruit n'avait pas été si proche. Le clair de lune illuminait la route, sur laquelle je ne distinguai personne. J'avais laissé Manderson derrière le virage qui n'était plus éloigné que d'une centaine de mètres. Après une demi-minute je repartis, et je pris le virage à une allure très ralentie. Puis, je m'arrêtai brusquement et demeurai immobile. Manderson était étendu mort, sur l'herbe, de l'autre côté de la grille. Je le voyais très distinctement, dans le clair de lune.

Marlowe s'interrompit, et Trent, les sourcils froncés, lui dit :

— Il était étendu sur le terrain même du golf ?

— Évidemment ! dit M. Cupples. C'est là que se trouve précisément le huitième green.

A mesure que Marlowe parlait, M. Cupples paraissait de plus en plus intéressé et il jouait fiévreusement avec sa barbe.

— Il était sur le green, tout près du drapeau, reprit Marlowe. Il était étendu sur le dos, les bras écartés. Son veston et son pardessus étaient déboutonnés. La lumière des phares éclairait d'une façon sinistre sa figure blafarde et son plastron de chemise ; elle scintillait sur ses dents découvertes et sur un de ses yeux... L'autre œil... vous l'avez vu. Il était certainement mort. Et comme je demeurais immobile, étourdi, incapable de réfléchir, je vis un filet de sang qui coulait de l'orbite fracassée jusqu'à l'oreille. Tout près de lui, je remarquai son chapeau de feutre et, à ses pieds, un revolver.

« Sans doute je ne demeurai ainsi, regardant fixement le cadavre, que pendant quelques instants, puis je descendis d'auto, et m'approchai à pas lents de Manderson. Car, maintenant, la vérité m'apparaissait tout entière, et je compris dans quel effroyable danger je me trouvais. Ce dément n'avait pas seulement voulu me priver de mon honneur et de ma liberté. Il avait projeté ma mort : la mort dégradante du gibet ! Afin de me condamner plus sûrement, il n'avait point hésité à se tuer lui-même. Sans doute était-il déjà, depuis longtemps, d'une tendance mélancolique au suicide ; et sa dernière agonie s'était peut-être transformée en une volupté infâme, en songeant qu'en se condamnant, il me condamnait aussi ! Sur le moment, ma situation me parut désespérée. Si elle avait déjà semblé bien compromise par la présomption que Manderson comptait me dénoncer comme voleur, qu'était-elle maintenant que son cadavre me dénonçait comme assassin ?

« Je ramassai le revolver, et je constatai, presque sans émotion, que c'était le mien. Manderson l'avait sans doute pris dans ma chambre, pendant que je sortais l'auto du garage. Au même instant, je me rappelai que c'était sur la suggestion de Manderson que j'avais fait graver mes initiales, afin de le distinguer d'un revolver identique qu'il possédait.

« Je me penchai sur le cadavre, et m'assurai qu'aucun souffle de vie ne l'animait plus. Il faut que je vous dise que je n'ai pas remarqué, ni alors, ni plus tard, les égratignures et les meurtrissures qu'il portait aux poignets, blessures qui furent considérées comme étant la preuve qu'il avait soutenu une lutte contre un agresseur. Mais je ne doute pas que Manderson se les soit infligées lui-même avant de se suicider : cela faisait partie de son plan. Bien que ces détails m'aient échappé, je compris, en examinant le cadavre de Manderson, qu'il n'avait pas oublié, dans son dernier geste, de resserrer encore autour de moi les faits qui m'accusaient, en écartant absolument l'hypothèse du suicide. Il dut avoir beaucoup de mal à tenir le revolver à bras tendu, et sur son visage je ne relevai aucune trace de fumée ni de brûlure. La blessure était absolument nette et cessait déjà de saigner extérieurement. Je me relevai, et arpentai la pelouse, en récapitulant tous les points de l'accusation écrasante qui m'accablait !

« Je vis immédiatement quels étaient les deux partis à prendre. Je me dis qu'ils me seraient tous les deux fatals. D'abord je pouvais agir franchement, c'est-à-dire ramener le cadavre de Manderson, raconter mon histoire, déposer les billets de banque et les diamants, et me fier, pour me sauvegarder, à la force de la vérité et de l'innocence. J'aurais pu rire, en songeant à ce moyen-là ! Je me voyais ramenant le corps, et donnant une explication de ma conduite, hésitant par pure honte sur l'absurdité de l'accusation que je portais, sans que mille preuves ne vinssent l'appuyer, d'une haine insensée, et d'une traîtrise démoniaque, contre un homme qui, à ma connaissance, n'avait jamais rien eu à redire contre moi ! J'avais beau me tourner et me retourner, je butais contre la ruse de Manderson. La dissimulation de sa haine était un trait caractéristique de son stratagème ; seul un homme étant aussi maître de lui-même avait pu y réussir. Vous voyez vous-mêmes comment chaque fait de mon affirmation devait paraître, à l'ombre de la mort de Manderson, un lourd mensonge ! Je m'imaginais en train de raconter cette histoire au juge pour me disculper ! Je voyais l'expression du magistrat, m'écoutant ; je lisais sur les lignes de son visage sa pensée : l'audace d'exposer un amas aussi impudent de faits mal assortis ne me vaudrait que de voir disparaître toutes les chances de bénéficier d'une commutation de la peine capitale.

« Il était vrai que je n'avais pas fui. J'avais ramené le cadavre et remis l'argent et les diamants. Mais en quoi cela m'aiderait-il ? Cela prouvait seulement

qu'après l'accomplissement du forfait j'avais été
pris de peur, que je n'avais même plus assez d'énergie
pour garder les profits du crime. Peut-être, d'après
ces faits, croirait-on que je n'avais pas eu l'intention
de tuer Manderson, mais seulement de le menacer,
et que tout mon courage m'avait abandonné
lorsque j'avais compris ce que j'avais fait. J'avais
beau retourner le problème dans tous les sens, ce
plan d'action ne me faisait entrevoir aucune chance
d'échapper à une mort inévitable.

« Le deuxième plan qui se présenta à mon esprit
fut celui de fuir immédiatement. Mais cela aussi
me serait fatal. Le cadavre était là. Je n'avais pas
le temps de le cacher, afin qu'on ne le trouvât
pas dès les premières recherches. Mais, quoique
je fisse du cadavre, les autres habitants des White
Gables s'inquiéteraient sûrement dans deux ou
trois heures au plus tard, en ne voyant pas rentrer
Manderson. Martin soupçonnerait peut-être un
accident d'auto, et préviendrait la police par téléphone. Dès l'aube, les routes seraient battues dans
toutes les directions, les postes de police de toutes
les localités seraient prévenus télégraphiquement,
et la police prendrait immédiatement ses mesures
contre un crime possible. Elle tendrait ses filets
avec soin pour une affaire aussi importante que la
disparition de Manderson. Les ports et les ter-
minus des voies ferrées seraient étroitement sur-
veillés. En moins de vingt-quatre heures le cadavre
serait découvert, et tout le pays, toute l'Europe
seraient attentifs à me guetter. Il n'y aurait pas un
endroit dans le monde entier où l'homme accusé
du meurtre de Sigsbee Manderson pourrait passer
sans être inquiété, car tous les journaux répan-
draient la nouvelle de cette mort sensationnelle.
Tout étranger serait suspecté, tout homme, femme

ou enfant deviendrait un détective amateur. Et quel que fût l'endroit où j'abandonnerais l'auto, cela mettrait les gens sur ma piste. Je décidai donc que, s'il me fallait choisir entre deux partis également désespérés, je prendrais celui de dire la vérité, tout invraisemblable qu'elle parût.

« Mais je cherchai en vain une histoire qui semblerait plus vraisemblable que la simple vérité. Pouvais-je me sauver par un mensonge ? Les idées défilèrent rapidement dans mon esprit ; il est inutile que je les rappelle maintenant. Chacune avait son côté futile et périlleux, mais elles se heurtaient toutes au fait que j'avais persuadé Manderson de sortir avec moi, et que de cette promenade il ne rentrait pas vivant. Je rejetai idée après idée, en arpentant le green près de l'homme mort, et comme les minutes passaient, la fatalité semblait peser sur moi de plus en plus lourdement.

« Et puis, tout à coup, j'eus une pensée étrange.

« Je m'étais rappelé plusieurs fois et comme inconsciemment les paroles que j'avais entendu Manderson dire à sa femme, à l'effet que je l'avais persuadé de sortir avec moi : « Marlowe m'a engagé à faire une randonnée en auto avec lui, au clair de lune. Il m'y a engagé vivement. » Et tout à coup il me vint à l'esprit que sans le vouloir je répétais ces paroles avec la voix de Manderson.

« Comme vous vous en êtes assuré vous-même, Monsieur Trent, j'ai un don naturel d'imitation. Plusieurs fois, j'avais si bien imité la voix de Manderson, que j'avais réussi à tromper même Bunner, qui était bien plus souvent avec le patron que Mme Manderson. Si vous vous rappelez, continua Marlowe en se tournant vers M. Cupples, c'était une voix forte, métallique, qui portait très loin, c'était une voix si peu ordinaire qu'il était très amusant de l'imiter, et aussi très facile. Je me répétai donc les mots une deuxième fois, comme ceci, — (il les prononça, et M. Cupples, surpris, ouvrit de grands yeux) — et puis je frappai de la main le mur bas près duquel je me tenais. « Manderson n'est pas rentré vivant ! dis-je à haute voix. Eh bien, Manderson *va* rentrer vivant ! »

« En quelques instants j'avais conçu toute l'esquisse de mon plan. Je ne m'attardai pas à réfléchir sur des détails. Chaque minute était précieuse. Je soulevai le cadavre, je le plaçai au fond de l'auto, et le recouvris par une couverture. Puis, je pris le chapeau et le revolver. Je ne croyais pas qu'il restait trace sur le green du drame qui venait de s'y dérouler. Je mis l'auto en marche et me dirigeai vers les White Gables. En chemin, mon dessein prenait forme à mes yeux avec une facilité et une rapidité qui me surexcitaient. J'échapperais peut-être ! C'était si facile, si seulement je gardais mon sang-froid ! A moins d'événements inattendus, il était probable que je réussirais ! J'avais envie de crier ma joie.

« En approchant de la maison, je ralentis, et j'examinai la route. Il n'y avait personne. Je fis entrer l'auto dans le champ qui bordait l'autre côté de la route, à vingt pas environ de la petite grille à l'angle extrême de la propriété, et je l'arrêtai derrière une meule de foin. Et lorsque, coiffé du chapeau de Manderson et avec son revolver dans ma poche, j'eus traversé lourdement la route et ouvert la petite grille, en traînant avec peine le cadavre, je fus débarrassé d'une grande partie de mon appréhension. J'étais à peu près certain de réussir, si j'agissais vite et de sang-froid. »

Marlowe se jeta avec un profond soupir

dans un des grands fauteuils placés près de la cheminée. Il essuya son front inondé de sueur. Les deux auditeurs prirent aussi une longue respiration.

— Vous savez le reste, reprit Marlowe.

Il prit une cigarette dans une boîte placée près de lui, et l'alluma. Trent regarda le très léger tremblement de la main qui tenait l'allumette, et observa à part soi que sa main à lui n'était pas aussi ferme, au même moment.

— Les souliers qui me trahirent à vous, continua Marlowe après un léger silence, me firent du mal tout le temps que je les ai portés, mais je ne soupçonnai pas qu'ils eussent craqué. J'avais compris qu'il ne fallait pas que l'empreinte de mes pas apparût sur le sol près de la cahute où je déposai le cadavre. Dès que j'eus repoussé la petite grille, je retirai les souliers de Manderson et les chaussai. Je laissai mes chaussures, ainsi que mon paletot et mon veston, près du cadavre où je les repris plus tard. Je fis exprès une empreinte très nette sur le gravier, près de la porte-fenêtre de la bibliothèque, et plusieurs autres sur la bordure du tapis. Je passai un moment affreux à dépouiller le cadavre des vêtements de dessus, pour le revêtir ensuite du complet brun et des souliers. Et ce fut encore plus horrible lorsque je retirai le râtelier. La tête de Manderson était... Mais pourquoi vous décrire cela ! Sur le moment, je n'éprouvai pas tant d'horreur ; vous comprenez, j'étais en train de dégager ma tête du nœud coulant ! Je regrette de n'avoir pas songé à enlever les manchettes, et de n'avoir pas noué les lacets des souliers avec plus de soin. Et puis, je commis une erreur très grave en glissant la montre dans la mauvaise poche. Mais j'étais si pressé !

« A propos, vous vous êtes trompé quant au whisky. Après une forte gorgée de ce stimulant, je n'en pris pas davantage, mais je remplis un flacon qui était dans le buffet, et je l'emportai. J'avais devant moi toute une nuit où j'aurais à supporter une très grande tension, et je ne savais comment j'y résisterais. Je dus avaler une gorgée de whisky à deux reprises pendant la randonnée jusqu'à Southampton. Vous vous montrez dans votre manuscrit fort généreux du temps que vous m'avez donné pour accomplir ce trajet. Vous dites que pour arriver à Southampton à six heures et demie avec l'auto en question, il fallait, même si l'on filait à une allure folle, quitter Marlstone au plus tard à minuit. Or, je n'achevai de rhabiller le cadavre dans l'autre complet que vers minuit dix. Je dus ensuite gagner l'auto et la remettre en marche. Mais il est vrai qu'un autre n'aurait sans doute pas couru les risques que je courus cette nuit, dans cette auto, et sans phare. Maintenant, j'en frissonne quand j'y pense.

« Je n'ai presque rien à vous raconter sur ce que je fis dans la maison. Après que Martin m'eut quitté, je déchargeai le revolver et le nettoyai avec soin ; pour cela, je me servis de mon mouchoir et d'une plume. Et pendant ce temps je réfléchissais à ce que je devais faire encore. Je replaçai les billets de banque, le portefeuille et les diamants dans le bureau que je refermai avec la clef de Manderson. Je passai par un moment très angoissant lorsque je montai les escaliers, car bien que je fusse à l'abri du regard de Martin, assis dans l'office, il se pouvait que quelqu'un passât à l'étage supérieur. J'y avais parfois rencontré Célestine, la femme de chambre française, qui errait par là, quand tous les autres domestiques étaient couchés. Je savais que Bunner avait un sommeil très profond. Et d'après ce que je lui avais entendu dire, je savais que Mme Manderson était en général endormie vers les onze heures. Je m'étais même figuré que c'était peut-être sa faculté de dormir bien et beaucoup qui lui avait permis de conserver sa beauté et sa vivacité, malgré une union que nous savions tous être très malheureuse.

« Néanmoins, il ne me fut guère facile de monter les escaliers, l'oreille aux aguets, me tenant prêt à rebrousser chemin dans la bibliothèque au moindre bruit qui me parviendrait d'en haut.

« Mais il ne s'en produisit aucun.

« En arrivant à l'étage supérieur, je me dirigeai d'abord vers ma chambre, et je remis le revolver et les cartouches dans l'écrin. Puis j'éteignis la lumière, et pénétrai doucement dans la chambre de Manderson. Vous savez ce que j'y fis. J'enlevai mes chaussures empruntées et les plaçai sur le pas de la porte. Je posai l'habit, le pantalon, le gilet de Manderson, après en avoir vidé les poches. Je choisis un complet et des souliers destinés au cadavre, je plaçai le râtelier dans le rince-doigts que je portai du lavabo à la table placée près du lit, en y laissant ces empreintes désastreuses. Sans doute, je laissai les empreintes que vous avez relevées sur la commode, en refermant le tiroir, après avoir choisi une cravate pour remplacer la cravate noire que j'avais rapportée avec ses habits de soirée. Puis, je m'étendis sur le lit, que je défis. Oui, vous savez tout cela, sauf l'état d'esprit dans lequel j'étais : vous ne sauriez l'imaginer, et moi, je ne saurais le décrire.

« J'avais à peine commencé mes préparatifs, lorsque j'entendis Mme Manderson, qui me parlait de la chambre voisine où je la croyais endormie.

J'étais bien préparé pour cette éventualité, mais tout de même, sur le moment, je perdis presque mon sang-froid ! Pourtant...

« En passant, laissez-moi vous dire que, dans le cas fort improbable où Mme Manderson serait restée éveillée, et m'aurait empêché ainsi de fuir par sa fenêtre, j'avais résolu de demeurer où j'étais pour quelques heures, et alors, sans lui parler, de quitter la maison, sans bruit, par le chemin ordinaire. Martin aurait été couché, et peut-être m'aurait-on entendu sortir, mais on ne m'aurait pas vu. J'aurais rhabillé le cadavre, et puis j'aurais fait tout mon possible, en poussant l'auto à son maximum, pour rattraper le temps perdu. Le seul ennui eût été que je n'aurais pas pu fournir un alibi indispensable en arrivant à l'hôtel de Southampton à six heures et demie, mais j'aurais fait de mon mieux en me rendant directement aux docks et en y prenant très ouvertement mes renseignements. Je ne voyais pas comment on m'aurait soupçonné de l'assassinat présumé, mais disons qu'on m'ait accusé, et que je ne sois arrivé là-bas que vers les dix heures, je n'aurais pas pu répondre : « Il était impossible pour moi d'arriver à Southampton sitôt après l'avoir tué. » J'aurais simplement dit que j'avais été retardé en route par une panne, qui m'advint après avoir quitté Manderson à dix heures et demie, et j'aurais défié personne de produire une preuve quelconque qui pût me mêler au crime ! C'eût été impossible. N'importe qui aurait pu se servir du revolver, placé ostensiblement dans ma chambre, même si l'on démontrait que c'était bien ce revolver-là qui avait servi. Et tant que l'on croyait que Manderson était bel et bien rentré chez lui, rien ne pouvait vraisemblablement m'accuser d'avoir tiré sur lui.

«Il était certain que ce soupçon n'effleurerait le cerveau de personne. Néanmoins, je voulais ajouter aux arguments en ma faveur l'élément de l'absolue impossibilité physique. Je savais qu'alors je me sentirais dix fois plus en sécurité. Donc, lorsque je fus certain, d'après le bruit de sa respiration, que Mme Manderson s'était rendormie, je traversai rapidement sa chambre en chaussettes. Dix secondes plus tard, je tombais sur l'herbe, tenant toujours mon baluchon. Je crois que je ne fis aucun bruit. Le rideau de la fenêtre était d'une étoffe épaisse et molle qui ne fit pas de bruit, et l'on n'entendit absolument rien, lorsque je poussai pour passer les battants de la fenêtre.

— Expliquez-moi, dit Trent, comme Marlowe s'arrêtait pour allumer une nouvelle cigarette, pourquoi vous avez couru le risque de traverser la chambre de Mme Manderson, pour vous enfuir ? Dès que j'ai étudié l'affaire, j'ai tout de suite compris pourquoi il fallait que vous vous échappiez par ce côté de la maison : il y avait le danger d'être vu par Martin, ou par quelque domestique prenant l'air à la fenêtre de sa chambre. Mais il y avait de ce côté de la maison trois chambres inoccupées ; deux chambres d'amis et le boudoir de Mme Manderson. Il m'eût semblé moins dangereux, lorsque vous aviez pris toutes vos dispositions dans la chambre de Manderson, de quitter cette pièce, sans bruit, et de vous échapper par une des autres pièces... D'autant plus que si l'on avait su par hasard que vous étiez passé par sa fenêtre, ajouta-t-il froidement, on aurait immédiatement fait porter des soupçons, de nature diverse, sur la jeune femme elle-même. Vous me comprenez ?

Marlowe tourna vers lui un visage empourpré.

— Je crois que *vous* me comprendrez, Monsieur Trent, répliqua-t-il, d'une voix qui tremblait un peu, si je vous assure que si pareille possibilité m'était venue à l'esprit, j'aurais préféré courir n'importe quel risque plutôt que de fuir par cette fenêtre-là... C'est pourtant vrai, continua-t-il, plus calmement, que pour quelqu'un qui ne connaît pas Mme Manderson l'idée qu'elle pût être de connivence dans l'assassinat de son mari ne paraîtrait pas si absolument imbécile. Pardonnez-moi l'expression.

Il considéra attentivement le bout incandescent de sa cigarette, ignorant volontairement l'éclair qui flamba un instant dans les yeux de Trent, à ces paroles et au ton dont elles furent prononcées. Pourtant, celui-ci maîtrisa presque aussitôt son émotion.

— Votre remarque est absolument juste, dit Trent avec le plus grand calme. Et je croirai facilement que sur le moment vous n'avez pas songé à la possibilité à laquelle je viens de faire allusion. Mais, même en l'écartant, il me semble qu'il eût été pourtant préférable de sauter par la fenêtre d'une chambre inoccupée.

— Croyez-vous ? répondit Marlowe. Eh bien, je n'ai pas eu le courage de le faire ! Je vous répète que lorsque je refermai derrière moi la porte de la chambre de Manderson, je la refermai sur plus de la moitié de mes terreurs. Je voyais le problème confiné devant moi, dans un endroit clos, et il ne me présentait plus qu'un danger, et c'était un danger que je *connaissais* : le danger de Mme Manderson. J'avais presque réussi ; je n'avais plus qu'à attendre qu'elle se rendormît. Sauf accident, le chemin à suivre ne présentait plus d'obstacles. Mais supposez que j'aie de nouveau ouvert la porte, tenant à la main les habits et les chaussures de Manderson, et que je me fusse dirigé vers une des chambres inoccupées. Le corridor était éclairé par les rayons de la lune. Même si mon visage était caché, personne ne confondrait ma silhouette avec celle de Manderson. Peut-être Martin circulait-il dans la maison, silencieusement, selon son habitude. Ou bien, Bunner pouvait sortir de sa chambre. Une des domestiques, que je croyais couchées, pouvait très bien surgir tout à coup au tournant de l'autre corridor ; j'avais souvent rencontré Célestine errant ainsi, et à des heures encore plus tardives. Il était vrai que tout cela n'était guère probable, mais pour moi, cela ne l'était que trop. Il fallait compter avec l'imprévu. Séparé du reste de la maison dans la chambre de Manderson, je savais exactement ce que j'avais à envisager. Étendu tout habillé sur le lit, et essayant d'écouter la respiration qui m'arrivait à peine par la porte entr'ouverte, j'étais bien plus confiant, malgré mon inquiétude terrible, que je ne l'avais été depuis que j'avais aperçu le cadavre sur le green. Je me félicitais même d'avoir eu la chance, lorsque Mme Manderson me parla, de renforcer un des points essentiels de mon projet, en répétant que Manderson m'avait envoyé à Southampton.

Marlowe regarda Trent, qui fit signe qu'il comprenait son point de vue.

— Vous savez sans doute ce que j'ai fait à Southampton, dès que j'y suis arrivé. J'avais résolu de tirer parti de l'histoire de Manderson concernant le fameux Harris. C'était un mensonge fort bien conçu, et meilleur que tout ce que je saurais improviser. Je parvins même à avoir une communication téléphonique avec l'hôtel de Southampton, avant de partir, dans la bibliothèque.

Je demandai si M. Harris était arrivé à l'hôtel ; la réponse fut négative, comme je m'y attendais.

— C'est pour cela que vous avez téléphoné ? demanda Trent vivement.

— J'ai téléphoné de façon à prendre une attitude qui ne permettrait pas à Martin de voir mon visage, et qui fût pourtant une attitude familière à Manderson. Mais pendant que j'y étais, mieux valait demander une vraie communication. Si j'avais simplement fait semblant de téléphoner, les gens au bureau central auraient dit tout de suite que l'on n'avait pas demandé de numéro aux White Gables, le dimanche soir.

— Ce fut une de mes premières démarches, avoua Trent, que d'interroger le téléphoniste. Tenez, j'apprécie tout particulièrement ce coup de téléphone et le télégramme que vous avez envoyé pour dire que Harris n'était pas arrivé et que vous reveniez...

Le visage de Marlowe s'éclaira un instant d'un sourire un peu forcé.

— Je ne vois plus rien à vous raconter. Je suis revenu à Marlstone, et j'y rencontrai votre ami l'inspecteur avec tout le sang-froid qui me restait. Mais j'eus un rude coup quand j'ai appris que vous vous étiez chargé de l'affaire. Pourtant, l'instant le plus angoissant fut celui où vous avez surgi devant moi, venant de la hutte près de laquelle j'avais déposé le cadavre. Pendant un moment affreux je crus que vous alliez me livrer à la justice immédiatement. Mais maintenant que je vous ai tout raconté, vous ne me paraissez plus aussi redoutable !

Il ferma les yeux, et il y eut un instant de silence. Puis, tout à coup, Trent se leva brusquement.

— Vous désirez me poser une question? demanda Marlowe gravement.

— Pas du tout, répliqua Trent, en étirant ses longues jambes. J'étais simplement un peu engourdi. Je ne désire aucunement vous questionner. Je crois tout ce que vous nous avez dit. Et je ne le crois pas simplement parce que votre visage m'a toujours été sympathique ou parce que cela m'épargnerait des ennuis ; ce sont là les raisons les plus courantes que l'on ait de croire quelqu'un. Non, je vous crois parce que ma vanité n'admet pas que personne pourrait me mentir, sans discontinuer, pendant une heure et demie, sans que je m'en aperçoive. Votre histoire est bien extraordinaire, mais Manderson était extraordinaire, et vous l'êtes aussi. Vous avez agi comme un fou en faisant ce que vous avez fait, mais je suis d'accord avec vous que, si vous aviez agi comme un homme sain d'esprit, vous n'auriez pas eu la moindre chance devant un juge et un jury. Et il y a une chose qu'on ne peut nier, quoi que l'on pense de l'affaire : vous êtes un homme courageux.

Le visage de Marlowe s'empourpra, et il hésita, très ému, cherchant ses paroles. Mais avant qu'il pût parler, M. Cupples se leva, avec une petite toux sèche.

— Quant à moi, je ne vous ai jamais cru coupable un seul instant.

Marlowe se tourna vers lui, reconnaissant mais surpris, et Trent le considéra d'un air incrédule.

— Mais, ajouta M. Cupples, j'aimerais vous poser une question.

Marlowe inclina la tête sans répondre.

— Supposez, dit M. Cupples, que quelqu'un d'autre eût été soupçonné d'avoir commis ce crime et jugé ? Qu'auriez-vous fait ?

— Il me semble que mon devoir était clair. Je serais allé raconter mon histoire aux avocats de l'accusé, et je me serais mis à leur disposition.

Trent rit de bon cœur. Maintenant que l'épreuve était terminée, il retrouvait toute sa verve coutumière.

— Je vois leurs figures, dit-il. Mais, en fait, personne d'autre que vous n'a jamais été menacé. Il n'y avait pas de preuves contre qui que ce soit. J'ai vu Murch ce matin à Scotland Yard, et il m'a dit qu'il s'était rangé à l'avis de M. Bunner. Il croit que Manderson a été tué par vengeance par quelque « Main noire » américaine. Allons, voilà la fin de l'affaire Manderson ! Nom d'une pipe ! Ce qu'un homme peut agir comme un imbécile lorsqu'il croit agir de la façon la plus intelligente !

Il saisit l'enveloppe épaisse toujours posée sur la table, et la jeta au centre du foyer.

— Voilà ce que tu deviens, mon vieil ami ! s'écria-t-il. Et lorsque tu auras disparu, le monde ne cessera pas de tourner. Mais, dites donc, il se fait tard. Il est presque sept heures, et Cupples et moi avons un rendez-vous à la demie. Il faut partir. Monsieur Marlowe, je vous dis au revoir.

Il le regarda droit dans les yeux.

— Vous voyez devant vous un homme qui a travaillé de son mieux à resserrer autour de votre cou le nœud coulant. Étant donné les circonstances, peut-être ne me blâmerez-vous pas. Voulez-vous me donner la main ?

CHAPITRE XVI

— Vous avez parlé d'un rendez-vous que nous avions à sept heures et demie, dit M. Cupples, comme ils franchissaient tous deux la grande grille de l'immense bâtiment où Marlowe habitait. Avons-nous un rendez-vous ?

— Mais certainement ! répliqua Trent. Vous dînez avec moi. Nous n'avons qu'une façon de célébrer dignement cette journée. Vous allez accepter un dîner que je vous offrirai. — Non, non ! C'est moi qui vous ai invité le premier. Me voilà enfin au bout d'une affaire sans doute unique, d'une affaire qui me trouble depuis plus d'un an. Je ne vois pas qu'il puisse exister une meilleure raison de faire un excellent dîner. Nous n'irons pas à mon club, Cupples. Je veux que ce soit une vraie fête, et il suffit d'être vu dans un club de Londres sous l'empire d'une émotion agréable, pour que la carrière d'un homme, quel qu'il soit, soit brisée. De plus, on y sert éternellement les mêmes plats, ou du moins on s'arrange, je ne sais comment, pour que tous les plats aient le même goût. Le dîner éternel de mon club a fatigué des milliers de membres comme moi, et il continuera à les fatiguer. Mais, ce soir, dédaignons ce festin banal. Nous n'irons pas dans un restaurant où les satrapes encombrent l'antichambre. Nous irons chez Sheppard.

— Qui est Sheppard ? demanda M. Cupples doucement, comme ils remontaient Victoria Street.

Son compagnon marchait avec une légèreté inaccoutumée, et un policeman, en apercevant le visage de Trent, sourit avec indulgence, en croyant que cette expression était due aux effets de l'alcool.

— Qui est Sheppard ? s'écria Trent. Me permettez-vous de vous dire, Cupples, que cette question procède encore de cette manie de nous questionner inutilement et en vain, qui nous a tous dominés durant ces journées d'inquiétude. Je suggère que nous dînions chez Sheppard. Immédiatement vous croisez les bras, et vous demandez avec une frénésie orgueilleuse à savoir qui est Sheppard, avant même d'avoir passé le seuil de Sheppard. Mais, heureusement, je n'ai aucune complaisance pour la curiosité de l'esprit moderne. Sachez donc que Sheppard, c'est un endroit où l'on dîne. Mais Sheppard, je ne le connais pas personnellement. Je n'ai jamais même songé que Sheppard pût exister en tant qu'homme. Peut-être est-il un mythe d'origine totémique ! Tout ce que je sais, c'est que chez Sheppard on vous sert un morceau de selle de mouton qui a fait que bien des Américains ont maudit le jour où naquit Christophe Colomb !... Taxi !...

Une auto s'approcha doucement du trottoir, et le chauffeur écouta les instructions de Trent avec un hochement majestueux de la tête.

— J'ai une autre raison de vous conduire chez Sheppard, dit Trent, en allumant fiévreusement une cigarette. Je vais épouser la plus merveilleuse femme qui vive. J'espère que le rapprochement des idées est clair.

— Vous allez épouser Mabel ! s'écria M. Cupples. Quelle heureuse nouvelle, mon cher ami ! Donnez-moi votre main, Trent ! Voilà qui est glorieux. Je vous félicite tous les deux du plus profond de mon cœur. Puis-je dire ? Je ne voudrais pourtant pas interrompre le flot de votre exubérance, qui est bien naturelle ; je l'ai éprouvé moi-même il y a très longtemps, — mais puis-je dire que j'espérais bien que cela arriverait ? Mabel a eu beaucoup de malechance ; cependant, c'est sûrement une femme prédestinée à exercer la meilleure des influences sur l'existence d'un honnête homme. Mais j'ignorais ce qu'elle pensait de vous, bien que j'aie deviné depuis bien longtemps *votre* pensée à vous.

Et M. Cupples eut un clignement d'œil qui eût fait honneur au plus mondain des hommes.

— Je l'ai devinée immédiatement, reprit-il, le soir où vous avez dîné chez moi ; vous écoutiez le professeur Pepmüller, mais vous regardiez Mabel. Oui, mon cher ami, parfois de vieux messieurs comme moi y voient encore très clair.

— Mabel affirme qu'elle l'avait deviné bien avant cela, répliqua Trent d'un air légèrement contrit. Et moi qui croyais jouer admirablement le rôle de quelqu'un qui n'était pas fou d'elle ! C'est vrai que je n'ai jamais excellé dans la dissimulation. Cela ne m'étonnerait pas que le vieux Pepmüller lui-même ait entrevu quelque chose à travers ses verres convexes ! Mais quelque fou que j'aie pu être en ma qualité de prétendant, continua-t-il avec vivacité, je vais être bien pire maintenant. Merci mille fois de vos félicitations que je sais sincères. Vous étiez un homme à faire une tête longue de trois pieds, si vous aviez cru que nous nous trompions. A propos, ce soir, je ne puis m'empêcher d'être tout à fait stupide ; il faut que je continue à bavarder. Essayez de me supporter ! Peut-être cela vous serait-il plus facile si je vous chantais une chanson — une de vos chansons favorites ! Qu'est-ce que c'était que cette chanson que vous chantiez tout le temps autrefois ? C'était, je crois...

Et il rythma la strophe suivante, à rapides coups de talons sur le plancher de l'auto :

« There was an old nigger, and he had a wooden leg.
He had no tobacco, no tobacco could he beg.
Another old nigger was as cunning as a fox,
And he always had tobacco in his old tobacco-box. »

— En avant pour le chœur !

« Yes, he always had tobacco in his old tobacco-box. »

— Mais vous ne chantez pas !

— Je n'ai jamais chanté cela de ma vie ! protesta M. Cupples. C'est la première fois que je l'entends !

— En êtes-vous bien sûr ? demanda Trent d'un air de doute. Eh bien, il faut que je vous croie sur parole. En tout cas, c'est une chanson délicieuse ; aucune des chansons que l'on entend dans les concerts ne vaut celle-là. En ce moment, elle exprime mes sentiments comme aucune autre mélodie ne saurait les exprimer : elle jaillit spontanément de mes lèvres. Et, comme a dit l'évêque de Bath et de Wells, en écoutant un discours de M. Balfour : « Lorsque le cœur déborde, la bouche doit parler. »

— Quand, dit M. Cupples, dit-il cela ?

— Lors de l'introduction du Bill de la *Déclaration Obligatoire des Maladies des Volailles*, répondit Trent gravement. Vous vous souvenez sans doute de cette mesure infortunée. Tiens ! s'écriat-il, comme le taxi, après un brusque virage, pénétrait dans une large voie populeuse, nous voilà arrivés !

Le taxi s'arrêta.

— Nous y voilà, dit Trent, en regardant le chauffeur.

Et il précéda M. Cupples dans une longue pièce aux panneaux de bois où résonnait le bruit des conversations.

— Voici la maison où sont nourris les affamés, reprit-il. Je m'aperçois que trois bookmakers, en train de dévorer du porc, sont installés à ma table préférée. Nous prendrons celle qui est dans le coin opposé.

Il eut un long entretien avec le maître d'hôtel, tandis que M. Cupples, plongé dans une méditation agréable, se chauffait les mains devant le grand feu.

— Ici, reprit Trent, lorsqu'ils s'assirent, on peut être à peu près certain que le vin est fait avec du raisin. Alors, qu'allons-nous boire ?

M. Cupples sortit de sa rêverie pour répondre :

— Je crois que je prendrai un peu de lait avec du seltz.

— Parlez plus bas ! souffla Trent. Le premier garçon a une faiblesse cardiaque, et il pourrait vous entendre. Du lait et du seltz ! Cupples, vous avez peut-être une constitution vigoureuse, je ne dis pas le contraire, mais cette habitude de mélanger des boissons diverses en a tué plus d'un qui était plus solide que vous. Prenez conseil à temps. Remplissez votre verre de vin de Samien, et laissez le lait aux hordes turques. Voici notre dîner.

Il donna un autre ordre au garçon, qui rangeait les plats devant eux et disparut ensuite. Trent était évidemment un client estimé !

— J'ai envoyé chercher du vin que je connais,

dit-il, et j'espère que vous y goûterez. Si vous avez fait un vœu, alors par amour de tous les saints de la tempérance buvez de l'eau, mais n'essayez pas de vous faire une célébrité trop facile en commandant du lait et du seltz.

— Je n'ai jamais fait de vœux ! répliqua M. Cupples, en jetant un regard bienveillant sur le mouton. Je n'aime pas le vin, voilà tout. Un jour, j'en ai acheté une bouteille pour voir ce que c'était, et cela m'a rendu très malade. Mais sans doute était-ce du mauvais vin. Puisque c'est vous qui m'invitez, je m'en vais goûter votre vin, car je vous assure, mon cher Trent, que je suis heureux de faire aujourd'hui quelque chose d'inusité qui vous prouve quels sont mes sentiments. Il y a bien des années que je n'ai ressenti une joie aussi grande. Dire que le mystère Manderson est éclairci ; que l'innocent est disculpé, et que votre bonheur à vous et à Mabel va être couronné ! Tout cela me surprend en même temps. A votre santé, mon cher ami.

Et M. Cupples but une très petite gorgée de vin.

— Vous avez un grand cœur, affirma Trent profondément touché. Votre aspect extérieur annonce mal l'immensité de votre âme. Je ne me serais pas plus attendu à voir un éléphant conduire l'orchestre de l'Opéra, qu'à vous voir buvant à ma santé. Bravo, Cupples ! Que votre nez garde à tout jamais cette délicate teinte rose ! Mais non ! s'écria-t-il en discernant une légère grimace sur le visage de M. Cupples, qui goûtait de nouveau le vin. Je n'ai pas à me mêler de vos goûts. Excusez-moi. Je vais vous faire servir ce que vous voudrez, même si le maître d'hôtel doit en mourir.

Lorsqu'on eut donné à M. Cupples sa boisson monacale, et que le garçon se fut retiré, Trent jeta un regard significatif vers son compagnon.

— Au milieu du babil de toutes ces conversations, dit-il, nous pouvons parler aussi librement que si nous étions sur une colline déserte ! Le garçon conte fleurette à l'oreille de la jeune caissière. Nous sommes seuls. Voyons, que pensez-vous de notre entrevue de cette après-midi ?

Et il se mit à manger avec appétit.

Sans s'arrêter de découper son mouton en menus morceaux, M. Cupples répondit :

— Le plus curieux, à mon avis, c'était l'ironie de la situation elle-même. Nous tenions, tous deux, le fil de cette haine insensée que Manderson avait vouée à Marlowe, et que ce dernier trouvait si mystérieuse. Nous connaissions son obsession jalouse, mais nous l'avons cachée à Marlowe, et c'est mieux ainsi, ne fût-ce que par égard aux sentiments de Mabel. Marlowe ne saura jamais ce dont cet homme l'a soupçonné. Comme c'est étrange ! Je crois que chacun de nous se meut ainsi dans le réseau des opinions souvent absolument erronées que les autres gens ont de nous. Je me souviens d'avoir découvert, il y a quelques années de cela, que plusieurs de mes amis croyaient que je m'étais converti secrètement au catholicisme. Et cette invention absurde reposait simplement sur ce fait qu'un jour, en causant, j'avais dit que j'étais partisan du jeûne hebdomadaire. Sans doute, l'opinion que Manderson avait de son secrétaire était-elle fondée sur une base aussi fragile. C'est M. Bunner, je crois, qui vous a parlé du penchant invétéré et probablement héréditaire de Manderson à la jalousie. Quant à l'histoire de Marlowe, elle m'a paru très franche. Et je ne la trouve même pas très extraordinaire, dans ses points essentiels, si nous admettons que nous avions affaire avec Manderson à un esprit plus ou moins détraqué.

Trent se mit à rire.

— J'avoue pourtant, dit-il, que l'affaire m'a paru sortir quelque peu de l'ordinaire !

— Oui, mais seulement dans ses détails, riposta M. Cupples. Qu'y a-t-il d'anormal dans les faits principaux ? Un fou conçoit un soupçon insensé, il mûrit un plan très habile contre son ennemi présumé, et la réalisation de ce plan entraîne sa propre mort. Pour qui connaît un peu les déments, il n'y a rien là que de très courant, de très simple. Examinons maintenant les actes de Marlowe. Il se trouve placé dans une situation très périlleuse. Bien qu'il soit tout à fait innocent, il ne saurait absolument pas s'en tirer en disant la vérité. Est-ce là une situation si exceptionnelle ? Il y échappe au moyen d'une combinaison hardie et ingénieuse, en agissant comme il l'aurait fait peut-être s'il avait été vraiment coupable. Il me semble que pareille chose pourrait arriver, — et arrive sans doute journellement.

M. Cupples commença à manger son mouton qu'il avait réduit en hachis.

— J'aimerais savoir, dit Trent, après le silence de cette pause alimentaire, s'il s'est jamais produit sur terre quoi que ce soit dont vous ne réussiriez pas, avec ce genre d'argumentation, à démontrer que c'est la chose la plus ordinaire et la plus simple du monde.

Le visage de M. Cupples s'illumina d'un doux sourire.

— Ne me croyez pas coupable d'un vain paradoxe, dit-il. Peut-être le sens de ce que je viens de dire vous apparaîtra-t-il plus clairement si j'ajoute quelques observations qui me semblent tout à fait intéressantes. Voyons... Eh bien, je trouve que l'histoire de la vie du carrelet, ce petit poisson dont nous connaissons les origines grâce aux recherches de Poulton, est extrêmement remarquable.

— Je n'en sais rien, dit Trent. Peut-être la science a-t-elle souri à l'humble naissance du carrelet, mais je n'en ai jamais même entendu parler.

— Ce n'est peut-être pas un sujet très attrayant, dit M. Cupples d'une voix songeuse. Nous n'en parlerons pas davantage. Mais je veux simplement dire, mon cher Trent, qu'il se produit continuellement autour de nous des choses remarquables, et que nous ne savons pas les voir. Et nous ne faisons guère honneur à nos facultés, en ne considérant comme remarquables que les affaires qui sont entourées d'une accumulation de détails sensationnels.

Trent applaudit vigoureusement, en tapant la table du manche de son couteau.

M. Cupples s'interrompit pour boire un trait de son lait mêlé de seltz.

— Il y a des années que je vous ai entendu faire un aussi long discours ! s'écria Trent. Vous êtes tout aussi surexcité que je le suis moi-même. Nous souffrons tous deux d'une violente attaque de cette inquiétude que les hommes ont appelée bien à tort la joie ! Mais bien que j'en jouisse énormément, je ne puis permettre que l'on fasse ainsi de l'affaire Manderson un incident banal. Dites ce que vous voudrez, vous ne me ferez pas changer d'opinion : l'idée de simuler la personnalité de Manderson était dans cette circonstance une idée extraordinairement ingénieuse.

— Ingénieuse, oui, répliqua M. Cupples. Mais

pas extraordinaire ! Dans cette circonstance, pour employer votre propre expression, il n'était vraiment pas très étrange qu'un homme intelligent conçût cette idée. Elle devait se présenter tout naturellement à son esprit. Marlowe était connu pour la façon dont il imitait la voix de Manderson, il avait le talent d'un acteur et l'esprit d'un joueur d'échecs. De plus il était au courant des usages de la maison. Je vous accorde qu'il a mené son plan d'une façon tout à fait magistrale : mais il avait tout en sa faveur. Cependant, en ce qui concerne l'idée essentielle, je ne la trouve pas comparable, en fait d'ingéniosité, à l'idée d'utiliser la force de recul d'une arme à feu, au moment de la décharger, pour faire manœuvrer le mécanisme du déchargement et du rechargement. Cependant, j'admets, comme je l'ai fait dès le début, que dans ses détails cette affaire présentait des points très particuliers. Elle atteignait, à ce point de vue, une très grande complexité.

— Vous en avez vraiment été frappé ? demanda Trent d'un ton sarcastique.

— L'affaire se compliqua, poursuivit M. Cupples sans se troubler, parce que, après que les soupçons de Marlowe furent éveillés, un deuxième esprit très subtil intervint dans les plans de Marlowe. Ce genre de duel a souvent lieu en affaires et en politique, mais moins fréquemment, je crois, dans le domaine du crime.

— Je dirai même que cela ne se produit jamais, répondit Trent, pour la raison suivante : les criminels les plus intelligents ont rarement recours à la stratégie. Lorsqu'ils le font, ils ne sont jamais pris, puisque les policiers intelligents possèdent, si possible, encore moins de subtilité stratégique que le criminel d'intelligence moyenne. Mais, en fait, cette qualité ne se rencontre que fort rarement chez les criminels.

— Après ce que nous avons appris aujourd'hui, il y a pourtant encore un point troublant à résoudre, dit M. Cupples. Si Marlowe n'avait rien soupçonné et qu'il se fût laissé prendre au piège dressé contre lui, il aurait presque sûrement été pendu. Or, combien de fois ce projet de faire rejaillir la culpabilité du crime sur un innocent a-t-il réussi ? Je m'imagine qu'il y a d'innombrables exemples d'accusés reconnus coupables sur des preuves muettes, et qui sont morts en protestant de leur innocence. Dorénavant, je n'approuverai plus jamais une condamnation à mort reposant sur ce genre de preuves-là.

— Pour ma part, je n'ai jamais approuvé une pareille condamnation, dit Trent. La pendaison me semble absolument en contradiction avec ce principe net et évident qu'on « ne sait jamais ! » Et je suis de l'avis de ce juriste américain qui affirme qu'il ne faut pas pendre un roquet accusé d'avoir volé de la confiture, sur des preuves muettes, même si son museau est tout barbouillé de confiture. Naturellement il est absolument courant de voir des gens malveillants essayer d'attribuer des crimes à des innocents. C'est un trait caractéristique, par exemple, de tous les systèmes de gouvernements autoritaires, que ce soit en Irlande, en Russie, aux Indes ou en Corée. Mais il y a une affaire dans les annales des procès criminels des États-Unis qui est un exemple frappant de ce que j'avance : non seulement on essaya d'attribuer le crime à des innocents, mais celui qui mena l'intrigue fit ce que fit Manderson ; il sacrifia sa propre vie, afin d'assurer la mort de ses victimes. Sans doute avez-vous entendu parler de l'affaire Campden.

M. Cupples avoua son ignorance absolue, et se servit une autre pomme de terre.

— John Masefield a écrit une pièce très remarquable sur ce sujet, dit Trent. Si on la reprend à Londres, allez la voir, surtout si vous aimez les émotions vives ! J'ai souvent vu des femmes pleurer en cachette au théâtre parce qu'on leur servait une tranche de mélodrame. Quelle crise de nerfs n'éprouveraient-elles pas si elles voyaient cette pièce proprement jouée ! Voici les points essentiels de l'affaire : John Perry accusa sa mère et son frère d'avoir assassiné un homme, et il jura qu'il les avait aidés à accomplir le forfait. Il raconta l'histoire avec force détails, et eut réponse à tout ; il n'y eut qu'une chose qu'il ne sut expliquer : la disparition du cadavre. Mais le juge, qui était sans doute ivre mort, car ceci se passait au temps de la Restauration, ne s'inquiéta pas de cette lacune. La mère et le frère de Perry nièrent l'accusation contre eux. Pourtant les trois personnes furent reconnues coupables et pendues sur la simple déposition de John. Deux années passèrent, et l'homme qu'ils étaient censés avoir tué revint à Campden. Il avait été enlevé par des pirates et emmené en mer. C'était sa disparition qui avait suggéré à John son idée. Mais ce qui fit croire à tout le monde que John disait la vérité, ce fut le fait qu'il s'accusait aussi lui-même. Il semblait tellement évident que personne ne se condamnerait délibérément à la mort, simplement pour provoquer la pendaison de quelqu'un d'autre ! Et c'est exactement ce que l'accusation aurait répondu si Marlowe avait dit la vérité. Pas un juré sur mille n'aurait cru au complot Manderson.

M. Cupples réfléchit quelques instants avant de répondre, puis il dit :

— Je ne connais pas comme vous cette branche d'histoire criminelle. Mais certains souvenirs de mon enfance me reviennent à la mémoire. Nous connaissons, grâce à Mabel, ce que l'on pourrait dénommer la vérité spirituelle de l'affaire Manderson, c'est-à-dire la violence insensée de la haine jalouse que Manderson dissimulait. Et nous pouvons ainsi comprendre qu'il eût été capable de former un plan pareil. Mais, en général, l'administration de la justice manque tout à fait au devoir qui lui incombe, de pénétrer cette vérité spirituelle. Parfois, cette vérité est volontairement cachée, comme dans l'affaire Manderson. D'autres fois, je crois qu'elle est cachée tout bonnement parce que des gens simplistes ne savent comment l'exprimer, et que personne d'autre ne la devine.

— C'est vrai, dit Trent. La justice ne brille certainement pas lorsqu'il s'agit d'une affaire qui exige une psychologie très délicate. Et quant aux gens d'un caractère un peu élevé, lorsqu'ils se trouvent mêlés à des procès criminels, qu'ils les gagnent ou qu'ils les perdent, ils doivent avoir l'impression d'être égarés au milieu d'une forêt de singes. Il est vrai qu'il est excellent, pour des gens de leur espèce, de se frotter de temps en temps le museau à des réalités. Mais quelle peine douze individus congestionnés dans l'enceinte du jury auraient-ils infligée à Marlowe ? Comme il l'a dit, raconter son histoire aurait été plus mauvais pour lui que de ne même pas essayer de se défendre. Il n'y avait pas une preuve en faveur de son récit. Et vous imaginez-vous comment l'accusation aurait réduit ce récit à néant ? Ne voyez-vous pas le juge pérorant en résumant les faits de la cause ?

Et les jurés, — sans doute avez-vous parfois fait partie de jurys ! — dans leur salle de délibération, grognant devant la faiblesse du mensonge, se racontant l'un à l'autre que c'était là l'affaire la plus simple, et affirmant qu'ils auraient eu une meilleure opinion de Marlowe s'il n'avait pas perdu son sang-froid au moment critique, et s'il était parti avec le butin ! Imaginez-vous faisant partie d'un tel jury, sans connaître Marlowe, et tout tremblant d'indignation aux faits qui se déroulent devant vous : cupidité, assassinat, vol, peur soudaine, et mensonges désespérés, éhontés, impénitents ! Mais voyons, Cupples, vous et moi, nous l'avons cru coupable jusqu'au moment où...

— Je vous demande bien pardon ! interrompit M. Cupples vivement en posant sa fourchette et son couteau. J'ai pris le plus grand soin, l'autre soir, lorsque nous avons reparlé de tout cela, de ne rien dire qui pût faire supposer que j'avais jamais cru pareille chose. *Moi*, j'ai toujours été certain de son innocence.

— Vous avez laissé entendre cela, en effet, il y a quelques instants, chez Marlowe lui-même. Je me suis demandé ce que vous vouliez dire. Certain qu'il était innocent ! Comment pouviez-vous en être certain ? Vous êtes en général moins affirmatif, Cupples.

— J'ai dit « certain », répéta M. Cupples catégoriquement.

Trent hocha les épaules.

— Si vous en étiez vraiment certain après avoir parcouru mon manuscrit, et après avoir discuté toute l'affaire avec moi l'autre soir, alors c'est que vous n'avez plus aucune confiance dans la raison humaine, ce qui serait d'abord d'un mauvais chrétien, et ensuite absolument ridicule ; ce serait

même du très mauvais positivisme, à moins
que je ne comprenne pas ce système. Mais voyons,
Cupples...

— Laissez-moi placer un mot, interrompit
M. Cupples de nouveau, en croisant les mains sur son
assiette. Je vous affirme que je suis loin de perdre
toute raison. Je suis certain qu'il est innocent,
et j'en ai toujours été certain, à cause d'un fait
que je connais et que j'ai su dès le début de l'affaire.
Vous venez de me demander de m'imaginer que
j'étais un des jurés chargés de rendre le verdict au
procès de Marlowe. En réalité, je sais que je serais
présent à ce procès, mais dans une tout autre qualité.
Je serais au banc des témoins, où je déposerais en
faveur de l'accusé. Il y a un moment, vous avez
prononcé ces paroles : « S'il y avait ne fût-ce
qu'une preuve en faveur de son récit ». Eh bien,
cette preuve existe : c'est mon témoignage. Et,
ajouta-t-il tranquillement, ce témoignage est tout
à fait concluant.

Il reprit sa fourchette et son couteau, et se remit
à manger avec satisfaction.

A mesure que M. Cupples formulait cette
affirmation, Trent était devenu d'une pâleur de
marbre. Au dernier mot de son ami, le sang
reflua de nouveau vers son visage, et il donna un
coup de poing sur la table, tout en s'écriant avec
un rire forcé :

— C'est impossible ! Vous vous êtes forgé
quelque chimère après une de vos débauches bien
connues de lait et de seltz. Vous ne pouvez
pas vouloir insinuer que pendant que j'essayais
de débrouiller cette affaire à Marlstone, vous
saviez que Marlowe était innocent.

M. Cupples eut un vif hochement de tête, tout
en avalant sa dernière bouchée. Il essuya soi-

gneusement sa maigre moustache, et puis il se pencha vers Trent par-dessus la table :

— C'est excessivement simple, dit-il. C'est moi qui ai tué Manderson.

Trent entendit la voix de M. Cupples qui lui disait tranquillement :

— Je crois que vous êtes un peu surpris.

Cependant il s'efforça de sortir de sa stupeur, et porta son verre à ses lèvres, d'un geste mécanique. Mais il renversa la moitié du contenu sur la nappe, et il reposa avec précaution, sans y goûter, le verre. Il prit une longue respiration qui s'exhala comme un rire où il n'y avait aucune gaîté.

— Continuez, dit-il.

— Je l'ai tué, mais je ne l'ai pas assassiné, continua en effet M. Cupples. Je vais vous raconter toute l'histoire. Ce dimanche soir, je fis comme d'habitude ma petite promenade hygiénique avant de me retirer pour la nuit. J'étais parti de l'hôtel vers dix heures et quart. Je suivis le champ qui s'étend derrière les White Gables, afin de couper un grand tournant de la route, et je débouchai sur la route presque en face de la grille qui est tout près du huitième trou du golf-link. J'entrai dans le golf, ayant l'intention de suivre le green jusqu'à la falaise, et de rentrer par là. A peine avais-je fait quelques pas, que j'entendis l'auto qui s'approchait, et je l'entendis s'arrêter près de la piste. Je vis presque aussitôt Manderson. Vous rappelez-vous que je vous ai dit que je l'ai vu encore une fois vivant après notre discussion devant l'hôtel ? Eh bien, c'était cette fois-là. Vous m'avez interrogé, et je n'ai pas voulu mentir, Trent.

Trent poussa un sourd gémissement. Il but une gorgée de vin et dit durement :

— Continuez !

— Il faisait, comme vous le savez, reprit M. Cupples, un très beau clair de lune. Mais je me tenais à l'ombre près des arbres qui longent le mur de pierre, et ni Manderson ni Marlowe ne s'aperçurent qu'il y avait quelqu'un auprès d'eux. J'entendis tout ce qu'ils se dirent, dans les termes mêmes où Marlowe nous l'a raconté, et je vis l'auto s'éloigner vers Bishopsbridge. Je ne pus voir le visage de Manderson à ce moment, car il me tournait le dos, mais à mon grand étonnement, je le vis tendre son poing fermé dans la direction de l'auto, et l'agiter de façon menaçante très violemment. J'attendis qu'il eût repris son chemin vers les White Gables, car je ne désirais plus le rencontrer. Mais il ne s'éloigna pas. Au contraire il ouvrit la grille que je venais de franchir, et il resta un moment absolument immobile sur le green. Sa tête était baissée, ses bras pendaient à ses côtés. Il demeura quelques instants dans cette attitude tendue. Puis tout à coup, il leva rapidement le bras droit, et porta la main dans la poche de son pardessus. J'aperçus alors, dans le clair de lune, son visage blafard, aux yeux brillants, aux lèvres retroussées laissant voir les dents, et je compris qu'il était fou. Cette idée venait à peine de me traverser l'esprit, qu'un objet brilla sous le clair de lune. Manderson tenait un revolver à bras tendu, et se visait la poitrine.

« Ici, je dirais que j'ai toujours douté que Manderson ait eu vraiment à ce moment-là l'intention de se tuer. Bien entendu, c'est l'opinion de Marlowe qui ignore mon intervention. Je crois plutôt qu'il désirait simplement se blesser, afin de pouvoir accuser Marlowe de tentative d'assassinat et de vol.

«Mais, sur le moment, je crus qu'il voulait se suicider. Avant d'avoir conscience de ce que je faisais, je sortis de l'ombre et lui saisis le bras. Il se dégagea avec un grognement furieux, me donnant un coup violent en pleine poitrine, et en appuyant le revolver contre ma tête. Mais avant qu'il réussît à presser la détente, je l'avais saisi aux poignets, et je me cramponnai de toute ma force. Vous rappelez-vous comme ses poignets étaient meurtris? Je savais que je défendais ma vie, car je lisais dans ses yeux le désir de me tuer. Nous avons lutté comme deux brutes, sans articuler une parole. J'essayais d'abaisser la main qui tenait le revolver, tout en ne lâchant pas l'autre. Je n'aurais jamais cru que j'avais la force de soutenir une telle lutte. Puis, avec un geste instinctif, je réussis à écarter sa main libre, et je saisis l'arme que je parvins à lui arracher. Par miracle le revolver ne partit pas. Je bondis en arrière de quelques pas, et il se jeta vers moi pour me prendre à la gorge, comme un véritable chat sauvage. Alors je fis feu, en visant au visage. Il était à environ un mètre de moi. Ses genoux fléchirent et il s'écroula sur le gazon. Je jetai le revolver, et me penchai sur lui. Je sentis son cœur cesser de battre sous ma main. Je demeurai agenouillé, étourdi, immobile. Et je ne sais combien de temps s'écoula avant le moment où j'entendis le bruit de l'auto qui revenait.

«Pendant tout le temps que Marlowe arpenta le green, son visage blême et convulsé éclairé par les rayons de la lune, j'étais à quelques mètres de lui, accroupi à l'ombre d'un genêt. Je n'osais pas me montrer. Je réfléchissais. Je pensais que ma querelle du matin avec Manderson était déjà le sujet de conversation de l'hôtel.

«Je vous affirme que dès l'instant où je vis Manderson tomber, tous les risques que la situation me faisait courir m'étaient nettement apparus. Moi aussi, je me sentis alors toute la ruse d'un criminel. D'un coup d'œil je vis ce que j'avais à faire. J'allais retourner à l'hôtel aussi vite que possible, et jouer tout un rôle afin de me sauver. Je ne soufflerais mot à personne de ce qui s'était passé. Bien entendu, je supposais que Marlowe allait raconter dans quelles circonstances il avait trouvé le cadavre de Manderson. J'étais sûr qu'il se croirait en présence d'un suicide, et je croyais que ce serait l'avis général.

«Lorsque, enfin, Marlowe souleva le cadavre, je me glissai furtivement le long du mur, et je sortis sur la route près du chalet du club, là où il ne pouvait me voir. J'avais tout mon sang-froid. Je franchis la route, je sautai par-dessus la haie, et je traversai la prairie en courant, pour rejoindre le sentier par lequel j'étais venu, et qui mène à l'hôtel en passant derrière les White Gables. Lorsque j'arrivai à l'hôtel, j'étais un peu hors d'haleine.

— Il était un peu hors d'haleine, répéta Trent machinalement en regardant fixement son compagnon, comme hypnotisé.

— Vous comprenez, j'avais couru très vite, expliqua M. Cupples. Eh bien, en m'approchant de l'hôtel par derrière, je pus jeter un regard dans la salle de lecture par la fenêtre entr'ouverte. Il n'y avait personne. J'escaladai la fenêtre, et une fois dans la pièce, je sonnai. Puis je m'assis pour écrire une lettre que j'avais eu l'intention d'écrire le lendemain. Je vis à la pendule qu'il était un peu après onze heures. Lorsque le garçon répondit à mon appel, je lui demandai un verre de lait et un timbre-poste. Peu après je montai me coucher, mais il me fut impossible de m'endormir.

N'ayant plus rien à dire, M. Cupples se tut. Il regarda avec un doux étonnement Trent, qui demeurait silencieux, et qui se tenait la tête entre les mains.

— Il lui fut impossible de s'endormir, murmura Trent, enfin, d'une voix éteinte. C'est le résultat fréquent d'un excès de fatigue pendant la journée. Il ne faut pas s'en alarmer.

Il se tut de nouveau un moment, puis il leva vers M. Cupples un visage très pâle.

— Cupples, dit-il, je suis guéri. Plus jamais, je n'essayerai de débrouiller un mystère criminel. L'affaire Manderson sera la dernière affaire de Philippe Trent. Son présomptueux orgueil s'écroule enfin.

Et, tout à coup, retrouvant son sourire, il ajouta :

— J'aurais pu tout supporter, sauf la démonstration que vous venez de me donner de l'impuissance de la raison humaine. Cupples, je n'ai absolument plus rien à dire, sauf ceci : vous m'avez battu. Je bois à votre santé, afin de m'humilier volontairement devant vous. Et c'est *vous* qui réglerez l'addition.

FIN

IMPRIMERIE NELSON, ÉDIMBOURG, ÉCOSSE

NELSON, ÉDITEURS,
189, rue Saint-Jacques, Paris.

CE LIVRE

COUVREZ-LE AVEC SOIN - QU'IL NE TRAINE POINT SUR
UNE TABLE GRAISSEUSE - NE LE TENEZ PAS
REPLIÉ SUR LUI-MÊME, LE DOS CASSÉ
NE L'ANNOTEZ POINT - RENDEZ-LE
ENFIN, A LA DATE FIXÉE
IL EST UN AMI, IL DOIT
ÊTRE CHER
A TOUS